廖平全集

9

主編 舒大剛 楊世文

春秋類

起起穀梁廢疾

釋范

何氏公羊解詁三十論

擬大統春秋條例

左傳古義凡例

五十凡駁例

左傳杜氏五十凡駁例箋

箴箴左氏膏肓

左氏春秋考證辨正

左傳經例長編

春秋圖表

春秋三傳折中

起起穀梁廢疾

廖平 撰
楊世文 劉明琴 點校

校點説明

廖平早年以治《穀梁》蜚聲海内，此書爲其起步之作。廖氏認爲「《穀梁》經例完粹，遠過《公羊》，内合禮經，外無激論」，然東漢以來，經學破壞，何休爲張《公羊》，「以尋仇之戈，操于同室」，譏《穀梁》爲「廢疾」（《穀梁廢疾》）。鄭玄本治《左傳》，卻「謬託主人，日尋報復」，作《起廢疾》以駁之。何、鄭相互攻伐，皆失《穀梁》本旨，使古法湮絶，「何既制言儇薄，立義矯誣，不事言詮，乃呈嫉妒；鄭則自負博通，攻堅奮詡，反旗倒戈，以相從事」。有感於此，廖氏本着「三傳之學，唯求内理，不騖旁攻，仁智異端，取裁所見，誠各尋其指歸，莫不互有依據」的原則，「同者從同，異者從異，似同而異，似異而同，改謬説而各正焉。……于各條之下，務申傳旨，二君誤説，間或正之」。是書前有廖平自序，後有蕭藩跋語，全書力求發明本傳，少涉攻擊之習。其於何、鄭之間，對鄭玄尤多貶語，《自序》云：「其名《起起廢疾》者，鄭釋間有誤藥，恐爲疾憂，故正其箴砭，以期眄眩，非云醫藥，聊取用心爾。」該書成於光緒十年（一八八四）冬，光緒十一年（一八八五）由仁壽蕭藩、渭南嚴穀孫刊刻，附於《穀梁春秋經傳古義疏》之後。此外還有四川存古書局《六譯館叢書》本、民國二十年（一九三一）渭南嚴氏孝義家塾叢書本。今據仁壽蕭藩刊本整理。

目録

起起穀梁廢疾序

名、墨者流，正名從質，《春秋》之巨綱，王道所急務。不善學者，騁辨持巧，主張白馬，窮究非儒，騖末失本，道由辯息，等吴、秦之自亡，豈施、翟之本義乎？是以漢初博士，惟務自達，不意攻人。雖石渠、虎觀粗存異同，然猶不相指摘；自劉歆奮立《左氏》，諸儒仇之，條其罅漏，互相難訊，掊擊之風，原于此矣。何君自尊所習，乃以尋仇之戈操于同室；鄭君小涉《左》學，不習《穀梁》，鄉鄰私鬩，何須被纓？乃謬託主人，日尋報復，駁許以外，更復攻何，生事之譏，其能免與？凡屬訟訐之言，並爲求勝而作，影射毛吹，有如讒慝，亦且内實不足，乃求勝語言，使或平心，都爲賸語。何既制言儇薄，立義矯誣，不事言詮，乃呈嫉妒；鄭則自負博通，攻堅奮詡，反旗倒戈，以相從事，客兵僑主，不復統制。甚或毁棄章服，改從敵人，欲群經皆有所作，使本義因以愈湮。東漢以來，經學破壞，學者苟設矛盾，便云立國，軍政本務，日就沈淪，古法湮絶，孰任其咎耶？今者三傳之學唯求内理，不騖旁攻，仁智異端，取裁所見，誠各尋其指歸，莫不互有依據，同者從同，異者從異，似同而異，似異而同，改謬説而各正焉，别爲十表，附説其本義。不敢小有左右於其間，以袪好辨之弊。至《公》、《穀》同爲今學，聲氣相感，神形多肖。何、鄭所録，恒失本旨。今于各條之下務申傳旨，二君誤説，間或正之。然惟求足明本傳，不敢希勝《公羊》，少涉攻擊之習。其名《起起廢疾》者，鄭釋間有誤藥，恐爲疾憂，故正其箴砭，以期眄眩，非云醫藥，聊取用心爾。井研廖平自序。

起起穀梁廢疾

漢何休《穀梁廢疾》
漢鄭玄《起穀梁廢疾》

隱公篇①

天王使宰咺來歸惠公仲子之賵。

何曰：「《傳》例：不言來，不周事之用也。宰咺何以言來？」

釋曰：「平王新有幽王之亂，遷於成周，欲崇禮於諸侯，原情免之。若無事而晚者，去來以譏之，榮叔是也。」《雜記正義》。

案：《傳》言「不周」者，心不在是之辭也。《傳》「公不周乎伐鄭」，而伐鄭，心②在是也。賻不及葬曰「不及事」，譏其晚也。來晚者，志以譏之。言來者，有是心，故如其志。言來含一事，賵一事。早晚不同，一人兼使，是其來意甚輕，無志于來，故不言來也。何、

① 案：篇名原在各篇之後，爲方便起見，移植各篇之首。下同。
② 心：原作「公」，據前文意改。

鄭皆誤于「周」、「及」之解，故不得《傳》意也。

仲子者何？惠公之母、孝公之妾也。

何據《公羊》，以爲仲子桓之母。

釋曰：「若仲子是桓公之母，桓未爲君，則是惠公之妾，天王何以賵之？則惠公之母，亦爲仲子也。」隱元年楊《疏》。

案：仲子，三傳異説，以《穀梁》爲長。即使短長相參，亦不得據此難彼。若此之類，例入「傳疑」也。又傳以仲子爲惠母，則桓母不見。鄭猶據何説，以爲别一宋女，不審《公羊》所指即此。今既主惠母，則不必更以仲子當桓母可也。

大夫日卒①，正也；不日卒，惡也。

何曰：「《公羊》以爲日與不日爲遠近異辭②。若《穀梁》云：益師③惡而不日，則公子牙及季孫意如何以書日乎？」

釋曰：「公子牙，莊公弟，不書弟則惡明也，故不假去日。季孫意如，則定公所不惡，

① 日卒：原作「曰卒」，據十三經注疏本《春秋穀梁傳注疏》隱公元年改。
② 辭：原脱，據十三經注疏本《春秋穀梁傳注疏》隱公元年引何休説補。
③ 益師：原脱，據十三經注疏本《春秋穀梁傳注疏》隱公元年引何休説補。

故亦書日。」同上《疏》。

案：大夫不日，惡，據得臣也。意如惡，日，惡已前見也。子般卒，日，有所見。《傳》曰「有所見則日」，子牙亦以有見日也。又莊不卒大夫，日卒牙，不卒者也。卒則不卒，不以去日見貶絶。説别見公子牙卒條。

苞人民、毆牛馬曰侵，斬樹木、壞宮室曰伐。

何曰：「廄焚，孔子曰：『傷人乎？』不問馬。今《穀梁》以苞人民爲輕，斬樹木、壞宮室爲重，是理道之不通也。」

釋曰：「苞人民、毆牛馬，兵去則①可以歸還，其爲②壞宮室、斬樹木，則樹木斷不復生，宮室壞不自成，爲毒害更重也。」隱五年《疏》。

按：苞、毆者，輕掠之師，爲時甚淺；斬、壞則曠日持③久，所傷已甚。苞、毆尚未至

① 則：原脱，據十三經注疏本《春秋穀梁傳注疏》隱公五年引「釋曰」補。

② 「爲」下，十三經注疏本《春秋穀梁傳注疏》隱公五年《校勘記》云：「何校本下有『害輕』二字，是也。」

③ 持：原誤作「特」，據渭南嚴氏孝義家塾刻本改。

斬、壞，斬、壞則未有不苞、毆者也。《公羊》：「精曰伐，觕曰侵。」①精、觕即久暫、輕重之分，義實相同。鄭分別言之，非也。

桓公篇

春曰田，夏曰苗，秋曰蒐，冬曰狩。

何曰：「《運斗樞》云：『夏不田。』《穀梁》有夏田，于義爲短。」

釋曰：「四時皆田，夏、殷之禮。《詩》云：『之子于苗，選徒囂囂。』夏田明矣。孔子雖有聖德，不敢顯然改先王之法，以教授于世。若其所欲改，則陰書于緯，藏之以傳後王。《穀梁》四時田②，近孔子故也。《公羊》正當六國之亡，讖緯見讀，而傳爲三時田。作傳有先後，雖異，不足以斷《穀梁》也。《王制》曰歲三田，謂以三事爲田，即上一曰乾豆之等③是也。」《王制疏》。

---

① 「精曰伐，觕曰侵」，十三經注疏本《春秋公羊傳注疏》莊公十年作「觕者曰侵，精者曰伐」。

② 「田」下，十三經注疏本《禮記正義·王制》有「者」字。

③ 「《王制》曰」句：四庫本《起廢疾》作「歲三田，謂以乾豆三事爲田也」。

按：《傳》曰「四時之田用三焉」，即「夏不田」之説也。《王制》曰：「天子、諸侯無事，歲三田。」謂一歲三田，去夏明矣。劉向説「夏不田」，同《公羊》，蓋二傳同主「夏不田」，《穀梁》文詳，言夏苗；《公羊》文略，不言夏苗。先儒以爲異義，失傳意矣。不田，又言夏苗者，備四時之文，有事則田，無事則否。「六①年八月壬午，大閲。」《傳》曰：「平而修戎，事失正也。」謂無事而夏田也。

其不地于紀也。

何曰：「戰無不地。即於紀戰，無爲不地也。在紀，何爲不地？」

釋曰：「紀當爲己，謂在魯也，字之誤耳。得在龍門，城下之戰迫近，故不地。」桓十三年《集解》。

按：鄭以《公羊》説《穀梁》，非也。使戰在魯，當曰公及鄭伯、紀侯敗齊師、宋師、衛師、燕師，不言戰，不以紀侯先鄭伯。據先紀，知紀爲主。據言戰，知由外言之。傳例：在魯當言内，不當言己。又《傳》戰盟皆地，分主客也。已明則不地，公及處父盟不地，來聘盟、來盟不地是也。紀主兵已明，故不地。齊將滅紀，合宋、衛、燕三國伐紀，公及鄭師救之，戰于紀，故不地。非伐魯戰于内也。

① 六：原誤作「五」，據十三經注疏本《春秋穀梁傳注疏》桓公六年改。

莊公篇

不言滅而曰「大去其國」者，不使小人加乎君子。

何曰：「《春秋》楚世子商臣弑其君，其後滅江、六，不言大去。又大去者，于齊滅之不明，但知不使小人加乎君子，而不言滅，縱失襄公之惡，反爲大去①也。」

釋曰：「商臣弑其父，大惡也，不得但爲小人。江、六之君又無紀侯得民之賢，不得變滅言大去也。元年冬，『齊師遷紀』。三年，『紀季以酅入②齊』。今『紀侯大去其國』，是足起齊滅之矣。即以變滅言大去，爲縱失襄公之惡，是乃經也，非傳也③。且《春秋》因事見義，舍此，以滅人爲罪者自多矣。」莊四年《集解》。

按：《春秋》以賢治不肖，不以亂治亂。以君子而滅于小人，在所諱，故言大去、言遷、言入葬二姬，不嫌滅不明。言大去，乃深責襄，不嫌縱其惡。言大去，重其罪于滅國

① 去：原誤作「失」，據十三經注疏本《春秋穀梁傳注疏》莊公四年引何休説改。
② 「入」下，十三經注疏本《春秋穀梁傳注疏》莊公四年所引有「于」字。
③ 「大去」至「非傳也」：原爲注文，誤。今改爲正文。

也。

王人，卑者也，稱名，貴之也。

何以爲稱子則非名也。

釋曰：「王人，賤者，録則名可。今以其銜命救衛，故貴之。貴之，則子突爲字可知明矣。此『名』當爲『字』誤爾。」莊六年《集解》。

按：鄭改名爲字，以求合《公羊》，非也。子突乃二名耳，非突名又舉子也。《穀梁》説天子大夫不名，稱字。子突天子下士，本應稱王人，不以名氏見，因進之，乃以名見。何據《公羊》以相難，鄭乃曲從之。不知傳不言子爲舉貴，《春秋》以子易名，高子是也。未有稱子又稱字者也。

當可納而不納，齊變而後伐。故乾時之戰不諱敗，惡内也。

何曰：「三年，『溺會齊師伐衛』，故貶而名之。四年，『公及齊人狩于郜』，故卑之曰人。今親納讎子，反惡其晚，恩義相違，莫此之甚！」

釋曰：「于讎不復，則怨不釋①，而屢會仇讎，一貶其臣，一卑其君，亦足以責魯臣子。其餘則同，不復譏也。至于伐齊納糾，譏當可納而不納耳。此自正義，不相反也。」

---

① 據十三經注疏本《春秋穀梁傳注疏》莊公九年，「釋」下有「而魯釋怨」四字，當據補。

莊九年《集解》。

按：《春秋》已見不再見。莊親與仇人和好，故譏其忘讎釋怨。前譏已明，故此更别起義。且讎人已死，不追戮其子孫，若如《公羊》説，則頰谷亦當以復讎爲言。納糾異事，納之既非復讎，戰亦不得託于讐子，蓋糾與小白一也。

不言日，不言朔，夜食也。

何曰：「《春秋》不言月食日者，其以無形，故闕疑。其夜食，何緣書乎？」鄭釋之曰：「一日一夜合爲一日，今朔日日始出，其食有①虧傷之處未復，故知此自以夜食。夜食則亦屬前月之晦，故穀梁子不以爲疑。」莊十八年《集解》。

按：《班志》云：「莊公十八年三月，『日有食之』。《穀梁傳》曰：『不言日，不言朔，夜食。』史推合朔在夜，明旦日食而出，出而解，是爲夜食。」按：傳言天子朝日，謂于朝日時見其出，解知夜食。

其不言使何②也？天子之内臣也。不正其外交，故不與使也。

何曰：「南季、宰渠伯糾、家父、宰周公來聘，皆稱使，獨於此奪之，何也？」

①有：十三經注疏本《春秋穀梁傳注疏》莊公十八年校勘記云：「閩、監、毛本『食』下衍『有』字。」

②何：原誤作「可」，據渭南嚴氏孝義家塾刻本、十三經注疏本《春秋穀梁傳注疏》莊公二十三年改。

釋曰：「諸①稱使者是奉王命，其人無自來之意。今祭叔不一心於王，而欲外交，不得王命來，故去使以見之。」莊二十三年《集解》。

按：不得王命不言來聘，鄭釋非也，傳以此與石尚比也。祭叔、石尚皆私欲使魯，請命而行。聘非正，歸脤得正。《春秋》正者言使，不正不言使。石尚雖有私，而所請得正，有匡救之美；祭叔不正，有陷君於非之失，故君子奪其使，以此明人臣當導其君于道也。

秋，七月，癸巳，公子牙卒。

何曰：「《傳例》：大夫不日卒，惡也。牙與慶父共淫哀姜，謀殺子般，而日卒，何也？」

釋曰：「牙，莊公母弟，不言弟，其惡已見，不待去日矣。」莊三十二②年《集解》。

按：鄭君以《公羊》稱弟説《穀梁》，《集解》駁之，是也。《春秋》大夫小惡不日，大惡不卒。翬與弒不卒，仲遂卒，《傳》曰：「此不卒者也。」得臣卒不日，首公子遂也。莊不卒大夫，此卒公子牙，不卒者也。不言刺，非殺也。未弒而殺，其惡未成。《春秋》成美不成惡，故不主牙也，日之如正卒。季子不暴其罪，以藥飲之，如以疾卒，日，以成季子之志也。

---

① 諸：原作「諸侯」，據十三經注疏本《春秋穀梁傳注疏》莊公二十三年引「釋曰」改。

② 二：原誤作「三」，據十三經注疏本《春秋穀梁傳注疏》莊公三十二年改。

僖公篇

桓盟不日，此何以日？美之也。

何曰：「即日爲美，其不日皆爲惡也。桓公之盟不日，皆爲惡邪？莊公十三年，柯之盟不日，爲信至；此日以爲美，義相反也。」

釋曰：「柯之盟不日①，固始信之。自其後盟，以不日爲平文。從陽穀以來，至此葵丘之盟，皆令諸侯以天子之禁。桓德極而將衰，故備日以美之，自此不復盟矣。」僖九年《集解》。

按：《春秋》無達例。《孟子》曰：「五霸，桓公爲盛。葵丘之會，束牲載書而不歃②血。」與《穀梁》同，則《穀梁》是也。《公羊》以日爲危，從以後不盟起義。《穀梁》以洮爲兵車，而此會以衣裳閒在兵車四會之中，故特美之③，亦以衰而特著其美。何如此之駁，不

① 不日：原脱，據十三經注疏本《春秋穀梁傳注疏》僖公九年引「釋曰」補。

② 歃：原誤作「插」，據十三經注疏本《孟子注疏・告子章句下》改。

③ 之：原脱，據渭南嚴氏孝義家塾刻本補。

言義例，而但據文句，開啖、趙儇薄之習，有失傳經鄭重之道，好辨之過也。

雩月，正也。雩，得雨曰雩，不得雨曰旱。

何曰：「《公羊》書雩者，善人君應變求索，不雩則言旱，旱而不害物，言不雨也。就如《穀梁》，設本不雩，何以明之？如以不雨明之，設旱而不害物，何以別乎？」

釋曰：「雩者，夏祈穀實之禮也，旱亦用焉。得雨書雩，明雩有益。不得雨書旱，明旱災成，後得雨無及也。國君而遭旱，雖有不憂①民事者，何乃廢禮，本不雩禱哉！顧不能致精誠也。旱而不害物，故以久不雨別之。文二年、十三年，『自十有二月』、『自正月不雨，至於秋七月』是也。《穀梁傳》曰：『歷時而言不雨，文不閔雨也。』以文不憂雨，故不如僖時書不雨。文所以不閔雨者，素無志於民，性退弱而不明。又見時久不雨而無災耳。」僖十一②年《集解》。

按：雩事淺，行止不見於經，故得雨乃舉，此傳意也。《公羊》以雩爲重，旱爲不雩，大旱爲大不雩乎？雩而雨與雩而不雨將無分乎？二傳皆重雩，《穀梁》以爲重求，《公羊》以爲善應變。雩非難事，不因雩而善之。

---

① 憂：原脱，據渭南嚴氏孝義家塾刻本補。

② 一：原脱，據渭南嚴氏孝義家塾刻本、十三經注疏本《春秋穀梁傳注疏》僖公十一年補。

其曰諸侯，散辭也。聚而曰散，何也？諸侯城，有散辭也，桓德衰矣。

何曰：「按先是盟亦言諸侯，非散也。又《穀梁》美九年諸侯盟于葵丘，即散，何以美之邪？于義《穀梁》爲短。」

釋曰：「九年，『公會宰周公、齊侯、宋子、衛侯、鄭伯、許男、曹伯于葵丘』，『九月戊辰，盟于葵丘』。時諸侯初在會，未有歸者，故可以不序。今此十三年夏，『公會齊侯、宋公、陳侯、衛侯、鄭伯、許男、曹伯于鹹』，而『冬，公子友如齊』，此聘也。書聘，則會固前已歸矣。今云『諸侯城緣陵』，不序其人，明其散，桓德衰矣。葵丘之事，安得以難此？」僖十四年《集解》。

按：葵丘不足難，鄭釋是也。城言諸侯，傳曰散辭者，即《公羊》所謂「離至不可得而序」。故總言之曰諸侯，聚辭也；陽穀偏至，言齊、宋、江、黄，餘會皆序，不序而曰諸侯，知散也。葵丘盟言諸侯，中無閒事，故凡目之；此有閒事而不舉，非葵丘舉凡比也。

戰不言伐，客不言及，言及①，惡宋也。

何曰：「戰言及者，所以別客主直不直也。故文十二年，『晉人、秦人戰于河曲』，兩

① 言及：原脱，據十三經注疏本《春秋穀梁傳注疏》僖公十八年補。

不直，故不云及；今宋言及，明直在宋，非所以惡宋也。即言及爲惡，是河曲之戰爲兩①善乎？又《穀梁》以河曲不言及也，略之也，則自相反矣。

釋曰：「及者，别異客主耳，不施於直與不直也，直不直自在事而已。義兵則客直，宣十二年夏，『晉荀林父帥師及楚子戰于邲，晉師敗績』是也。兵不義，則主人直，莊二十八年春，『衛人及齊人戰，衛人敗績』是也。今齊桓卒未葬，宋襄欲興霸事而伐喪，于義②尤反，故反其文，以宋及齊。即實以宋及齊，明直在宋；邲之戰，直在楚，不以楚及晉，何邪？秦晉戰于河曲不言及，疾其亟戰爭舉兵，故略其先後。」僖十八年《集解》。

按：《春秋》惡戰，主客大小同，則主得及客，從以内及外、以尊及卑之例，則言及者，外之、卑之也。此以宋及齊者，非内尊宋也。齊在喪而宋伐之，兵事由宋起，齊不得已應之。言宋首兵惡，伐喪之罪乃顯。何據《公羊》以相難，鄭説非傳意也。

狄其稱人何也？善累而後進之，伐衛，所以救齊也。

何曰：「即伐衛救齊當兩舉，如伐楚救江矣。又傳以爲江遠楚近，故伐楚救江。今狄亦近衛而遠齊，其事一也，義異何也？于義《穀梁》爲短。」

① 兩：原誤作「善」，據十三經注疏本《春秋穀梁傳注疏》僖公十八年引何説改。
② 義：十三經注疏本《春秋穀梁傳注疏》僖公十八年引「釋曰」作「禮」。

釋曰：「文三年冬，『晉陽處父帥師伐楚救江』，兩舉之者，以晉未有救江文，故明言之。今此春宋公、曹伯、衛人、邾人伐齊，夏狄救齊，冬邢人、狄人伐衛，爲其①救齊可知，故省文耳。事同，義又何異？」同上。

按：言伐楚，則救江不明；言伐衛，則救齊明，故不言也。中國未有言伐楚者，爲救乃言伐。狄不言伐，言伐亦爲救文。

不言楚，不與楚專釋也。

何曰：「《春秋》以執之爲罪，不以釋之爲罪。責楚子專釋，非其理也。《公羊》以爲公會諸侯釋之，故不復出楚耳。」

釋曰：「不與楚專釋者，非以責之也。《傳》云：『外釋不志，此②志何也？以公之與之盟目之也。』言公與諸侯盟而釋宋公，公有功焉，與《公羊》義無違錯。」僖二十一年《集解》。

按：專釋則必先專執，主楚釋則起楚執，故不言楚釋。爲辟執文，非以論釋執功罪輕重。《傳》意本同《公羊》，據彼難此，誤矣。

則衆敗而身傷焉。

---

① 爲其：《春秋穀梁經傳補注》作「其爲」。

② 「此」下，十三經注疏本《春秋穀梁傳注疏》僖公二十一年有「其」字。

何曰：「即宋公身傷，當言公，不當言師。十六年，楚子敗績是也。又成十六年《傳》曰：『不言師，君重于師也。』即成十六年是，二十二年虚言也；即二十二年是，十六年非也。」

釋曰：「傳説楚子敗績，曰四體偏斷，此則目也。此言君之目與手足有破斷者，乃爲敗矣。今宋襄①身傷耳，當持鼓，軍事無所害，而師猶敗，故不言宋公敗績也。傳所以言『則②衆敗身傷焉』者，疾其信而不道，以取大辱。」僖二十二年《集解》。

按：中國、夷狄異辭，中國傷夷狄可言，楚子是也；夷狄傷中國不可言，宋公是也。其曰射目、曰身傷皆師説，非由經例推得之。

不葬何也？失民也。其失民何也？以其不教民戰，則是棄其師也。

何曰：「所謂教民戰者，習之也。《春秋》貴偏戰而惡詐戰。宋襄公所以敗于泓者，守禮偏戰也，非不教其民也。孔子曰：『君子去仁，惡乎成名？造次必於是，顛沛必於是。』未有守正以敗而惡之也。《公羊》以爲不書葬爲襄公諱，背殯出會，所以美其有承齊桓、尊周室之美志。」

① 「襄」下，十三經注疏本《春秋穀梁傳注疏》僖公二十二年有「公」字。
② 則：原作「敗」，據十三經注疏本《春秋穀梁傳注疏》成公十六年引「釋曰」改。

釋曰：「教民習戰而不用，是亦不教也。詐戰謂不期也。既期矣，當觀敵爲策，倍則攻，敵則戰，少則守。今宋襄公于泓之戰違之，又不用其臣之謀而敗，故徒善不用賢良，不足以興霸主①之功；徒言不知權譎之謀，不足以交鄰國，會遠疆。故《易》譏鼎折足，《詩》刺不用良，此説善也。」僖二十三年《集解》。

按：《公羊》主守正，《穀梁》主達變，言各一端，仁智殊趣。如必守正，則祭仲廢君之事，不愈加于襄之量敵哉？宋襄，《公羊》美之，《穀梁》惡之。《公羊》五伯，故美之；《穀梁》二伯，故惡之。各持一解，不必强同也。

其不稱名姓，以其在祖之位尊之也。

何曰：「曹殺其大夫，亦不稱名姓，豈可復以爲祖乎？」

釋曰：「宋之大夫盡名姓。禮：公族有罪，刑于甸師氏，不與國人慮兄弟也，所以尊異之。孔子之祖孔父累於宋殤而死，今骨肉在其位而見殺，故尊之，隱而不忍稱名氏，若罪大者，名之而已，使若異姓然。此乃祖之疏也。曹殺其大夫，自以無大夫，不稱名氏耳。《春秋》辭同事異者甚多，隱去即位以見讓，莊去即位爲繼弑，是復可以比例非之乎？」僖二十五年《集解》。

---

① 霸主：原作「霸王」，據十三經注疏本《春秋穀梁傳注疏》僖公二十三年引「釋曰」改。

按：《春秋》無達例，各就本條立說。二傳所同，不能據此以難彼。《公羊》以曹不名爲衆，以宋不名爲内娶，不以曹通于宋也。何駁儇薄，執此以難《公羊》，又何以通？或以《春秋》不應曲顧私親，不知素王之義得顧私親。《穀梁》故宋有二義，在國則主王後，在大夫則主先祖，不如《公羊》但主王後也。

蓋納頓子者，陳也。

何曰：「休以爲，即陳納之，當舉陳，何以不言陳？」

釋曰：「納頓子固宜爲楚也。穀梁子見經云『楚人圍陳，納頓子于頓』，有似『晉陽處父伐楚救江』之文，故云『蓋陳也』。」同上年《疏》。

按：舉陳，則其文間斷，不見爲一事。伐陳以納頓子，納頓者陳，所以使陳納頓者楚，與伐楚救江同文，不可復舉晉也。

楚人者，楚子也，其曰人何也？人楚子，所以人諸侯也。

何曰：「哀元年，『楚子、陳侯、隨侯、許男圍蔡』，不稱人，明不以此故也。」

釋曰：「時晉文爲賢伯，故譏諸侯不從而信夷狄也。哀元年，時無賢伯，又何據而當貶之耶？」僖二十七年《集解》。

按：楚初會諸侯，故人之。《春秋》有三世三言之例，終始早晚異辭，以昭事難信世，非也。鄭不據三世言之，乃虚以美惡爲言，非傳意也。

以尊遂乎卑，此言不敢叛京師也。

何曰：「大夫無遂事。按襄十二年季孫宿救台，遂入鄆，惡季孫不受命而入也。如公子遂受命如晉，不當言遂。」

釋曰：「遂固受命如京師、如晉，不專受命如①周，經近上言『天王使宰周公來聘』，故公子遂報焉。因聘于晉，尊周，不敢使並命，使若公子遂自往然。即云公子遂如京師、如晉，是同周于諸侯，叛而不尊天子也。《公羊傳》有美惡不嫌同辭，何獨不廣之于此乎？」僖三十年《集解》。

按：此大夫初如晉也。京師在晉南，如晉當過京師。若公子遂如晉而不先言如京師，過而不聘，是叛周而京師晉也，故先言京師以及晉。與公伐秦先言如京師同。皆先言京師，實非如京師，文如京師耳。何駁以遂爲非公命，非也。《春秋》兼使，無尊卑則兩出其事，如如陳、如晉是也；有尊卑則不得兩出，以尊遂乎卑，如「如京師，遂如晉」是也。此由尊及卑之遂，非繼事之遂。不關大夫專命也。如遂盟、遂入，則專命之遂矣。

① 如：原作「於」，據十三經注疏本《春秋穀梁傳注疏》僖公三十年引「釋曰」改。

文公篇

外災不志，此何以志也？曰：災甚也。其甚奈何？茅茨盡矣。

何曰：「螽猶衆也，死而墜者衆①，象宋群臣相殘害也②。蓋由三世内娶，貴近妃族，禍自③上下，故④異之云爾。今《穀梁》直云『茅茨盡矣。著于上，見于下，謂之雨』。與讖違，是爲短。」

釋曰：「《穀梁》意亦以宋德薄，後將有禍，故螽飛在上，墜地而死。言茅茨盡者，著甚之。驗于讖，何錯之有乎？」文三年《疏》。

按：《公羊》以爲死螽，主異；《穀梁》以爲生螽，主災。不必舍傳求合于讖。讖不一家，有主《穀梁》説者，如泓戰譏宋襄失機之類。不能據以駁《公羊》。鄭君求合于讖，亦以爲墜

① 衆：十三經注疏本《春秋穀梁傳注疏》文公三年引何説無此字，當刪。
② 「也」下，十三經注疏本《春秋穀梁傳注疏》文公三年引何説有「云云」二字。
③ 「蓋由」至「禍自」，十三經注疏本《春秋穀梁傳注疏》文公三年引何説無此十二字。
④ 故：十三經注疏本《春秋穀梁傳注疏》文公三年引何説無此字。

地而死，又何茅茨皆盡乎？用《公羊》説以解《穀梁》，非也。《穀梁》蓋謂螽多如雨，故曰茅茨皆盡。

含一事也，賵一事也，兼歸之，非正也。其曰且，志兼也。其不言來，不周事之用也。

何據隱元年《公羊傳》「其言來何？不及事也」，以爲禮尊不含卑；不言來者，本不言來，故不責其晚。于義《穀梁》爲短。

釋曰：「天子於二王後之喪，含爲先，襚次之，賵次之①；一作襚則次之，賵爲後。於②諸侯含之、賵之，小君亦如之；於諸侯之臣，襚之，賵之。其諸侯相施，一作於。如天子於二王之後；於卿大夫，如天子於諸侯；於士，如天子於諸侯之臣。京師去魯千里，王室無事，三月乃含，故不言來以譏之。」文五年《疏》。

按：《公羊》以不言來爲正例，《穀梁》以言來爲正例。天王使，惟此不言來，餘皆言來，則《公羊》以不言來爲正，于義爲短。鄭以三月含爲譏，非傳意。使不兼使，三月含，不譏。兼使，雖旬日含，亦譏。此明禮不兼使耳，意不主早晚也。

司馬，官也。其以官稱，無君之辭也。

何曰：「近上七年，『宋公壬臣卒』，『宋人殺其大夫』，不言官。今此在三年中言官，

---

① 「之」下，十三經注疏本《春秋穀梁傳注疏》文公五年引「釋曰」有「賻次之」三字。

② 於：原誤作「餘」，據十三經注疏本《春秋穀梁傳注疏》文公五年引「釋曰」改。

義相違。」

釋曰：「七年，殺其大夫，此實無君也。今殺其司馬，無人君之德耳。司馬、司城，君之爪牙，守國之臣。乃殺其司馬，奔其司城，無道之甚！故稱官以見輕慢也。」文八年《集解》。

按：傳例，大夫不名，無君也。君卒，新君未定，則大夫不名。莸①盟，《傳》曰「無君」是也。今《傳》曰「無君之辭」者，有君如無君，所以譏宋失權于鮑也。蓋以實無君起此爲無君辭也。

秦人來歸僖公成風之禭。

何曰：「五年，《傳》曰：『不言來，不周事之用也。』四年，『夫人風氏薨』。九年，『秦人來歸僖公成風之禭』。最晚矣，何以言來？」

釋曰：「秦自敗于殽之後，與晉爲仇，兵無休時。乃加免繆公之喪而來，君子原情，不責晚也。」文五年《集解》。

按：不周事謂二事一使，心不在是，與不及事不同。不責早晚，秦人雖晚，心在于來，故不去來也。何、鄭皆不知周字義，誤以不及解之。

---

① 莸：十三經注疏本《春秋左傳正義》莊公九年同，《春秋穀梁傳注疏》莊公九年作「暨」。

宣公篇

以三軍敵華元，華元雖獲，不病矣。

何曰：「書獲，皆生獲也。如欲不病華元，當有變文。」

釋曰：「將帥見獲，師敗可知，不當復書師敗績，此兩書之者，明宋師懼華元見獲，皆竭力以救之，無奈不勝敵耳。華元有賢行，得衆如是，雖師敗身獲，適明其美，不傷賢行。今兩書敗獲，非變文如何？」宣二年《集解》。

按：傳以晉侯獲不言敗績比也。韓之戰，不敗而獲，此敗而獲，明未失民，力不足耳。所以辟羊斟之事也。

氏者，舉族而出之之辭也。

何曰：「氏者，譏世卿也。即稱氏爲舉族而出，『尹氏卒』，甯可復以爲舉族死乎？」

釋曰：「云舉族死，是何妖問？甚乎！『舉族而出之之辭』者，固譏世卿也。崔杼以世卿專權，齊人惡其族。今①出奔，既不欲其身反，又不欲國立其宗後，故孔子順而書之

① 今：《穀梁廢疾》作「令」。

曰『崔氏出奔衛』，若其舉族盡去之爾。」宣十年《集解》。

按：劉氏説《穀梁》譏世卿，許君《異義》引《穀梁》説譏世卿；則譏世卿，《公》、《穀》同也。世卿，則宗族强大；不世卿，則無强族之禍。故傳舉族言之，此非崔杼也，後有崔杼之禍，使齊如舉族逐之，則不復世卿之禍。與《公羊》同爲譏世卿。凡傳言「之辭」者，實不如此而虚加其辭，如「無君之辭」是也。實無君者，但曰無君。

襄公篇

不伐喪，善之也。善之則何爲未畢也？君不尸小事，臣不專大名。士匄外專君命，故非之也。

何曰：「君子不求備于一人。士匄不伐喪，純善矣，何以復責其專大功也？」

釋曰：「士匄不伐喪，則善矣，然於善則稱君，禮仍未備，故言乃還，不言乃復，作未畢之辭。還者，致辭；復者，反命。」襄十九年《疏》。

按：《春秋》決嫌明疑，常於嫌得者見不得。匄唯合善，乃責之以見義。善不可專，君命愈尊，不得以求備責之。《公羊》有危事則得專命，此非危事，人臣之義，例歸美于君。

專之去，合乎《春秋》。

何曰："甯喜本弒君之家，獻公過而殺之，小負也。專以君之小負自絕，非大義也。何以合乎《春秋》？"

釋曰："甯喜雖弒君之家，本專與約納獻公爾。公由喜得入，已與喜以君臣從事矣。《春秋》撥亂，重盟約，今獻公背之而殺忠於己者，是獻公惡而難親也。獻公既惡而難親，專又與喜爲黨，懼禍將及，君子見幾而作，不俟終日。微子去紂，孔子以爲三仁。專之去衛，其心若此，合于《春秋》，不亦宜乎！"襄二十七年《集解》。

按：《春秋》貴信，專，有信者也。美之以明貴信，不責餘事。《公羊》以權許祭仲，義亦如此。《傳》曰專爲喜徒，責其從惡，曰去合《春秋》，唯取一節，所謂"成人之美，不成人之惡"。凡目《春秋》者，皆非常剏義，不可以一端解之。

其不日，子奪父政，是謂夷之。

何曰："蔡世子班弒其君固，不日，謂之夷。楚世子商臣弒其君，何以反書日邪？"

釋曰："商臣弒父，日之，嫌夷狄無禮，罪輕也。今蔡，中國，而又弒父，故不日之，若夷狄不足責。然《公羊》有『若不疾，乃疾之』，推以況此，則無怪然。"襄三十年《疏》。

按：奪政當作奪正。諸侯正，日，蔡侯不日，是奪其父之正也。商臣，夷狄，日，特①

① 特：原誤作"持"，據渭南嚴氏孝義家塾刻本改。

謹之。中國弑，則從夷狄常例不日，《傳》曰「夷狄不日」、「日，少進也」是也。

昭公篇

此子也，其曰世子何也？不與楚殺也。

何曰：「即不與楚殺，當貶楚爾，何故反貶蔡，稱①世子邪？」

釋曰：「滅蔡者，楚子也，而稱師，固已貶矣。楚子思啟封疆而貪蔡，誘殺蔡侯般，冬而滅蔡殺友。惡其淫放，其志殺蔡國二君以取其國，故變子言世子，使若不得其君然②。」昭十一年《集解》。

按：稱世子，如君未死，故《傳》曰「不與楚殺」，非貶而稱世子也。未踰年稱世子，猶若在其君之年，故曰「不與楚殺」。

其曰晉，狄之也。其狄之，何也？不正其與夷狄交伐中國，故狄稱之也。

何曰：「《春秋》多與夷狄並伐，何以不狄也？」

① 稱：原脱，據十三經注疏本《春秋穀梁傳注疏》昭公十一年引何説補。
② 然：十三經注疏本《春秋穀梁傳注疏》昭公十一年引「釋曰」作「終」。

釋曰：「晉不見因會以綏諸夏，而伐同姓，貶之可也，狄之大重。晉爲厥憖之會，實謀救蔡，以八國之師而不救，楚終滅蔡。今又伐徐，晉不糾合諸侯以遂前志，舍而伐鮮虞，是楚而不如也，故狄稱之焉。」昭十二年《集解》。

按：《春秋》二伯與夷狄交伐以求諸侯，不譏。晉自六卿强，志不在諸侯，臣下伐國以自封殖，非伯討矣。晉卿六伐鮮虞，獨此狄者，疾始也。下不狄者，一見不再見也。

定公篇

墮猶取也。

何曰：「當①言取，不言墮。實②壞耳，無取于訓詁。」

釋曰：「陪臣專强，違背公室，恃城爲固，是以叔孫墮其城，若新得之，故云墮。墮猶取也。墮非訓取，言今但毁其城，則郈永屬己，若更取地③于他然。」定十二年楊《疏》補之。

---

① 「當」上，《春秋穀梁經傳補注》有「實取」二字。
② 「實」上，《春秋穀梁經傳補注》有「墮」字。
③ 地：十三經注疏本《春秋穀梁傳注疏》定公十二年引「釋曰」作「邑」。

按：但言墮，則與毁泉臺同。傳故言猶取，謂其邑不墮，則屬於陪臣，墮乃歸於公室，如取外邑然。

哀公篇

陽生其以國氏，何也？取國于荼也。

何曰：「即不使陽生以荼爲君，不當去公子，見當國也。又《穀梁》以爲國氏者，取國于荼。齊小白又不取國于子糾，無乃近自相反乎？」

釋曰：「陽生簒國，故不言公子。不使君荼，謂書陳乞弑君爾。荼與小白，其事相似，荼弑乃後立，小白立乃後弑。雖然，俱簒國而受國焉爾。《傳》曰：『齊小白入于齊，惡之也。』陽生其以國氏何？取國于荼也。義適互相足，又何自反乎？子糾宜立，而小白簒之，非受國于子糾，則將誰乎？」哀六年《集解》。

按：《春秋》重命，陽生無父命，雖得立，《春秋》以爲嫌，所以申父命也。陽生正，荼不正，乞主弑，所以重天倫，明荼不宜立也。二者皆不宜立，當如夷齊故事。《春秋》常于嫌得者見不得，故並見譏文。兩示其義，去公子也。陽生、小白同不宜立，小白失天倫，陽生無父命，事異辭同，明當同法治之。

起起穀梁廢疾跋

班固云：「經方者，本草石之寒温，量疾病之淺深，假藥味之滋，因氣感之宜，辨五苦六辛，致水火之齊，以通閉解結，反之於平。及失其宜者，以熱益熱，以寒增寒，精氣内傷，不見於外。諺曰：『有病不治，常得中醫。』」《穀梁》經例完粹，遠過《公羊》，内合《禮經》，外無激論，所謂百脈冲和，至人無病者也。何氏入主出奴，好甘忌苦，自安贅肬，乃嗤駝背，施箴砭于平人，希要功于肉骨，真所謂以瘉爲劇，以死爲生者矣！鄭君未諳尺寸，不解和齊，厭庸醫之張皇，乃檢方而獻技，以熱益熱，以寒增寒，于是血脈賁亂，關節枯落矣。竊以苟欲制方，務先審病。經絡通利，則不需按摩；藥石誤投，則反如鴆毒。且血氣周流，自能已疾。故養病之要，自理天和，况乎無因，徒加刀石乎？然而方證具列，傳習已久，苟不明白，恐惑庸愚。倘其不達而嘗，則必求生反死。吾友季平《穀梁古義》全書已成，乃於餘暇，備列何、鄭原文而加之論辨，作《起起廢疾》一卷。乙酉仲春，謀刊其《古義》，季平謙而未遑，因舉此册以相授。校付梓人，旬日而就。九鼎一臠，斯世當不無知味者。

光緒乙酉中秋月，姻愚弟蕭藩西屏因刊畢略誌其顛末于此。

釋范

廖平　撰
舒大剛　點校

校點説明

《釋范》一卷，廖平撰。廖平早年以治《穀梁》名世，是書爲其《穀梁春秋經傳古義疏》之初階。該書針對范寧而作，所謂「釋范」，乃廖平爲范寧《春秋穀梁傳集解》難傳諸文而作之答文。是書前附廖平自序，認爲范氏《集解》倡言攻傳，有違古人注經「例不破傳」之旨，然而唐、宋以來，爲人稱譽，「其猖狂淺陋，信心蔑古，爲後人新學所祖」。有感於此，光緒十年（一八八四）冬，廖平於《起起穀梁廢疾》、《穀梁集解糾謬》以外，以《王制》爲《春秋》舊傳，參以先師舊説而加以訓釋，得專條二十事，力避「范氏恣睢暴厲，借讎人之刃而自戕其同室」之弊。光緒十一年（一八八五）由仁壽蕭藩、渭南嚴穀孫刊行，附於《穀梁春秋經傳古義疏》之後。此外還有四川存古書局《六譯館叢書》本、民國十二年（一九二三）重印本、民國二十年（一九三一）渭南嚴氏孝義家塾叢書本等，今據《六譯館叢書》本整理。

目録

釋范弁言

古人注經，例不破傳。鄭君改字，爲世所譏，唯范氏《集解》，昌言攻傳。觀其序意，直等先生之勒帛，無復弟子之懷疑。唐宋以來，反得盛譽。紀君無識，乃欲左范右何，其猖狂淺陋，信心蔑古，爲後人新學所祖，所云「《春秋》三傳置高閣」者，蓋作俑於《集解》矣。夫人之爲學，所以求不足，非以市有餘。凡己所昧，求決於書，一語三年，不爲遲頓。今先具成見，然後治經，苟有錯盤，無復沈滯，但己所昧，便相指摘。公孫龍子云：「教而後學。」若此者，直教而無學矣。絶古人授受之門，倡後學狂悖之習，王、何之罪，豈相軒輊乎？檢所駁斥，初亦懷疑，積以期月，便爾冰釋。乃知所難，尚爲膚末。甲申初冬，條立所難，敬爲答之。《起廢》、《糾繆》以外，得專條二十事。誠知淺薄所列，未敢必合於先師。然而小葵轉日，其心無他，不似范氏恣睢暴厲，借讎人之刃而自戕其同室也。乙酉三伏，廖平自序。

釋范

聘諸侯，非正也。隱九年。

《集解》云：「《周禮》『時聘以結諸侯之好，殷覜以除邦國之慝，閒問以慰①諸侯之志，歸脤以交諸侯之福，賀慶以贊諸侯之喜，致襘以補諸侯之災。』許慎曰：『禮：臣病，君親問之。天子有下聘之義。』《傳》曰：『聘諸侯，非正也。』甯所未詳。」

案：《周禮》古學，《王制》今學。《穀梁》素王，盡從《王制》，故與古《周禮》說不合。王者改制，文質相救。周衰，天子弱，諸侯彊，魯不朝周，而周屢下聘，君卑臣僭，失上下之序，故《春秋》改制救弊，譏下聘，以尊天子也。又《春秋》諸侯相聘，聘惟行于二伯，天子尊踰二等，故不聘。此《春秋》制，以《周禮》疑之，非也。又案：《五經異義》引《公羊》說「天子不下聘」，與此同。何氏注言聘爲禮，與《左氏》說同。當是舊有不下聘之說，何氏偶遺耳。

其曰「遂逆王后」，故略之也，或曰：「天子無外，王命之，則成矣。」桓八年。

① 慰：十三經注疏本《春秋穀梁傳注疏》隱公九年作「諭」。

《集解》：「四海之濱，莫非王臣。王命紀女爲后，則已成王后，不如諸侯入國乃稱夫人。或説是。」

案：前説據下稱紀季姜立義，魯逆于外曰夫人，文曰婦姜，速婦之也。此曰王后，蓋因取決于我，不自制其事，故不曰逆女，而曰王后。下又曰紀季姜者，起此王后爲略之。據歸言季姜，則逆時當言女，此《穀梁》正説也。或説同《公羊》，異《異義》耳。據或説以駁正解，非也。使例言王后，則下宜言王后歸于京師，不應稱季姜也。

或曰：「遷紀于郱鄑郚。」莊元年。

《集解》：「若齊師遷紀于郱鄑郚，當言『于』以明之，又不應復書地，當如宋人遷宿，齊人遷陽。或曰之説，甯所未詳。」

案：此在傳疑之例。因言三國，遷有難通之處，故此變爲齊遷之説。若有「于」字，則文義明白。《傳》有定解，無事兩存或説以通之。二説皆有所據，而亦有可疑，故不敢獨主一説。范以後説爲非，豈以前説爲定解耶？不言「于」，當以所遷不一地，分散其民，故不能以一地目之，因不言「于」也。

《傳》曰：「改葬也。」莊三年。

《集解》：「若實改葬，當言改以明之。」

案：「改卜牛」，一時有二牛，有彼此之分，故言「改」以別于前牛。改葬同爲一葬，既非一時，又非實物，故不言改，以相別異。《春秋》改事不言改者多矣，若如范説，則豈但一改卜牛乎？

改葬之禮緦，舉下緬也。莊三年。

《集解》：「舉下緬上，從緦，皆反其故服。因葬桓王記改葬之禮，不謂改葬桓王當服緦也。」

案：改葬服緦，禮經文也。《傳》「舉下」也，謂如葬，先舉葬而後言王，與崩先言天王而後言崩舉上之辭不同，故曰舉下也。舉上、舉下，傳中于薨葬屢言之。緬因緦字誤衍者，范以「舉下緬也」句爲釋「改葬之禮緦」句，非也。傳惟解經，不解傳，「改葬之禮緦」，傳舉以明服制；下則别起，釋先言葬後言王之義，不更釋「服緦」句，全傳例皆如此。傳引禮經文，本謂改葬皆服緦，乃云「不謂改葬①當服緦」，尤爲失解。

或曰：「郤尸以求諸侯。」莊三年。

《集解》：「停尸七年，以求諸侯會葬，非人情也。」

案：《傳》言「或説」，存異解也，至駁之爲非人情，則非也。本緩葬以求諸侯，因循至七年，亦事情之常。因其過遲，故書以見異。七年之久，本非初料所及，事故變遷，因而

① 「葬」下，十三經注疏本《春秋穀梁傳注疏》莊公三年有「桓王」二字。

遲久。概之人情，類此多矣，何云非乎？

不諱敗，惡内也。莊九年。

《集解》：「甯謂讎者無時而可與通，縱納之遲晚，又不能全保①讎子，何足惡内乎？然則乾時之戰不諱敗，齊人取子糾殺之，皆不迂其文。正書其事，内之大惡，不待貶絶，居然顯矣。二十四年公如齊親迎，亦其類也。惡内之言，《傳》或失之。」

案：《春秋》見者不復見。復仇之義，屢見於莊公之篇，其事已明。至於仇人已死，則不復從此制義。范據《公羊》以難《穀梁》。案：納糾非以報仇，勝桓不爲雪怨，謂百世不通，則《春秋》之書，數言可蔽；頰谷之會，亦爲忘恥。二十四年親迎乃譏者，桓以齊女死，莊又娶齊女，二事相同，曾無懲戒之心。婚姻之事與兵戈不同，齊有難，許魯救之，而不許婚齊者，以其全無人子之心、哀傷之志，昧然與齊女偶薦宗廟也。《公羊》「譏②必于其重者」，亦此意。

曰：「棄師之道也。」僖元年。

《集解》：「江熙曰：『經書敗莒師，而傳云二人相搏，則師不戰，何以得敗？理自不通也。

---

① 全保：原作「保全」，據十三經注疏本《春秋穀梁傳注疏》莊公九年乙。

② 「譏」，十三經注疏本《春秋公羊傳注疏》莊公九年作「貶」。

夫王赫斯怒，貴在爰整。子所慎三，戰居其一。季友令德之人，豈當舍三軍之整，佻身獨鬬，潛刃相害，以決勝負者哉？雖千載之事難明，然風味之所期，古猶今也。此又事之不然，傳或失之。』」

案：傳中事實，皆有師傳，故一有首尾，則全同《公羊》。如宋萬、曹劌、溫子、長狄之類是也。其事既詳，則非由推測，以臆想之私，廢師傳之證。既無所徵，則言何所取？

遇者，同謀也。僖十四年。

《集解》：「魯女無故遠會諸侯，遂得淫通，此亦事之不然。《左傳》曰：『繒季姬來甯，公怒止之，以繒子不朝也。遇①于防，而使來朝。』此近合人情。」

案：季姬不繫繒，是未嫁繒之文也。下言季姬歸于繒，是新嫁之文也。苟如《左氏》之説，則上當有繒季姬來文，本條當繫繒下，不得又出歸文，以内女反夫家不書也。《春秋》之法，輕輕重重，各有所施。禮謹男女之防，慎之于微。季姬在防，非爲會繒子，自以事往也。繒子來，自以朝事，非謂會季姬也。相見而悦，因起婚媾之謀，不由媒妁，幽約而成，失納幣之禮，近夷狄之俗。事本輕也，而《春秋》重書之，以示坊表，非謂無事淫奔也。使無事淫奔，則相與俱去耳，胡爲復求婚乎？惟其過于求深，遂覺出于情理，皆不諳

① 「遇」上，十三經注疏本《春秋左傳正義》僖公十四年有「夏」字。

輕重之旨者也。《左氏》因其可疑，撰爲歸甯之説，而不知于經不合，無足據也。《春秋》以此坊民，而民猶有男女之禍。

逆祀也。文公二年。

《集解》：「舊説：僖公，閔公庶兄，故文公升僖公之主于閔公之上耳。僖公雖長，已爲臣矣；閔公雖小，已爲君矣。臣不可以先君，猶子不可以先父，故以昭穆父祖爲喻。甯曰：即之于傳，無以知其然。若引《左氏》以釋此傳，則義雖有似，而於文不辨。高宗，殷之賢主，猶祭豐于禰，以致雉雊之變，然後率修常禮。文公傎倒祖考，固不多①足怪矣。親謂僖，祖謂莊。」

案：祖閔禰僖，三傳所同，爲後爲子，家國一致。范乃疑之，過矣！經曰「躋僖公」，謂升僖於閔先也。從無有異説者。范以昭穆爲嫌，遂解躋爲豐，謂祭豐于僖，而薄于莊。案經下言從祀先公，故此傳言逆祀，以下之從，知此之逆。若但有豐薄，則下經不言從矣。有下經之言從，則不得破此傳之言逆矣。甯駁舊説曰：即之于傳，無以知其然。案閔元年，《傳》云：「繼弑君不言即位，正也。親之非父也，尊之非君也，繼之如君父也者，受國焉耳。」僖元年，《傳》云：「繼弑君不言即位，正也。」夫般，未踰年之君，閔以弟繼之

① 多：原脱，據十三經注疏本《春秋穀梁傳注疏》補。

如父，則僖之繼閔可知。般有傳而閔無傳者，般微而閔顯，故從略也。范乃以爲傳無其證，而輕變古説，不亦誣乎？

賵以早，而含以晚。文五年。

《集解》：「已殯，故言晚。國有遠近，皆令及事，理不通也。」

案傳例：「不及」與「不周」異解。「不及」者，言來以譏其晚；「不周」者，無心于來，故不言來。含早而賵晚，有五月之久，禮當以二使，今以一人兼之，則遲早不能適中。故云：如以爲含，則已晚矣；賵，則已早矣。譏其來意不誠，與不及事全不關。考《雜記》，言受、含皆在既殯之後。蓋君薨初斂，本國臣子已含之，不能待外國之含。外國有遠近，豈能未殯而來含？而聞喪則如初喪，歸之含物，以達其意。君子不奪人之親，不能使不含其子而含己。又諸侯皆有含，同盟數十百國，一口何能容？含則宰夫取璧以降，襚則宰夫五人舉以東。凡諸侯之含襚，皆存以爲送葬乘車之具。范説未審。

冬十月。成元年。

《集解》：「疑經冬十月下云『季孫行父如齊』，脱此六字。」

案：經、傳舊本别行，以傳附經，始于後漢。且三傳傳有異義，經文則無不同。苟或異文，所差者小，從未有一家有經，而二傳誤脱者。以傳文之後附，疑本經之脱文，非也。傳文先經發，傳不必皆在本條。以此疑經，殊爲失解。

公至自會。成十六年。

《集解》：「無二事，會則致會，伐則致伐。上無會事，而①言至自伐鄭，而言至自會，甯所未詳。」

案：苕丘，公與季孫行父同執，執目季孫，避公在也。致公而不致季孫，舉所重也。盟，公亦與季孫同在，盟目季孫，公不會大夫，故避公也。致言會，起公在盟也。會本爲季孫盟而言，范氏未知互見之例，故不得其解也。

古者，天子六師，諸侯一軍。作三軍，非正也。襄十一年。

《集解》：「《周禮》、《司馬法》曰：『萬有二千五百人爲軍。王六軍，大國三軍，次國二軍，小國一軍，其將皆命卿。二千五百人爲師。』然則此言天子六師，凡萬有五千人；大國三軍，則三萬七千五百人。諸侯制踰天子，非義也。」

案：此傳有脱誤，當以《白虎通德論》所引，據改爲「天子六軍，諸侯大國三軍，次國二軍，小國一軍」。與《司馬法》、《周禮·大司馬》文同。蓋舊傳如此，范據誤本師軍異文，遂從而立異。即使傳原作師，則軍、師亦互文耳，非如《周禮》師軍異制之比。且天子、諸侯軍師之制，全從田賦而出。范據誤本，以天子爲止六師，諸侯爲一軍，全與經典

---

①　而：十三經注疏本《春秋穀梁傳注疏》成公十六年作「當」。

不合。而不知考正脱誤，遂從而攻傳。蓋范苦于用心，借攻傳以趣便易，苟有不明，直相駁斥，則不勞而《集解》可成。

或曰：「增之也。」昭二十五年。

《集解》：「如增言巢爾，其實不巢也。雍曰：『凡《春秋》記災異，未有妄加之文。或説非也。』」

案：或説增義，實不得其解。緯家以爲巢于榆，范氏以爲如增言巢，其實不巢。以經爲戲，本屬誤解，遂據雍説以駁傳，不知傳義不如所駁也。洪頤煊①云：增讀爲橧，謂于穴中駕巢。引《禮記釋文》爲證。説較范氏爲安。説見《讀書叢録》。

晉趙鞅帥師納衛世子蒯聵于戚。哀二年。

《集解》：「甯不達此義。江熙曰：『齊景公廢世子，世子還國，書簒。若靈公廢蒯聵立輒，則蒯聵不得復稱曩日世子也。稱蒯聵爲世子，則靈公不命輒審矣。』此矛楯之喻也。然則從王父之言，傳似失矣。經云『納衛世子』、『鄭世子忽復歸于鄭』，稱世子，明正也。明正，則拒之者非耶？」

案：傳此説與《公羊》同。《春秋》貴命，先君所絶，臣子不能逆命迎之，此定義也，輒

---

① 洪頤煊：原作「洪煊」，誤。按：《讀書叢録》二十四卷，清洪頤煊撰。

之所難，特以所拒乃己父耳。《春秋》書世子者，以父命臨之，不從父而從王父，所以使父受命于祖，非靈公之逐子。《春秋》謂爲可立，乃與鄭世子比也。范氏但知從命之説，夫使輒迎蒯聵而立之，是蒯聵死其父，輒死其祖，孝子揚美不揚惡，信道不信邪，甯拒父申祖命以成其孝，不能從命迎以陷父于惡也。又禮不以家事辭王事，不能以私恩而廢國典，亦已明矣！倘蒯聵有順子，則靈公有逆孫，且靈公命絶之，而輒迎之，是靈之命不信于聵，棄祖命而廢父道。《春秋》拒聵，正以成父之尊于子，范氏知小惠而忘大道。

《穀梁》以衛輒拒父爲尊祖，不納子糾爲内惡。以拒父爲尊祖，是爲子可得而叛也；以不納子糾爲内惡，是仇讎可得而容也。若此之類，傷教害義，不可强通者也。《序》。

　　案：解已見前。許衛輒拒父，《公》、《穀》所同。今以專屬《穀梁》，而指爲巨謬，非也。

《穀梁》清而婉，其失也短。若能清而不短，則深于道者也。

　　案：范氏所言，酷似評文品詩之語。其所云「《穀梁》清婉，而失在短；《公羊》辯①裁，其失在俗」者，皆不得其旨意之所在。楊《疏》：「云『清而婉』者，辭清義通，若隱公之

① 辯：原誤作「辨」，據十三經注疏本《春秋穀梁傳注疏》范寧《序》改。

小惠、虞公之中知是也。云『其失也短』者，謂元年大義而無傳、益師不日之類①略而不言是也。」楊《疏》所列，于清短之意相違，蓋亦求説不得而爲之辭。大抵范君長于詞翰，評閲文字，好作俊語，遂以此法施于經傳。即以還叩范君，亦神況之言，不能舉實。名士一時興到之言，遂爲經傳千年評定之準，實則語無實迹，不可方求。後人無從規彷，以決從違，虚存其語，遂相指斥耳。明人以文章評點經傳，甚爲識者所譏。而范君之語，則奉若神明，異矣！范君雖作《集解》，實不知傳義所長，又安得道其所短耶？

凡傳以通經爲主，經以必當爲理。夫至當無二，而三傳殊説，庸得不棄其所滯，擇善而從乎？既不俱當，則固容②俱失。若至言幽絶，擇善靡從，庸得不並舍以求宗，據理以通經乎？雖我之所是，理未全當，安可以得當之難，而自絶于希通哉？

案：此攻三傳也。三傳解經，同于測天三家，同源異流，各有所據。既欲廢之，何必主之？既欲擇善，何爲專釋《穀梁》？無精闢之專功，喜東西之游説。觀其所言，明知未當，而務力希通，信心蔑古，尤爲狂悖矣！王安石廢三傳，王柏删《詩》，其事乃早見于范氏矣。

① 類：十三經注疏本《春秋穀梁傳注疏》范寧《序》作「惡」。

② 「容」上，原衍「無」字，據十三經注疏本《春秋穀梁傳注疏》范寧《序》删。

而漢興以來，瓌望碩學①，各信所習，是非紛錯，準裁靡定。故有父子異同之論，石渠分争之説。廢興由于好惡，盛衰繼之辯②訥。斯蓋非通方之至理，誠君子之所歎息也！

案：此攻西京博士也。范不通本傳，乃雜引《左氏》、《公羊》以解之，故于此反攻先師，以掩其跡。惡先儒之專守，倡信心之邪幟，唐宋之禍，此實作俑。

① 學：十三經注疏本《春秋穀梁傳注疏》范寧《序》作「儒」。
② 辯：原誤作「辨」，據十三經注疏本《春秋穀梁傳注疏》范寧《序》改。

何氏公羊解詁三十論

廖平 撰

楊世文 仇利萍 點校

校點説明

《何氏公羊解詁三十論》成於廖氏經學第一變之時，主要是針對何休而發，總評何氏《公羊》之義，間及董仲舒之説，以「今古學」之標準，對董、何的《公羊》理論進行修正和補充，是廖氏爲揭《公羊》「大例」而陸續推出的大綱。何休專精《公羊》之學，隋唐以來，號爲絶學。有清一代，名家輩出，鉤沉索隱，是學復明，然劉逢禄、陳立、孔廣森等從違各異，門户猶深，加之何氏《解詁》亦有很多問題，致使《公羊》真旨不明。有鑒於此，廖平「欲改注《公羊》，獨標玄解，用發覆藏」，於是仿洪亮吉《春秋十論》體例，光緒十年（一八八四）成《公羊何氏解詁十論》，總括大綱，以爲讀《公羊注》之階梯；光緒十一年（一八八五）七月，又成《公羊解詁續十論》，書中言今古學混亂之由與學者應守之家法，倡言今古學之分在禮制，不在文字義理；光緒十二年（一八八六）二月，復成《公羊解詁再續十論》。是書主要版本有光緒《蟄雲雷齋叢書》本、光緒十二年（一八八六）《四益館經學叢書》本、光緒二十三年（一八九七）尊經書局本、宣統三年（一九一一）《適園叢書》排印本、民國十年（一九二一）四川存古書局《六譯館叢書》重印本。今據《六譯館叢書》重印成都尊經書局刻本整理。

目録

何氏公羊春秋十論

《何氏公羊春秋十論》叙目

《王制》爲《春秋》舊禮傳論
諸侯四等論
託禮論
假號論
主素王不王魯論
無月例論
子伯非爵論
諸侯累數以見從違論
曲存時事論
三世論

何君專精《公羊》，超邁東漢，顔、嚴已渺，獨立學官，隋唐以來，號爲絶學，學者苦其難讀，駁議横生。國朝通材代出，信古能勞，鉤沈繼絶，學乃大明。劉、陳同道，曲阜異途。從違雖殊，門户猶昔。平寢饋既深，匙鑰倏啟，親見癥瘕，用新壁壘。竊以《解詁》頓兵堅城，老師縻餉，攻城無術，用違其方，聾瞽有憂，膏肓誰解？《穀梁》注疏，纂述初就，便欲改注《公羊》，獨標玄解，用發覆藏。時月無閒，工計未程，綜括大綱，作此十論。豈敢比之權輿？特欲假爲繩墨。倘其學思無進，則必依程圖功，假或師友有聞，尚將改絃異計。歲寒書此，藏之敝簏，以卜異日之進退云爾。甲申冬月，廖平自叙。

《王制》爲《春秋》舊禮傳論

孔子作《春秋》，存王制，《禮記·王制》乃《春秋》舊傳。孔子既作《春秋》，復作此篇，以明禮制，故所言莫不合於《春秋》。先儒不得其解，因與《周禮》不合，疑爲殷制。不知乃《春秋》制，中備四代，非獨殷禮也。《春秋》制度，皆本於此。《王制》所言二伯，則齊、晉也；所言八方伯，則陳、蔡、衛、鄭、魯、秦、楚、吴也；所言卒正，魯則曹、莒、邾、滕、薛、杞也。每州七卒正，此六者，一壓於方伯不見也。衛則以邢見，陳則以頓見，鄭則以許、滑見，蔡則以沈、胡見，内詳而外略也。《春秋》稱侯者爲方伯，稱伯、子、男者爲卒正。鄭稱伯，得爲方伯者，《王制》云「八州八伯」，寰内無方伯。《春秋》以鄭領冀州，而入爲王卿士，從天子大夫稱字之例也。

《春秋》男不見盟會，不書卒葬，許男序盟會、書卒葬亦男許，以別于魯卒正也。不得此説，則鄭國爲方伯、許之序卒葬，不能解也。單伯，《左氏》以爲王臣，從氏采推之，是也；《公》、《穀》以爲魯大夫，從内大夫例推之，亦是也；而不能相合。《王制》云：天子大夫爲監於方伯之國，國三人，單伯蓋天子之大夫，爲魯監者，故氏采，與王臣同，而「來往」爲内文也。鄭之祭仲，陳之女叔，皆監者也。得此説，則三傳之説可以立見，非此則不能通也。《穀梁》純，與《王制》相合，《公羊》雖兼採古學，然與《王制》不同者少，以其舊爲今學弟子故也。今于《王制》同者，宜據《王制》言之，于《王制》不同者，宜有以斡旋①之。如祭仲，《穀梁》之例，以爲天子大夫，《公羊》以爲鄭大夫，賢者不名，此與《王制》不合者也，不能無説，而隨文解之也。如此之類，僕數難終，謹發其例于此。又《禮記》《曲禮》、《禮弓》、《雜記》三篇，爲《左傳》説。如《曲禮》「天子不言出」、「天子曰崩」，及二伯州牧諸制，其明據也。今當悉取附本條，不惟《左氏》明，而《禮記》亦明矣。《禮記》一書，竊欲以讀《白虎通義》、《五經異義》之法讀之。予嘗爲《今古師説禮制異同表》，將《禮記》一書各隸各經，如《王制》屬《公》、《穀》，《曲禮》、《檀弓》、《雜記》屬《左氏》，或屬《周禮》，或屬《儀禮》，或屬《詩》、《書》。不求其合，而惟求其分，皆足與《王制》相發明也。

---

① 斡旋：原作「幹旋」，據文意改。

諸侯四等論

《春秋》制二伯之典，修方伯之法，詳卒正之事，録微國之名。一州二百一十國，魯爲方伯，曹、莒、邾、滕、薛、杞爲卒正大者，序盟會，備卒葬，郯、繒、牟、介、葛爲屬國小者，所謂微國。蔡、陳、衛、鄭同爲方伯，楚、秦、吴爲外州方伯，與魯共八伯。齊、晉爲二伯，曰「天子之老」。每州二百十國，統于方伯，八州八伯，統於天子，二老分主東西，此《春秋》制也。魯與蔡、陳、鄭、衛事齊、晉，以事大之禮言如，與京師同，行朝禮也。曹以下兖州之國如魯言朝，屬國統于方伯，事之如君也。《春秋》外秦、楚、吴，爲其地當方伯，故記其卒葬，惟秦一記葬，楚、吴狄之，不記葬。至于河南、山西、直隸、安徽諸國，惟録方伯屬國概略，不見序盟會者，惟許、邢、滑、沈、頓、胡以起之，有所見者，皆爲大國事及之，非專録也。兖州爲魯所統，魯爲方伯，詳内略外，故屬國曹、莒、邾、滕、薛、杞六國記卒葬，序①盟會，而又見郯、繒以下諸國。此《春秋》詳略之所主也。其往來禮節，記録尊卑，則又各異其事。以今制喻之，京師如周，南北洋大臣如二伯，行省督撫如方伯，各省道員如卒正。魯如今四川制臺，于齊、晉爲上行，于曹以下爲下行，於蔡、陳、衛、鄭爲敵體，其儀注體制，皆因此爲定。如屬國無大夫，無師，不言使，不記災，

---

① 序：原作「敘」，據上下文意改。

言朝魯，言奔喪、會葬，見大夫不氏，公子、公孫不言，大夫文以前不卒葬，襄以下乃詳録，盟會爵無定，盟會序有定之類，凡數十事，皆以卑屈于尊也。魯于外方伯平行，則儀注不同六卒正，至于二伯，則全用事大之禮矣。舊有《大國次國小國微國禮制異同表》一卷，專明禮制。至于筆削之事，則散見各條之下。此義傳中本有明文，西漢以後，遂失傳説，故後儒多不得其解。今幸于《王制》中得之，使古義復明焉。

託禮論

《春秋》禮制本《王制》，此定説也。諸侯分三等，亦定説也。然《王制》之三等，則百里、七十里、五十里也。《春秋》之三等，則皆百里國之二伯、八方伯、六十四卒正也。以《王制》例《春秋》，則二伯皆王臣，非外諸侯。魯爲百里大國，當有三軍，曹、莒諸國皆千乘，不爲小國，此必不合者也。以《王制》言之，則上而齊、晉，下而曹、邾，皆百里大國，而《春秋》則獨以齊、晉爲大國，退方伯以七十里之制，退卒正以五十里之制者，何也？《春秋》三等皆百里，若一律視之，則貴賤不明，而《王制》三等之制無所託以見，則改制之事託諸空談，不能見諸實事矣！不得已，而强于百里大國中分爲三等尊卑，以託見百里、七十、五十之異制。假託以見意，非實事如此。苟稽其實，則齊、晉不大于方伯，曹、邾不小于陳、鄭，魯不必譏作三軍，曹、邾未必無大夫也。其所以或揚或抑于其間，特欲明其意而已。然其所以强分三等，則亦因其自然之勢，非故加之也。當時齊、晉主盟，實强大于方伯，方伯自廣，實强大于卒正。因其本有强弱、大小、尊卑、貴賤之分，故因以託三等之制。又考《王制》，八命錫弓矢，得專征，是二伯亦得命外諸侯也；七命錫斧鉞，得專殺，是加命百里國爲方伯，則儀注得加諸侯一等，一州之國盡歸節制，正如今督撫加銜，得節制數省之例。當時諸侯有彊弱大小之分，《春秋》假加命之變禮，以分别貴賤，以爲三等。然必求合《王制》新訂之禮，則諸侯皆爲同等，皆得用大國儀注。魯既百里大國，又加命，則更當用《王制》大國儀注。齊、晉加于諸侯二等，乃用百里儀注，是降二等矣。魯用次國禮，亦降二等，卒正用小國，亦降二等。然經不能别作二伯、方伯禮制，而假借百里、七十里之禮制而用之者，以諸侯强大易爲禍亂，故定制以百里爲限，不能加隆，故借三等平常禮制以明尊卑、大小之分，此亦不得已之故也。借虎皮以覆羊，指鹿角以爲馬，苟不如此，則詞有所窮，毛將安附？此非深明纂述之源，不能知其苦心也。予久疑《春秋》之禮條同異于《王制》，積思累月，乃悟假託，證以假號之例，夫乃相得益彰。何君不達此義，宜其不敢篤守《王制》矣。

假號論

《傳》曰：「貴賤不嫌，句。同號；句。美惡不嫌，句。同辭。」夫號者，爵秩禄位之所定也。彼其器服載在典章，本有一定之稱，豈容抑揚其際？詳《傳》所言，則名爵不守故府，進退惟在素王，因嫌疑之相關，定秩命之高下、貴賤，嫌則異之，不必其本不同也；不嫌則同之，不必其本不異也。故滕、薛不嫌則稱侯，相嫌則稱伯、子。唯其辟諱，以定名稱。説者不察此旨，乃以《春秋》所書爲其本爵，謂鄭、秦爲伯，吴、楚爲子，甚至紀子稱侯爲因后父所加，杞伯稱子以爲時王所奪。凡此之倫，悉爲瞽説。又《傳》云：「天子三公稱公，王後稱公，其餘大國稱侯，小國稱伯、子、男。」凡《傳》言稱，皆謂《春秋》稱之，不關本事也。《春秋》假公以爲三公、王後之稱，假侯以爲方伯之稱，假伯、子、男以爲卒正之稱；恐人疑之以爲王爵，故于滕、薛、紀、杞互見以起其例，明此爲《春秋》假號，非諸國本爵也。苟欲言本爵，則見經者皆百里國，同當稱侯，因同號無以見義，故託禮以定尊卑，假號以辟嫌疑。欲因别號，愈明異禮，此作述之窮詞，爵號之大例。自漢以來，久失此旨，雖以博士專門，猶謂紀侯加爵，下至杜氏，乃詳注某國爲某爵。學者習聞其説，深入淵髓，枝離牽就，終昧本原。學者務先詳傳文，力攻杜説，深悟假託之由，方知《春秋》之妙，苟拘于舊解，以名爵爲定稱，則無入道之幾矣。《解詁》未詳此義，今並正之。

主素王不王魯論

「王魯」之説，久爲世詬病。申者曰：此經師舊説，俗學不知古義，不足爲疑。若孔巽軒之去「王魯」而主時王，則誠俗學；若今之去「王魯」而主「素王」，則主「王魯」者，多年積久，而悟其非。誠爲去僞以存真，豈曰望文而生訓？蓋嘗以經例推之，則魯爲方伯，譏僭諸公，非作三軍，則是《春秋》仍以侯禮責魯也；譏不朝，非下聘，則是《春秋》仍君天王而臣魯侯也。且《春秋》改制作，備四代，褒貶當時諸侯，皆孔子自主，魯猶在褒貶中，其一切改制進退之事，初不主魯，則何爲「王魯」乎？若以爲「王魯」，則《春秋》有二王，不惟傷義，而且即傳推尋，都無其義。此可據經傳而斷其誤矣。又《公羊》精微，具見緯候，凡在枝節，莫不具陳，而「王魯」全經大綱，緯書並無其語，而言「素王」與孔子主王法乘黑運者，不下三四十見，此可見本素王而不王魯矣。嘗以師説考之，司馬遷云：《春秋》「據魯、親周、故宋」。《論語》《孝經緯》五言「素王」。而孔子受命改制，作爲玄聖，爲王制者，凡數十見。《孟子》云：「《春秋》，天子之事也。是故孔子曰：『知我者，其惟《春秋》乎！罪我者，其惟《春秋》乎！』」惟其爲「素王」故，孟子以天子託之《春秋》，而孔子以「我」爲解。太史公引董子説：「吾因其事而加王心。」孟子引孔子云：「其義則丘竊取之矣。」又主「據魯」而不言「王魯」，皆足爲「素王」之證，而非「王魯」之比。是《公羊》舊説，主「素王」而不主「王魯」也。「王魯」之説，始于董子，成于何君。董子《繁露》言《春秋》有王法，其意不可見，故託之于「王魯」云云，何氏因之，遂專主其説。按董子立義依違，首改「素王」之義，以爲託魯之言，此董子之誤，後賢當急正之者也。且其説以王意不可見，乃託之「王魯」；託者假託，實以「素王」爲本根，「王魯」爲枝葉，因王意不見，乃假「王魯」以見「素王」之義。是董子之言「王魯」者，意仍主「素王」也。蓋經實無「王魯」義，説經者因義難見，附會別義以見之。專門往往有此小失，所謂求深失鑿，當急正者也。又按：「素王」本義，非謂孔子爲王。素，空也；素王，空託此王義耳。《論語》曰：「如有用我者，其爲東周乎！」又曰：「其或繼周者，雖百世可知。」今之所謂素，即此「如有」、「其或」之義。設此法以待其人，不謂孔子自爲王，謂設空王以制治法而已。舊有《素王證義》一卷，備録「素王」之證，而條駁何氏「王魯」之義。擬將來撰《章句》，據本傳、《孟子》、緯候之説，專以「素王」爲正義。至于董、何説「王魯」者，附入疏中，以存異解。而其《素王證義》一卷，附於《解詁商榷》之後，以與好古之士共決焉。

無月例論

正傳言日、時例者二十餘條，惟言「何以不日」、「何以時」，無以月爲正例之文。《春秋》記事，大事記之詳，如君夫人葬薨、大夫卒、天王崩、外諸侯卒，大異、宗、廟、災、郊、祭、盟、戰所關者大，重録之則詳，故記其日。小事則從略，如來往，如致、朝、聘、會、遇、外盟、外敗，一切小事皆例時。大事日，小事時，一定之例也，亦記事之體應如是也。至于輕事而重之，則變時而月日焉。重事而輕之，則變日而月時焉。事以大小爲經，例以日時爲正，一望而知者也，而月在時日之中爲消息焉。凡月皆變例。大事例日，如盟例日，而桓盟皆不日而月，變也，柯之盟時者，變之至也。此日爲正，月爲變，時爲尤變之例也。小事例時，如外諸侯葬例時，月爲變，日爲變之甚。此時爲正，月爲變，日爲尤變之例也。因其事之大小，考其例之詳略。如朝，時也，變之則月，至變則日；用幣，時也，謹之則日。因其事之小，知其日月之爲變。外諸侯卒例日，變之則月，至變則時。因其事之大，知其月時之爲變。凡變則有二等，以差功過淺深。故月皆變例，從時而日，從日而時，皆變之尤甚也，有條不紊，綱目明白。何氏誤以月爲有正例，則正例有三等，無以進退，而于二主之間又添一主，則正變不明，端委朦混，治絲而棼，故使人嗤爲牽引射覆，此其巨謬也。今一以傳説爲據，先爲一表，分三卷：上卷正日，而變月、時者入焉；中卷正時，而變月、日者入焉；下卷則不入日、月、時例附焉。皆以時、月、日録，其時非有淺深之比者盡歸之。何君之説，老師不能盡通，今兹之表，一覽可得其要，以孔子當日本如是也，而後人紛紛議此例者，可以息喙①矣。

子伯非爵論

《王制》有公、侯、伯、子、男之本爵，《春秋》無是也，所見國皆百里，同等爵也。其于同等之中，必有尊卑之别，乃假錫命之名，以爲立説之準。《傳》曰：「天子三公稱公，王者之後稱公。」其曰「稱者」，《春秋》稱之，以相别異，非本爵公，而當時諸侯，遂别無公爵也。又曰：「其餘大國稱侯，小國稱伯、子、男。」大小國無差分，其分之爲大小，稱之以侯、伯、子、男者，《春

① 喙：原作「啄」，據文意改。

秋》借侯以定方伯，假子爲七等之首，伯爲子①，男又子之變文，伯、子非爵，則男可知。男猶男子之稱，證以託禮假號之例，則五等之非本爵審矣。按：公、侯、男之不明，其失猶小；伯、子不明，其失尤大。今再爲明之：《傳》於滕侯卒稱侯，云「貴賤不嫌同號」，此《傳》之微言，不獨爲此經發。滕、薛與魯，地皆百里，例同得稱侯，此定例也。既以魯爲方伯，不能改稱公，而仍稱侯，則滕、薛之爲卒正，稱侯則與方伯逼，降爵則非其罪，且不足以明本爵之爲侯，此筆削之窮詞也。《春秋》爲辟嫌，改滕稱子、薛稱伯，子、伯爲侯替代字，以子在伯上，知非爵也。自桓以上，《春秋》正辭，盟會喪兵皆稱子、伯，恐與方伯侯嫌，然不先見本爵，且恐人疑非百里國，故借卒侯滕，以不卒而卒，知見侯例，猶恐人疑子、伯爲貶，故於此兩見。滕、薛稱侯，滕在薛先，則知下之滕以子先薛，伯之非爵也。于朝稱侯，以此之不嫌稱侯示本爵，以起下之嫌，則不稱本爵也。《傳》解此，兼釋彼：解滕、薛，兼解曹、莒、邾、杞也，且兼解紀、沈、胡、頓、邢、滑、小邾也。《春秋》大國稱有定，小國稱無定者，爲有辟而改，方伯無所辟也。此貴賤不嫌，則同號，貴賤相嫌，則異號之定例也。且謂之號者，則虚加之詞，固非號異而實不同也。此朝見本爵，下不見者，一見不再見；曹、邾、杞不見者，亦一見不再見也。何君不明五等皆《春秋》之號稱，非時王之爵秩，紀子稱侯，以爲后父加爵，宜其凡遇五稱，皆爲實爵也。

① 子：原作「字」，據上下文意改。

諸侯累數以見從違論

《春秋》游、夏不能贊一辭，蓋其審矣。二伯盟會之國，列數多或至十數，少或僅二三，其詳略内外之説，何氏闕焉，故文、宣以後，盟會數勤，而不爲立説，遂使累數列國，有如贅文。故文、宣以下，經多而注少，此其失也。蓋中國與夷狄相消長，中國主齊、晉，夷狄主楚。從中國方伯，衛爲篤，陳、鄭次之。從楚之國，蔡爲篤，亦陳、鄭次之。宋爲王後，從中國多于從夷。中國大國惟齊、晉、宋，次國惟魯、衛、陳、蔡、鄭。而諸國從夷，《春秋》所傷，不可以顯録，故爲此互見之法。如諸侯同在，則如貫澤，大國言齊、宋，遠國言江、黄，爲偏至辭，不列數者，皆至之辭也。「諸侯城緣陵」，言諸侯而不序，離至不可序。至于常會則多不序蔡者，蔡篤從楚也；不序陳者，失陳；不序鄭者，失鄭；不序于此，則入在彼也。楚伐中國，恒獨舉楚師，不序從國，凡不與中國盟會之國皆從楚伐者，不言者，不忍以中國從夷伐中國也。從楚之國侵伐中國不從楚序，惟盟會從楚序，其惡從末減。亦以起中國盟會，不序之國皆入楚也。舊爲《中國夷狄消長表》，中國主齊、晉，衛附之，夷狄主楚，蔡附之，而陳、鄭閒居二者之間，而出入焉，以此明中外之限。故列數略見互文，皆以爲此。其中諸侯，凡序者皆有所起，雖累數十數國，一一有義，當逐條説之。又宣、成以前略序小國，襄以後，詳序小國。又有疾始、貶退諸例，故曰「游、夏不能贊一辭」。使如何氏，則半在可删之類，以不得此解也。

曲存時事論

《春秋》之書，因行事，加王心，加損變化，以見制度，不可以時事求之者也。故齊、晉，侯也，而託以爲公；吴、楚，王也，而抑以爲子。明監者之制，而出單伯、祭仲，不必當時有是制也；明改制之意，而黜杞稱子，不必當時有是號也。周世卿，而貶尹氏；周下聘，而譏天王。其中立官、制爵、用人、建國，吉、凶、軍、賓、嘉，凡私所改易處，皆設文以顯之，比義以起之，故不可以時事求也，而亦有曲存時事之處。如：《春秋》以魯爲方伯，定制也，十二公無異也，乃桓、文有錫命之文，《春秋》則有錫與無錫不異，時事則不錫與有錫不同，此錫命之事，與《春秋》方伯之事不相干也。《春秋》大國三卿，而晉同時殺同姓大夫至三人之多，此時事與經例不合，不可援單伯、二伯以爲比者也。《春秋》既託空王，則别起義，而稱周爲天王，不能改而不王，此亦曲存時事，與經意不合之大端也。不改則似于史，而經意不明；改之則嫌于亂，而行事不見。改與不改之間，本爲相背之勢，乃有並行之妙，不相傷而相救，不相迕而相起。此其因革沿變之間，非精思神悟，不足以探其運用之妙。何君《解詁》乃全昧乎此，因者不知所以因，革者不求其所以革，蒙昧解之，經義蝕晦者久矣。積疑經年，一旦霧澈，必知此義，乃足與言《春秋》也。《春秋》時事皆周制，經意參用四代，今古相迕，柄鑿不入。得此並行，乃能圓通耳。

三世論

《春秋》世變迭更，書法由之而異。《論語》云：「自諸侯出，蓋十世希不失矣。自大夫出，蓋五世希不失矣。陪臣執國命，三世希不失矣。」此其世變之大綱也。初治天下，再治諸侯，繼治大夫，終治陪臣，蓋無卅年不變之文。《傳》以三例總之，所謂「傳聞」、「聞」、「見」是也。約略分之，所見不過六十年，所聞不過八十年，傳聞不下百年。自襄至哀，文辭數變，所謂異辭者，所見與見自異，非與傳聞、所聞異也；以推聞與傳聞，義亦如此。細變無慮數十，大異約分爲九：所見三異，所聞三異，所傳聞三異，非謂二百四十年中文僅三異，如《解詁》所云也。使僅三異，則《傳》言所見、所聞、傳聞異辭而已，何爲三言異詞耶？又所異以詳略政治爲主，因乎時變，象乎人事，不如《解詁》唯以高、曾、祖、父恩義深淺爲說也。三世爲要例，《解詁》所言，多不得其意，支離游衍，使人迷炫，此其失也。以孔子四世配魯君十二世，雖本緯候，不足據也；維其不足據，故緯或以八十爲限，或以多少相較可見也。三世之精意，不外「遠近」二字，苟得其要，無俟煩言。今盡削《解詁》之言「三世」者，而別自起例以説之。哀十四年《傳》：「祖之所逮聞。」祖謂隱、桓在逮聞之世，再遠則難徵，不謂孔子之祖能逮聞隱、桓也。祖逮聞此世，于何取義？豈謂祖聞而轉向孔子述之耶？孔子少孤，不聞父教，何論祖訓？此可見其迂曲矣。《穀梁傳》引孔子曰：「立乎定、哀，以指隱、桓，則隱、桓之世①遠矣。」此《穀梁》三世之例也。《公羊》真義，實亦如此。自何君失解，更爲游説，親父、祖而薄高、曾，親祖、父，並一世人皆親之，薄高、曾，並一世人并薄之，不惟迂謬無理，且隱、桓之世遠在二百年以前，何所與于孔子之高、曾？由此以推之，當時孔父尚在，則早在無服路人之例，又何可以緦齊説之？其誤皆由誤解「祖所逮聞」之「祖」爲孔子之祖，遂衍爲此説，最爲剌謬。須知説《春秋》當就孔子一人説之，不必牽引其先代高、曾，作干證也。至于新分三世，更爲一表，多主大綱，不循枝葉，如《解詁》之絮語也。

① 世：《穀梁傳》作「日」。

何氏公羊春秋續十論

《何氏公羊春秋續十論》叙目

前論作於去冬，餘意未盡，綴以新解，更爲此篇。昔洪稚存亮吉。有《春秋十論》，初意效之，故别爲編目，不與前并。古人才敏，日試萬言，今經二百日，所得乃僅如此，又且從日夜勞悴、神形交困而來，豈古今之不及，何遲速之懸殊也？乙酉初秋，季平記。

嫌疑論

禮以别嫌疑爲要。《禮》云：君與異姓立，不與同姓立。《明堂位》序公、侯、伯、子、男，及夷狄所立之位，爵相近則異面，爵相懸則同面，此即決嫌疑，定猶豫之道也。董子云：《春秋》常于嫌得者見不得。又云：《春秋》視人所惑，爲立説①以大明之，故決嫌疑爲《春秋》大例也。《傳》曰：「貴賤不嫌，句。同號；句。美惡不嫌，句。同辭。句。」此號、辭同異之準也。何氏言其同號者，如滕侔侯，此不嫌而同者耳。而嫌而異者，則未詳其例。今謹推之：如齊、晉，《春秋》託爲二伯，則尊在宋公上，而爵仍言侯，與方伯同，是其貴賤相嫌也。故宋、陳、衛在喪稱子，而齊、晉在喪不稱子，以不稱子尊異齊、晉，爲其相嫌，故不同號也。鄭、秦皆方伯也，不稱侯而字伯，與小國相嫌，故在喪亦不稱子，而言使、言聘、言來盟、言湯沐邑以起之。

① 爲立説：原作「立爲説」，據《春秋繁露・玉杯》乙。

而何君乃以不言子爲貶，則失「嫌則不同」之意矣。何君言其同辭者，「若繼體君亦①稱即位，繼弒君亦稱即位」，而嫌而不同者則未詳其例。今按：楚莊討夏徵舒，此嫌於美得討，故貶稱「楚人」；言「入陳」，因其嫌美，故以惡辭異之也。楚靈討慶封，稱「楚子」，不言入，楚靈惡不嫌於美，故不異辭也。謹發其例于此，而凡舊撰《十九國尊卑名號儀注異同表》則皆所以分別貴賤相嫌則異之例也，而《七等進退表》則亦貴賤相嫌則異之教也。又凡舊撰《褒貶表》，皆相嫌則異之數也，而《善惡表》則又嫌不嫌之凖也。號辭專例，搜集不下千條。何君不長決嫌明疑之例，故於巨門謹以數語説之，至解散見之條，則又與此義相倍；此非深明嫌疑、號辭所以異同，得孔子所以袪嫌決疑之心，大爲更張，盡復舊説，不能斬斷荆棘，盡發覆藏也。按：以鄭在喪稱子爲譏，董子已有此説，可見經義之難，此如持平，操度稍有不謹，便失其凖。觀傳鄭忽稱名，人皆知鄭在喪不稱子，至于鄭伯伐許，雖先師巨儒，亦失其説。然則治經而欲盡袪誤説，以蕩除滓穢，又力復舊例，以重理規模，豈不難哉！

本末論

《春秋》文成數萬，其旨數千，單詞孤句，不能見義，故記事必有終始，纂詞尤詳本末。

① 亦：原脱，據《春秋公羊傳·隱公七年》何注補。

《傳》言「末言」者二，謂紀述有本無末，又以起有末必先録本也。《春秋》經絡，亦如人體，幹支彌蔓，縱横匝布；學者之求經旨，亦如醫家之探穴會，苟按圖以相索，固投箴之無譌已。《春秋》記中外争伯爲大本末，莊以後、定以前，凡記齊、晉、楚、吴會盟侵伐，重規疊矩，皆以紀伯者之本末。不知此義，則有如贅文矣；苟知其例，則能推考《春秋》制作之義，惟歎其精嚴，而不苦于繁賾，不然，則連篇累牘，皆若可删。又其中單文瑣事，可以不見而必見者，備本末也。紀州公之如曹，所以備實來之本；紀鄭詹之出奔，所以備佞來之本；紀遂人之滅，所以備殲戍之本；紀秦人入鄀，所以備和楚之本。詳録桓會，見伯之難；備列楚滅，見楚之强。宋伯姬十七見，而餘從略；晉文公一年廿書，而餘從略。何君不明本末之例，遂使詳録者如贅肬，單見者如敗葉。經脈壅塞，而血氣枯偏。今據傳文本末之例，於屬詞之外，别立本末一門，標題詳細，務使經文單詞孤句皆有所統，然後注中依此解之。列國大夫專政，如齊崔、陳，晉六卿，衛甯、孫，魯三家之比。記其世卿之禍，亦一大門。治《左傳》者，有《事緯》、《本末》之作，二傳無聞。今斟酌二書，更加詳正，凡不見經傳之事，皆取《世家》、《國語》以補之，其中有大綱，有細目，經絡盤結，枝葉漫布，所謂「其旨數千」，必詳端委者也。

繙譯論

《春秋》有繙譯之例，所以别中外，更所以存王法。《傳》曰：「地物從中國，邑人名從主人。」《穀梁傳》孔子曰：「號從中國，名從主人。」聖言大例，二傳所同也。今中國繙譯外國之文，凡其官名，多以中官形況之，或竟同中國官名；地形、衣服、山川、禽獸、草木之比，多從中國辭言之，而後人乃解。使從夷狄辭，則不能解。至於其國之地名、人名，已有定名者，彼稱何名，我稱何名，我不能以中國之名易彼之名，蓋彼已有定名，人皆以是稱之，從之則能解；異之，則彼與我皆失所解。此即《春秋》之例，所謂「號從中國，名從主人」者也。而其繙譯之用猶不止此，其大用足以抑夷狄而尊中國。如吴、楚之君號稱王，從其號則當稱王，《春秋》則以中國之號號之，若以爲吴、楚之稱王者，如中國之稱子耳。其大夫稱公，則號之曰大夫；稱王子，則號之曰公子。以爲此方言之異同，而非僭妄之大號。此「號從中國」之用也。而凡中國之人，皆一人一名，即使異名，必從一稱之，而獨于楚則不然：既言公子圍，又言楚子虔，既言公子棄疾，又言楚子居，此即所謂「名從主人」。彼有定稱，吾因而稱之，此「人名從主人」之例也。又如大鹵、賁泉，善稻之地，此有地形可正，亦如物，則從中國言之，而于州來、鍾離、陘、檇李之等，則從定名言之，則又地名從主人也。何氏于此例少所發明，今逐條爲之説，而特發其端于此焉。

隱見論

《春秋》猶龍也，猶畫也，龍以鱗爪起全龍，畫以隱見起遠近。故《春秋》有所常録，因有所不録，常録不厭乎詳，不録不嫌其闕。然恐人之疑當時事實實如此，則筆削之法不明，而著述之意愈晦，故于所削者時偶一見，欲學者循其常而驚其變，舉其一而反乎三，而後隱見之制明，而推比之例起。此制作之精意也。學者苟由常以通其變，復由變以歸于常，正變、隱見易明也。何君不先立其常，遂大亂於其變。姑以一二端明之：外八州會盟，見方伯不見卒正，此常也，而幽見滑、淮見邢，昭世見胡、頓、沈；苟不一見，則疑外州小國通不預①盟會，因見之，以起其常在，而《春秋》不書也。《春秋》内小國唯卒六卒正，恐人疑餘二百三國皆不赴，則一卒宿男以起之。宿男以連帥猶赴而卒之，則二百零三國皆來赴矣，而不卒者，《春秋》削之也。見九州方伯之義，一言荆；見新制九州之義，一言徐；見附庸在會之例，一言小邾；見夷狄在會之例，一言淮夷方伯；一記災，以見小國夷狄之卑；王臣三記卒，以見尊敵諸侯之義。盡録則苦繁，不録則嫌缺，全經一見之例，不下數百條。董子云《春秋》「多所況，是文約而法明」，又云「覽其緒，屠其贅」者，此類是也。而盡推其例，則有事迹之一見，義禮之一見，經例之一見。凡一見之例，如冬日而衣葛，夏日而被裘，異於常例，一見而知。自何君掍于正變，牽引膠葛，而常、變皆失其説。今先正其常，而以一見之類統歸一表，曰《一見表》。别出一見者，不使掍于正例，則兩者離之則兩美，合之亦不兩傷。以視何君之揉雜蒙混，則黑白

①　預：原作「豫」，據文意改。

分，而是非顯矣。一見者多有異文，以使人知爲非正。如辛亥宿男卒是也。文以前不卒小國，而宿在隱初已卒；小國初卒不日，而宿已日；卒者名，而宿不名。學者或以宿與滕、薛比。或以宿與鄭、秦比，有此一卒，而諸卒皆亂，實則甚明。何以言之？卒，非卒正百里者不卒，宿經稱男，不卒者也；卒必其國久長，定、哀猶存者，而宿爲寓公。僅此一卒，下爲宋遷，此不卒者也；始卒不日，日，不卒者也；卒必名，日卒而不名，不卒者也。知不卒而卒，則知爲一見例。

詳略論

讀《春秋》而不知詳略之義，不能讀《春秋》也。《春秋》諸國存者，以地圖計之，猶千數百國，今見經者惟數十國而已。《春秋》諸國記事，以魯計之，其事當百倍於此，今存二萬餘言而已。魯國之事，以詳書之，其文亦當百倍於此，今所書者，亦惟此二萬餘言而已。以言乎削，則不啻千百中而録一二焉，此略之之義也。然以魯言之，録大事耳，而小事可削，而經之小事見者屢矣。以中國言之，録内耳，而外可削，而經之外事獨見者屢矣。以天下言之，録中國耳，而夷狄可削，而經之録夷狄也不一而足。以言乎筆，則不啻十得四五焉，此詳之之義也。夫其詳略之間，必有所準：録内詳，常事不書，則削者十不啻八九矣；録兖州詳，舉魯所統卒正，而外小國不録，則録者百中之二三矣；卒正舉曹、莒六國，而以外二百國又從略；附庸舉小邾，而以外又從略，則録者千中之七八矣；七州之大，但録二伯方伯，而卒正之見者，惟邢、滑、沈、胡、頓，則所録者萬分中之十百矣。此詳略之數也。知所詳，復知所略，然後明乎筆削之義，先師言「弑君三十六，亡國五①十二」云云，此亦就所録者言之，實則弑者、亡者不啻五倍於此，以例所不見，故略之也。就所見以求所不見，此非詳略之界，則經詳而苦于繁，略而苦于瘠，而無以立義。此當如算家勾股相求之法，因所見以求所不見，因所不見以求所見。因外卒正通叙許，以鄭有屬國，起内四方伯、外三方伯皆有屬國也。二伯王後不見屬國者，從内臣例也。方伯共千七百屬國也。陳以頓二叙，鄭以滑一叙，衛以邢一叙，蔡以沈、胡二叙，以所偶叙，起會盟之無不在也。桓之會内小國但叙曹、邾，其言齊師、曹師，諸侯俱在也；其言齊人、邾人，亦諸侯俱在也。無所見則從省文，其例在陽穀之會，《傳》所謂「大國言齊、宋，遠國言江、黄」是也。非叙二師則只二國，叙徐人則只徐人也。《春秋》一字苟在可省必去之，必有所見乃叙之也。以此見凡見皆有説也。

重事論

傳中言事，皆詳記終始言論。如晉取虞、虢，鄢陵戰、通濫戰、鞌之類，凡數十見。舉一反三，謂必先明事，而後言義也。後來經師重義而不重事，不知《春秋》褒貶有如斷讞，必先事

① 五：原作「七」，據《史記·太史公自序》改。

明，而後義審。孟子①云：「其事則齊桓、晉文」，「其義則丘竊取之矣」。董子云：《春秋》貴義不貴事，謂不以二伯之行事掍「素王」之制義。學者不明斯旨，又以傳略行事，欲取《左氏》，又乖師法，故盡袪故實，專言經例。或以善惡甚著，褒貶無方，亦遂以爲假迹立說，不據美惡，不知本事未明，經義何附？其弊至于天王失崩，《經》天王不書崩者有三，舊說以爲無之。諸侯失卒，方伯不卒者有三，舊說皆無之。弑君失數，楚卷、齊陽生、曹伯不言弑，鄭忽弑不書，舊說皆不以爲弑。以秦康公爲秦穆。何氏以瑩爲穆公。本末不詳，則筆削之意不顯；得失不著，則進退之法尚虛。不知《公》、《穀》義例有異，而事迹從同。雖《左氏》別派，凡所立異，皆欲求勝二家，由例生事者可以指數。如單伯事全因單伯而異，仲孫湫子氏之類，不過數十條，皆小事，《國語》所無者。至于大事，莫不從同。苟求其要，固非宮、徵所能亂其聰者矣。董子云：「《春秋》常②于嫌得者見不得。」苟求轉語，是常于嫌不得見其得。楚討有罪，貶之而後外夷狄之義明；祭仲廢君，賢之而後行權之法立。董子云：《春秋》每因人所惑，爲之立說以明之；故其制義多在嫌疑之間，唯其本事詳明，而後經義顯著。倘不求其事而虛衍其義，有如空存讞判而不立事由，學者追尋，何所依據？其弊必至于變形幻態，浮蕩無根。況聖言幽遠，經制淵深，有異庸言，非可臆測，必探其美惡之端，

① 孟子：原作「孔子」。案：下所引言見《孟子·離婁下》，據改。
② 常：原作「嘗」，據《春秋繁露·楚莊王》改。下「常」字亦從改。

乃定乎從違之正。其中嫌得不得、嫌不得而得，正如晉文之賞功，先禮而後功。漢臣之定獄，先殺子而後刦盜。若不激切，不足發啟。今不審原委，而使學者以私意測之，以常人而言聖制，其不輕重失平者鮮矣！故《春秋》之法，先須明事，事已明矣，而後言其褒貶之所由。正如事明而案定，不惟冤獄不興，設有非常之義，亦可因緣而見，其功不甚巨乎！凡《春秋》直書者曰譏，謂不加貶絶而罪惡見，故凡平文皆譏也，必其本事必待褒貶然後義顯，乃加褒貶。故不必以取舍不合本事爲嫌，唯本事明，然後經義愈顯耳。何氏以下惡言本事，非其膽弱，乃其識昧耳。今據司馬遷説，譜帙則用《世家》，事實則用《國語》，所定之議，言皆有徵，不爲影響射覆之談，庶有平實之效乎！

據證論

《春秋》例有正變，文有異同，必確知其常，然後能盡悉其變。先師設爲問答，以明經義，禮制爲主，文句爲末，苟非禮制，不以不見爲疑，既遇正條，不更以其變相難。如隱「何以不言即位」，此據禮繼君元年即位，以承先君朝群臣，不言即位爲變，故問；即至文公言即位，正得禮，不復以言即位爲問，以得正也。即「繼弑君不言即位」，亦但以爲繼弑，而言即位，則是與聞乎弑。而不言繼弑君，何以言即位？以禮有即位，不以即位爲嫌故也。然則隱何以不言即位？下注宜云「據禮，繼君元年即位以臨群臣」云云，不當云「據文公言即位」也。何氏不言禮制，惟據文句，然則傳于文公何以不云「此何以言即位」？禮制有常，而文句無定，不言其禮，不惟使傳意不明，學者不先識正變，故變者據正爲疑，正者亦據變相難，正變不明，而是非淆亂。正如日月例，有日例，有時例，無月例，不知孰爲正日例，孰爲正時例，其于紛紜之間，遂以正日爲例時，正時爲例日，輕重無準，則正變失序；正變一失，而《春秋》不可治矣。何君《解詁》據文句而不據禮制，循末忘本，知其然而不知其所以然，流弊無窮。今欲學者先據禮制，而後以經例爲證，其于正變之故，必使明若觀火，灼然如指諸掌。夫而後比事屬辭之教乃可得而盡。苟惟比齊句例，整理文字，而不先心知其異同正變之故，此尋行數墨之學，不足以語于宏通之詣也。

加損論

《春秋》有有其名而無其實者，有有其實而無其名者，其中事實詭異，名號虛立，不可不察也。有名無實，如築館於外，未至而復，趙盾、許止是也；《傳》曰：不知《春秋》之義，身被惡名而不得辭者，此之謂也。有實無名，如趙穿、欒書，弑隱、伐鄭，莊會饗齊襄之類是也。變實之先後者，如「無麥禾」書在「築微」下，致君而後卒，首事念母之類是也。避實不見者，如公執而以季孫主之，文如齊而以夫人主之是也。有辟其實而易之者，如召天王而曰守，楚、吴稱王而曰子，楚臣稱王子稱公而曰公子大夫，夷狄執而言以歸，獲而言敗是也。有書其事而不出主名者，周田而繫于許、仲孫而繫于齊，邾邑不繫以國、之楚丘而不出繫其國之類是也。其有書之以明乎削者，如葬原仲以明其不葬、卒宿男以明乎不卒者是也。有辟文而與實者，齊、宋之實與而文不與是也。有因例而變者，謂外會爲如，外薨爲卒，內滅言入，內殺言刺之類是也。故循名而核實不難，循名而知其非實爲難；有實而加以名不難，無實而虛加以名爲難。故我欲見其人，則借事以見之，不必其人之實有是事也。我不欲言其事，則假法以掩之，而不必其人之實無其事也。董子云：《春秋》書事嘗詭其實，以有辟也。其書人時異其名，以有諱也。嗚呼！能知《春秋》加損之實者，其惟董子乎！《春秋》時亂混濁，而不可以書見，孔子欲假以立法，不可顯言，又不能已于言，於是乃創爲加損之法，以成美善，掩逆亂，又不能縱大惡而肆姑容，故其文約事明，皆有所見。名家之學，循名以核實，名在先，實在後，《春秋》之教，先有實而後有名。觀其加損之文，因以見制義之準，苟拘文以考事，則《春秋》之道晦矣。何君之解，不能盡通斯義，今特爲之表出焉。

從史論

《春秋》據史而作，筆削之例，專明詳略；加損之例，變易事實；正名之例，依物肖形；從史之例，仍而不改。凡《春秋》事實，其有史書不然而可起例者則變之，如許世子弑、歸父如京師之類；苟無所起，則仍因舊文，不敢改作，《論語》所謂「闕疑」，又云「述而不作」是也。如楚卷、鄭髡弑而以疾赴，而《春秋》不言弑，陳溺疾而見弑，《春秋》不言弑，陳殺太子禦寇不言太子，宋庶子成稱世子，外如齊陽生遇弑之類，皆依史舊文，不相加損，特于别見以起其實而已。蓋事實從史，史既不言，則無從指録，雖有聞見，豈可據一己之傳聞，改百國之寶書？故不能以大惡之名虚加于人，而但于别文隱見其義，使人讀而悟其主名。弑君不名，而弑賊可以起而見，弑不言弑，其弑亦可起而見，此《春秋》之大旨，所謂未有不前見者也。趙盾、崔杼，史有舊文，《春秋》乃能目之，苟非舊文，不敢直指。許世子自責，《春秋》如其意而與之，亦成善之意；使許世子無此言，《春秋》亦不能虚加之也。凡弑皆有主名，經或不言其人，則以明君之罪，是曰累上，如欒書之類。故隱諱者多，而虚加者少。此「罪疑維輕」之意也。何君不詳事實，未悟從史之例，凡有明文者略爲説之，一不發傳，則苟比文字，不通義例，遂使弑君之賊不足三十，而亡國之數不及五十，大失《春秋》之旨。後人猶復以史册所言于經無據，而一概删之。夫趙盾、許止，苟無傳文，豈可據經爲斷？齊陽生、楚卷、鄭髡，經不言弑，原從史文，傳偶不言，是當推類。今不能以傳言則信之，不言則不信。凡此之類，皆宜詳考，事詳而後從史之例明。經不言弑而傳言弑者多矣，且傳明以趙盾、崔杼爲説，而解者猶不知此意例。豈師説有不明？蓋不用心之過也。

塗乙論

何君精專，見于史傳，其作《解詁》，至于十七年之久。按積勞累功，乃成巨帙，其長在此，短亦寓焉。《春秋》義例煩難，不能綱目同舉，故其載筆纂作，先定門目，而後次序施功。其始也，略采師説，草創規模，首尾粗具，然後考核禮制，依類補入，如朝聘、祭祀、喪葬、軍政、食貨之類是也。典禮既備，然後續考諸例，如卒葬、往來、盟會、災異、侵伐之類是也。既定經例，然後再考日月時三例、三世、三統、内外、尊卑諸大綱，既已如此，然後考筆削、褒貶、善惡諸大義，有常有變，有從有違，初則因事分寫，後乃隨意鈔合。其十七年删改塗乙、補識旁記，不知凡幾，其中顛倒脱漏，失删誤筆，亦不知凡幾。至于初作之例，晚年不從，隱、桓之文，定、哀不記，所有失於畫一改正之處，更不可勝記。所謂銖積寸量，未有不失者。故其爲書，前後違反，刑賞失平。一事之説，彼此有不同，一傳之解，文義不相貫。舊意新解，蒙亂雜陳，賸句累文，飣餖失序。初學既苦繁蕪，成人亦乏平準，則此其失也。蓋纂述必須積累之功，至于晚年，義例詳備，必毁棄初藁，别編新作，然後精神流注，氣脈貫通，首尾相啣，正變符節。今僅録繕草藁，吝惜書刀，絃未改而調難成，形既拘而神不罔矣。

何氏公羊春秋再續十論

《何氏公羊春秋再續十論》叙目

《解詁商榷》已成，將爲《古義疏》，因再罄所懷，作此十論。昔劉申受作《何氏解詁箋》，已多補正，特其所言多小節，間或據别傳以易何義。今之所言，多主大例，特以明此事亦有所仿，不自今始耳。丙戌仲春季平記。

取備禮制論①

劉子駿譏二傳「因陋就寡」、「保殘守缺」，「若立辟雍、封禪、巡狩之儀，則②幽冥而莫知其原」，鍾太傅亦謂「《左氏》爲大官廚，《公》、《穀》爲賣餅家」。此以多少爲説者。古者人習六經，經各有教，不取兼收，亦無有專業，《經解》所言「六經之教」是也。撥亂反正，責之《春秋》，習禮爲頌，别有儀學。六經比之味聲，必以相合爲功，不求專一之效，故漢初博士，不囿專經。《班志》云「三年一藝」，「三十而五經通」也。漢末專門，遂成孤立。深固閉絶，不與外通。劉、鍾所譏，是其切病。何君不思兼營别業，乃欲求備一家，觀其《解詁》，繁徵禮文，廣列異制，《傳》一有其字，則必詳其制。如一堂一階，必推天子以下；一稅一樂，備引史、子之文。甚至《傳》本不言其事，亦附會禮文。如《傳》言隱賢，而泛及連帥；《傳》言臨民，則推列屏帷之類

---

① 論：原脱，據敘目補。

② 「則」下原衍「出」字，據《漢書・楚元王傳》删。

是也。意不過欲包括禮制于《公羊》，以免殘缺之譏，不知繁文瑣義，於傳無當。學者觀覽，莫不迷惑，初以解經之作，例當如是，後乃知言各異端，不必强合。使一經可盡天下之事，則六經無容並存矣。此乃分門别户之私見，非通經致用之大法。今欲平其競①心，維在務明本意，既不以單弱爲嫌，更不以宏富自騁。適耳之樂，不只一聲；悦口之甘，豈獨一味？苟欲以一聲兼律吕，一味括珍饈，非但無功，必且敗績。《左氏》宏富，自其所長，制作精微，全不在此。何君既以古文爲俗學，何又與之争此濁富也哉！

襲用禮説論

漢人虎觀、石渠五經諸儒合訂儀制，是乃禮家之書，殊非《春秋》之教。又先師引經決事，多取斷章，是爲潤色，迥非正傳，如《白虎通義》、《五經異義》所引《春秋》以證禮制諸條是也。孔子素王作經，與《詩》、《書》删定不同。《春秋》自爲終始，未可牽合他家。如《白虎通義》説五不名，三引《春秋》與《詩》、《書》爲證，禮家取《春秋》以證明其説則可，《春秋》引禮説以爲據則不可。何以言之？禮家有五不名之説，謂君於五臣宜有加禮，優隆不名，自謂其君召對册命耳，不施于宗廟，不通于外國。《春秋》假名字以定尊卑，爲品級之則，凡所見諸人，孰不在

---

① 競：原作「兢」，據文意改。

五等之例?若孔子曲體時君之私意,襲用稱對之舊號,則《春秋》大夫無一例名者矣。故禮家之説,不可以證《春秋》,即此可見。特此義西漢以來已多失解,如董子以紀之稱侯爲因王后之父進爵,祭仲之字爲因賢而進。按:祭仲與單伯同例,王臣爲盟者,《傳》以爲賢者不名,已失其義。今作《七等表》,一以《春秋》進退爲法,不曲顧時君,不牽引行事,以爲褒貶之準。又凡先儒所言别義,何君誤引者,悉爲辨之,詳見《商榷》中。諸經唯《春秋》、《孝經》爲孔子自作,與别經體製文字不同,家法尤爲遠别。學者不先爲之區分,窺見纂述之旨,説愈多而愈遠也。

圖讖論

緯者,先師經説,入於秘府,與圖讖並藏。哀、平以來,内學大盛,侈言符命者獵取緯説,以求信於世,故凡緯説藝術家言,並爲圖讖所混。今其書冠以「七經」名,則緯書之本名也。其下之名,則皆圖讖及術數家言,如《雌雄圖》、《鉤命訣》之類是也。其書皆藏於秘府,寫者含混寫之,遂成定本。然解經者當引緯説,圖讖之言,不可用也。又東漢諸儒好增損圖讖,「君無口,爲漢輔」,建武已然,末流愈甚,有識者莫不非之。何君《解詁》,多用緯説是也,至乃雜引圖讖,矜爲奇怪:謂孔子爲漢制作,逆知秦將燔其書;夫子素按圖録,知庶姓劉當代周;見采薪獲麟,知爲其出;又言卯金刀天下、血書魯端門、聖漢受命云云,虚誕無理,駭人聞聽。蓋何君囿於風氣,移於俗染,既以獻媚時君,並欲求合時尚,坐此之故,見黜廟堂,非不幸也。

今之改作，但徵師緯，悉除符讖，不使譎詐之言汙滓聖作之籍。並將緯讖輯本悉爲分別，緯爲内篇，讖爲外篇，於内篇之文，更爲之注解焉。

衍説論

初學治《公羊》，莫不苦于扞格炫惑，而不得經傳之本旨，甚者皓首爲之，而所去愈遠，非經傳之詭幻而無實迹，實何氏之衍説悠忽支離，使人失所依據。今欲大明《公羊》之學，非盡祛此游蕩無根之説，而一歸於平實不可。何以言之？如元年，元者一之別名耳，注以元爲氣，以配五始。扳隱而立，叙事耳，而注言不治大夫之義。叛者九國，本例不見經之國，而注以爲不言叛者，爲桓諱云云；使不諱，當如何書？齊逢丑父，微者，例不見經，而注以爲：不褒之者，爲絶頃公；使不絶，當如何書？又傳言「謂文王也」，文王不過周字之變文耳，説見《商榷》。而何君云：「不言謚者，法其生，不法其死，與後王共之，王道之始也。」遂使人疑《傳》真爲言文王正月矣。《傳》因可褒而褒之，可褒本有別義，而以爲「王魯」之例；魯如齊、晉曰如，卒正來朝曰朝，此二伯、方伯、卒正之儀注也，而何君以此爲「王魯」例。讀者遂以「王魯」二字了之，再不尋求。「如」爲朝文，爲事大之禮，唯齊、晉、楚三國言「如」，餘不言「如」；「朝」唯山東小國以方伯事魯，故言「朝」，齊、晉、楚、宋、陳、蔡、衛、鄭、邢、滑等皆不言「朝」。如此之類，僕數難終。何君之注，大約凡所難通，皆歸于「王魯」、「三世」等例。迷離恍忽，使人入其中，而不能自主。今于「王魯」、「三世」悉加删改外，凡其節外生枝，無中生有，一切煩詞瑣義、破碎支離之處，悉爲改正，使《傳》意復顯。其文略見于《解詁商榷》中。何君于《春秋》大例多所遺闕，如《繁露》所有，多未盡取，乃獨雕繪枝葉，鋪張煩㝑，説愈多而愈晦。今爲之剪鋤荆棘，呈露精微，不惟便於學人，亦且彌嚴師法。

傳有先後論

緯書云，孔子以《孝經》屬參，《春秋》屬商。子夏傳《春秋》，爲作傳，因以氏其學，所謂《卜商春秋傳》，正如劉向《别録》、鄭玄《詩箋》之比。古人質樸，又名氏所以尊經，故稱《卜商春秋》也。其餘先師稱子不名者，皆弟子私尊其師，故不以名見。餘師稱子，卜商稱名不子者，以始師氏其學，不便改稱子，故仍其舊稱。《卜商春秋》，此其最初之名也。後來學者既不便改稱子，又不便直斥名氏，口音傳變，遂有《穀梁》、《公羊》之異稱，既由方音，又因今古。漢初學者昧其本原，以例餘師，遂加「子」字于其下，承訛踵誤，至以穀梁、公羊爲二人、覆姓，此末流之誤也。子夏所傳之傳，今尚有可考，《傳》所引「傳曰」是也。如《穀梁》所引《公羊傳》無引「傳曰」者，姑借《穀梁》所引以爲證。「常事曰視，非常曰觀」，言伐、言取、所惡，以此推之，則凡「天子曰崩」，「君將不言帥師」，「入不言圍」，「將尊師少稱將」，「内不言取」，「外大夫不卒」，「天子不言出，諸侯不生名」，「州不如國」，内敗言戰，爲尊者諱，「譏父老、子代政」，「常事不書」，「四時具而後爲年」；其禮制之傳，則如「天子三公、王者之後稱公，其餘大國稱侯，小國稱伯、子、男」，譏世卿，通三統之類。文例簡質，數語連文，又爲大例者，子夏筆之于書，以教授者也。後來先師繼有所作，多專説節目小事，如沈子、北宫子、高子、魯子諸條是也。至于今傳本條説問難，則又在其後，晚師續有所增，大約在六國時，漢師亦有所附補。其始子夏之傳別爲書，但有大綱，更無條説，又不附經文下，後師依經作傳，乃剌取其傳，以附經下；多因弟子發難，有所感觸，乃引舊傳爲證，故師引傳，多在發難之後。弟子亦讀舊傳，特不知即説此條，故因問以告之。迨此傳既行，舊傳遂廢。今《王制》之言禮、《曲禮》之言例者，猶可借以想見舊傳之體。故凡今傳本所有問難之詞、引據之説，皆後師之作，是以有存疑之詞、失據之處。嘗欲抄輯説例、説禮爲舊傳，以示其例。何氏不知源流，昧于先後，以公羊爲覆姓，以傳爲皆胡母生作，以孔子畏罪遠害，不著竹帛，於傳之説，不分早晚，無論純駁，一律解之，此大謬也。作《古義》時，擬別輯舊傳，以見本原，其後師之傳，有與經義不合者，則低一格書之，其正條別據傳文爲之補注。務使先後釐然，不致迷誤後學，乃爲可耳。

口授論

《藝文志》本之劉歆，其言《春秋》，謂有「所貶損大人當世，有威權勢力，其事實皆形於傳，是以隱其書而不宣，所以免時難也。末世口説流傳，世故有《公羊》、《穀梁》、《鄒》、《夾》四家之傳」。此左祖《左傳》以攻二家之言，非實事也。胡母生著竹帛，《史》、《漢》不言，必當時實無其事，《公羊》、《班志》不著其名，《人表》列《公》、《穀》先師，亦無名，必定當時實無可考；惟東漢戴宏《序》用劉歆說，乃以爲漢初始著竹帛，並詳《公羊》世系、名號，且言胡母生以《公羊》授董子。按前書《儒林傳》言：胡母生「治《公羊春秋》，爲景帝博士。與董仲舒同業，仲舒著書稱其德。年老，歸教於齊」。又云：「言《春秋》，於齊則胡母生，於趙則董仲舒。」並不言董子受學于胡母生，則戴宏從何而知其受業於胡母生？且董子著書累引《傳》文，使爲胡母生所撰，則何以尊守若此？《尚書》伏生口授之事，《後漢》以爲無書口授，《史記》則云伏氏有壁中藏書二十九篇。大抵經學源流，《史記》得其真，《漢書》猶較近，至于《後漢》之說，全不足據。《漢志》雖有口傳之說，猶謂當子夏時，不謂後師不著竹帛，至漢初乃著録也。《人表》列公羊子、高子、魯子、沈子、公扈子等於戰國時，使非諸子有所著録，從何引據？戴氏生東漢末，乃僞撰名系，臆造授受，證之《史》、《漢》，其謬自見。董子授《公羊》於趙，與胡母生不同師，而已尊守《傳》文，則《傳》文非胡母生所撰明矣。何君去戴氏不遠，不能考證其謬誤，緣以《班志》之言，因①據戴君之說，遂以爲景帝以後《公羊》乃著録，不亦謬哉！秦火焚書，實未盡絶，諸儒尚皆傳習，其云壞宅得書者，皆古學之言，假此壁藏之文，以與今學爲敵耳。實則「五經」皆

① 因：原作「囙」，據文意改。

未亡也。其有所殘闕者，或以當時專習數篇，或以脱亡之故，不如俗説書全亡也。《春秋》之説，雜見于諸子、《禮記》等書，不容不早著録。若以《公羊》未著録，則《穀梁》何以又著録乎？若以《穀梁》亦未著録，則江公何以不聞著録乎？劉歆以事實皆形于傳，所謂不待貶絶而可見者也。二傳口説，不本史册，而專主筆削，以空言説經，流爲異派，意將尊《左氏》以廢二傳也。二傳具存，何嘗不用事實？乃遂指二傳爲口説無事實，亦無著録，而説《公羊》者不察其意，遂承其誤而助之燄，亦獨何心哉！

參用《左傳》論

《公羊》齊學，在燕、趙、鄒、魯之間，初本同師子夏，弟子傳習既久，雜用鄉土之説，遂間采《左氏》。古學爲《周禮》派，皆周末史册之文。《古文易》、《古文尚書》、《毛詩》、《周禮》、《左傳》，皆其學也。今學爲《王制》派，皆孔子改制之作，漢京博士所傳，《今文易》、《今文尚書》、《三家詩》、《儀禮》、公、穀《春秋》是也。考許君《五經異義》所列異同，皆今學與古學相異，未有古學與今學同者。劃然中分，各爲一派。此古今學術之分，治經之大綱也。說詳《今古學考》。何以見《穀梁》在先？以其所言盡合於《王制》，知其先傳今學，篤守師説也。孟子學《春秋》，今七篇中所言二伯齊桓、晉文，葵丘會之類，與《穀梁》合，而與《公羊》不同。又《孟子》所言禮制多出於《王制》，《穀梁》盡合《王制》，而《公羊》有不同。《左傳》爲古學專門，所言全與《穀梁》相反，而時與《公羊》相同。學問未有久而不變者，《公羊》傳學在魯、燕之間，又著録稍晚，傳習漸染，人思兼取，其雜用《左傳》古學，蓋在秦火以前，非必漢初弟子所爲也。舊爲《三傳異同表》，以《穀梁》居上，《左氏》次之，《公羊》在下，以二家皆專門，《公羊》則附于二大之間，唯命是聽，故于《公羊》但注其同《穀梁》、同《左傳》而已，不詳録也，今取其大者著於此。今學二伯，古學五伯，《公羊》以宋、楚、吴爲伯，是倍今而從古也。《公羊》變此説，移動今學，不下百條，此其大證也。他如《異義》所載《穀梁》「妾母不得爲夫人」，《左氏》説「妾母得立爲夫人，母以子貴，禮也」；而《公羊》則從《左氏》説「母以子貴」。《王制》言天子至於庶人「葬不爲雨止」，從改訂本引。《穀梁》「葬既有日，不爲雨止」，與《王制》合；《左氏》説「葬爲雨止」，「庶人乃不爲雨止」；《公羊》則云「雨不克葬」謂天子、諸侯也；卿大夫臣賤，不能以雨止。此《公羊》改今從古之證也。又以經例考之，凡經言不者，皆可以辭，謂言不則非禮，言弗爲得禮；此今學之説，古文無之。「雨不克葬」，言不克，可以克也，譏在「不」字；《公羊》以魯當爲雨止，此改今例以從古例也。經例言用者，不宜用者也，凡言用皆譏，《左氏》無此説。《經》「用牲于社」、「于門」，門、社皆在「用」下，《穀梁》以爲非禮，從用言之也；《左氏》以爲正陽月禮用幣于社，此不以用字爲例，而《公羊》誤襲其説，此用古變今也。今學之禘爲時祭，《公羊》從古學，以爲殷祭之名。凡此之類，既變師言，不能不迕經例。其中彌縫補救，必當另立條目，巧爲斡旋①。何君舊解失於區別，蒙昧解之，不理舛合。今于此類別立一門，疏其更張之由，連其非族之異，庶于今古流派有所區別焉。

防守論

今學祖孔子，古學主周公，二傳爲《春秋》之正宗，《左氏》乃史家之別派。然而西漢以來，古盛今微，學者制言，多好左袒，其故何也？蓋今古傳本，《左》學晚興，抵隙伺瑕，更立條例。迄乎兩漢，亦博士在先，二傳衰微，《左》乃倏起，習尚所趨，天下風靡，故今學遂以絶焉。《左傳》既爲攻《公羊》而作，而後來《左》學家又攻《公羊》先師，一死一生，一强一弱，勢力所在，工拙遂分。正如縱横立説，縱勝于横，蘇秦先亡，儀得暴其惡，世人才力，不能與之相角，遂右儀而左秦。後止者勝，一定之勢也。然《左傳》所異《公羊》之條，多爲有隙可乘之事，此當善爲彌縫，不可聽其衝擊。考《藝文志》，「《孝經》」下云：「凡諸家説不安處，古文皆異。」物腐生蟲，穴空來風，此當責己，不勞尤人矣。古文《左傳》學本晚興，既删筆削之言，陰以周公爲祖。彼所抵伺，皆須防備。如記諸侯卒葬也，一筆一削，初無憑準；書外國災異也，或遠或

① 斡旋：原作「幹旋」，據文意改。

近，不足遵守。至于時日之紛繁，名號之淆亂，説者即高下之在心，聽者遂疑爲舞文以亂法，乃憤樹異幟，詆爲口説，一改前例，不主仲尼。慢藏誨盜，冶容誨淫，在始師已有此失，乃後起愈不自反。豈知人之所異，皆我之短？惟當自達，不必旁攻。王臣爲監之制明，則《左傳》不以單伯爲王臣、祭仲爲鄭卿矣；名字並見之例顯，則《左傳》亦不以内史爲叔服、文公爲王子矣。叔服之爲王子虎，與儀父之爲邾子克同，《左》不異克者，其説明也。惡「三世」之詭異，而一斷以史官；厭進退之糾葛，而一斷以實事。如郕世子稱郕伯之類。仲孫名湫，不明内外；季姬未嫁，不解重輕。周禮有世卿之子，故改尹氏爲君；口説多憑虚之譚，故以即位皆實。然其所改變，必瑣細小事，更無明據者，使其事稍大，傳聞有徵，縱經義詭奇，亦不敢改。如趙盾、許止之事，楚卷、鄭髡之文，並非常辭，而不敢改者，以其事明也。故《左傳》之事，立異可以指數，苟非立異，莫不從同；使原無可疑，亦不敢立異。可見非《左傳》之相攻，乃本師之自敗也。注家于《左傳》變易之條，必當心苦分明，備列義證，開解異端，使自皈禮，乃不克規過，愈見效尤，凡屬難端，更加棼亂。初猶有所墨守，今乃自壞堤防，非今學之忠臣，是敵人之内間矣。兹者通治三傳，深知《左氏》之用心，敢不防守之早備！雖函矢相值，矛盾一屈，然有靈錐，便有靈槌。各極理致，自可平章，五行相勝，不害流行也。

用董論

趙之言《春秋》者祖董子，齊之言《春秋》者祖胡母生，然則胡母齊學，董子燕趙學矣。燕趙學頗與齊魯殊，如《史》、《漢》之說《韓詩》是也。漢初經師，已喜參雜師說，《漢志》譏三家《詩》「或取《春秋》，采雜說，咸非其本意」，而翼氏之傳《詩》，孟喜之傳《易》，其尤著見者也。董子說《春秋》，好雜引五行、陰陽家言，並及圖讖悠謬之說，如《重政》、《二端》篇之論元年，《官制象天》篇之論十端，《楚莊王》篇之論三世，《名號①》篇之論王、君，支離失據，咸非本旨。凡此之類，言之迷誤，後生删之，澄清塵霧，不以遺漏爲嫌，而何君篤信此類，悉編注中，使人炫惑浮詞，不見精切之義，此其誤也。乃董子至精要義，則多所闕略。如《爵國》篇論二伯、方伯、卒正三等之制，文字精實，確爲先師遺説，乃略不留意。《考功名》篇之考績，爲《春秋》褒貶進退之程式，所當精考詳審，定爲準則者，亦無所究心。其大例，如見得不得、大八夷之分、輕輕重重、好志貴微、合通緣求、伍比偶類、覽諸屠贅之類，且其中所引先師之説及《春秋》特義，以今本考之，亦不下百條，皆爲何君所無。大約憙録空言，厭收典記，質實難於考詳，虛詞便於摭拾。故凡譏論之詞，則連篇襲取，義例所在，則擇便乃存。去液存膚，還珠買櫝，因此

① 名號：原作「名經」，誤。兹據《春秋繁露·深察名號》篇改。

之故，人愈不知尊信董子，等其書于《潛夫》、《論衡》，誰之咎耶？且亦自害。《解詁》之浮詞衍説，半本于抄襲，而少所徵實，使當時小易其道，其得失爲何如耶？故今者之作，悉删繁文，獨探樸説。鈎潛鱗于深淵，驅螯蟲于荒野，此其轉敗爲功，固一假手之勞已。

不待貶絶論

《春秋》明善惡、申褒貶，以爲後世法。然美惡有隱顯，而取舍有常變。苟其功罪明著，人所易知，聖人又無別義，《春秋》則直書其事而罪惡見，以其事明，無待于貶絶也。惟衆人之所謂「可而有否焉」，衆人之所謂「否而有可焉」，是非難定，從違莫決，《春秋》決嫌疑以解人之惑，乃加褒貶以明之，所謂貶絶而罪惡見也。董子云：「《春秋》常①于嫌得者見其②不得。」故善而嫌于惡，有所疑者，則褒進以明之；惡而嫌於善，有所疑者，則貶絶以明之。是則《春秋》之所褒、絶、貶，皆孔子之微言，解庸人之大惑。所謂必待貶絶而後見，則貶絶以從之，故不可以常解解之也。至于不待貶絶者，如殺世子不加貶絶，而易樹子之罪明；鄭伯殺段乃譏之，大夫專兵不加貶絶，而專兵之罪明，至始滅乃貶之。他如宣之逐嫡母而賂齊，季孫之結齊、晉

① 常：原作「嘗」，據《春秋繁露・楚莊王》改。

② 其：原無，據右引補。

而逐君，無貶絶之文，以罪惡明也。又如楚莊之討陳，嫌於得，乃貶之；吴子之覆楚，嫌於得，乃狄之。以此推之，褒進莫不相同，初則難知者有傳，而易明者無傳，繼則有傳者易知，而無傳者難知。故《春秋》之學，首在綜核時勢，洞悉本末，原始要終，形迹自然顯著。若不知此，而惟就有傳者言之，則有變而無正，舉一不反三，非善學《春秋》者也。傳于經有所褒貶進退者則有傳，有傳者，則何君有注以説之；凡無所褒貶進退者則無傳，無傳者，則遂以無注，此何氏之所短也。可疑者有傳以明之，無疑者則注不可闕焉。變者易知，而常者難見；變者常少，而正者常多。有傳者易解，無傳者難言。是以有説者少，不説者多。今注于不注之常事，據其終始，原其美惡，考其行事，而細爲訓解焉，則庶乎《春秋》無累文，常辭有實義矣。

擬大統春秋條例

廖平　撰
邱進之　校點

校點説明

是書爲廖氏經學第三變時期的著作，是廖平爲發揮《公羊》「大一統」之説而作。作書之由，廖氏云「欲天下一統，永保和平，必先於經學中偃武修文，化干戈爲玉帛，以爲全球一統之先導」，「必先有大一統之學問，而後有大一統之事業」。全書條例共計二十三條，圍繞「大一統」，從地域、曆法、等級、禮制、政體、外交等方面，以《春秋》義例證明推演其「大統」之説，主張以《周禮》爲「太平之治」的依歸，倡言「大九州」、「大同」、「尚德」、「討賊」、「弭兵」之説，謂《大統春秋》爲地球古今皇帝學之起點、泰皇平天下之先兆。面對日趨激烈的中西之争，該書旨在以中學爲本位，通過尊孔尊經，以期建構一個融合中西文化的學術體系。主要版本有光緒三十二年（一九〇六）則柯軒刊本、民國四年（一九一五）綏定府中學堂本、民國十年（一九二一）《六譯館叢書》重印本。兹據《六譯館叢書》重印則柯軒刊本整理。

目録

擬大統春秋條例

以天爲主，藉年、時、月、日爲大一統。○《春秋》以天爲主，《穀梁》、《董子》皆有天主之說。《春秋》稱天王，天子以王屬天，于天爲臣子，蓋以天爲皇。大一統爲泰皇，上帝爲天皇，下方爲地皇，上下中分，各統四百五十方千里。方千里①亦得爲皇，故《詩》曰「上帝是皇」。今天下無皇，如春秋上無天子，《春秋》猶可借王立法。今實無皇，故託于天。一說以孔子爲皇，用孔子紀年。按，俟聖知來之義，百世師表，全球實主孔子，帝、王不過當時奉命代行之股肱耳目。託孔爲皇，義較顯著。然天下有道，庶人不議。天不能以人代。孔子以天自比，「天生德于予」，所謂三體一神，終不如託天之正大。亞州爲皇極，天壇爲玉几，用《顧命》「皇后憑玉几」之說。天不言，四時行，百物生。天子以道受命，每歲郊天，即如朝覲，四時日月星辰，即如天之號令。天一而已，經傳有五天、九天說，蓋由地域分之，亦如分野之星宿，以天統大九州。總括之，天曰皇天，東曰昊天，秋曰旻天，外八州各舉一天，合四岳爲五天，合八伯爲九天。

中國爲皇極。○經傳中有二例。以地形言，崑崙爲中；今之地中海。以教化言，則中國爲

---

① 此「方千里」三字原無，據文意擬補。

中。故《王居明堂禮》以中國爲中央之極，專屬黄種，開闢甚早。孔子生于中國，倫常經籍，爲地球各國所無，于地球中求皇極，以爲四方則法者，舍中國莫由。本在東方，而曰中國，中天下而立，以定四海之民。《詩》曰：「惠此中國，以綏四方。」又：「禹敷下土方，外大國是疆①。」皆以中國爲中央之極。又，《王制》畿内不封國。中國自秦廢封建，改郡縣，六千里之内皆屬郡縣，亦爲地球所獨有之事。蓋取中國爲皇極，故不封諸侯。○中國較地球有七絶：開闢在諸國先，一也；黄種，居中央之極，二也；篤生孔子，述往知來，三也；六經詳舉全球治法，六書文字義藴不窮，附傳六經，迥非結繩可比，四也；先生聚後教化，六經之教初在一洲，漸推至千萬國，今將度海四溢，同軌同文，五也；帝出于震，九流兼治，海外山經地形，由人推天，道術俱全，徵驗具在，泰西不過墨家一宗，六也；古之三皇五帝兼治全球，遺説俱在，七也。或以亡教亡種爲慮，使非外國强，鎖國攘外，必無交通之一日。責海外以交通，不能不附以羽翼。古者蚩尤鑄兵，終歸滅亡，殺人之具，窮工極巧，天心厭亂，必别有作用。大同之局，首在銷兵。縱使事同秦始，然爝火石光，轉瞬已過，亦止爲聖主驅除。虎賁脱劍，投戈講藝，固一定不移之成局也。

中、英爲二伯。○《春秋》始終以鄭、秦統六官，鄭爲東伯，秦爲西伯，今泰西所謂大秦。中國

① 疆：原誤作「彊」，據《詩·長發》改。

爲東周皇極，如鄭特變爲居守，英地中，如洛陽，反爲從行。考禘郊之禮，中國所獨，以天壇爲玉几，中國代天宣化，爲天子，爲帝后。蓋天如堯，中國如居大麓之舜，亦如隱、桓世鄭居甸服統二公四侯，以爲天下法。推六經之道，布之全球。皇輻三萬里，以六千里爲一州。今之中國，方六千里而有餘。古者三皇五帝皆在中國，以中國容天下，所謂進退維谷。谷爲東風。進退者，損益裁成之妙用也。

據日本而作。○《春秋》據魯史而作。五等之職，魯居其中，上行天王二伯，下行則卒正連帥，必以魯立法，然後五等之尊卑儀制，界劃分明。本當據中國，然上無二等，故以日本代魯，《世界大事表》據日本作，用其法。琉球、太樺、安南、高麗、越南、臺灣、蝦夷等國爲卒正，以中、英如鄭、秦二伯，俄、德等國爲八伯。春秋初，齊桓爲大伯，三世異辭，有黜陟例。今以中與英爲二伯，俄、法、德、美、奧、荷蘭歐洲六大國，加美、日，爲八伯。中晉，英楚，亞東同種同文，可比齊、魯。○春秋風俗，與今西人同，無所謂冠昏喪祭典禮、君臣上下名分。《春秋》新定禮制，多託魯見例。詳之。今據《日本志》爲主，其禮制風俗冠昏喪祭不合典禮者，據經正之；于史文不可訓者削之；所無者筆之。筆則筆，削則削，撥亂反正，必使禮經昌明于天下。

年歲倍春秋。○由日本後稱光天皇明德二十年，永樂十一年。至兩宮車西巡歲，光緒二十六年。四百八十有八年。明二百三十四年，如宣六年以上；本朝之二百五十七年，如宣七年以下。正德十四年己卯，葡人麥折倫一周地球；二十年，葡人至日本，明年再至。萬曆二十九年，英、蘭兩船往日本；四十年，英、佛通商中國；四十七年，日本人至羅馬；明年，蘭人取臺灣。天啟三年，利馬竇入中國；四年，英國殖民美洲。康熙十九年，印度商會通商中國。日本稱光如隱公，百零七年即正德十四年，後二十二年，日本通；又六十年，英至日本；又十年，英、佛通中國。日本今皇如哀公。永樂之由南遷北京，如周平王之由西遷東都。《春秋》十二公，日本二十二君，日本稱光一、後花園二、後土御門三、後柏原四、後奈良五、正親町六、後陽成七、後水尾八、明正九、後光明十、後西十一、靈元十二、東山十三、中御門十四、櫻町十五、桃園十六、後櫻町十七、後桃園十八、光格十九、仁孝二十、孝明二十一、今上二十二。周朝九王，由永樂至今北京，共二十二君。

九世異辭。○《春秋》隱、桓祇見中國，如明初中國。嘉靖二十年，葡人始通日本；萬曆四十年，英、佛通中國。外由明德二十一年至天文十年，共百二十六年，日本通。又七十年而中國通，越三十二年而明亡。由明德至明亡百零二年，則明德如莊、僖，通中國如城濮。以後大約以五十四年爲一世。明永樂十六年以來，爲先進，古皇、帝、王、伯四世；本朝二百五十七年爲後進，後之伯、王、帝、皇四世；以甲申年爲中立；明如宣以上，本朝如宣以下。同、光以來爲定、哀。天下一統，仿《春秋》分前後皇、帝、王、伯，合中立，爲九世。

大九州以次而成。○《春秋》初見青、豫二州國，莊以下見南北，冀、兖、荆、徐，成以下乃逮吴，九州歷世乃全。今以中國爲青州，美爲雍州，歐爲豫州，澳爲揚州，非爲徐、荆，南美爲梁州，西伯利亞爲兗州，歐北爲冀州。鄒衍海外九州，薛侍郎①就六大洲推爲九州，證明其説。自北京定鼎，專詳亞洲，爲中國。正、嘉以後通商，爲諸夏。乾、嘉以後，赤道以南諸洲乃出，乾隆五十三年，英國始殖民澳洲；嘉慶二十二年，南美洲智利建國；道光二年，南美洲巴西建國；去年，白露建國。爲夷狄。《春秋》專治九州，大九州成而天下平。皇輻三萬里，截長補短，略以方萬里爲一州。

引外州成九州。〇《春秋》南服荆、徐、梁、揚四州，三傳皆稱爲夷狄，荆、徐、梁，經用州舉例。地球赤道北爲《春秋》内五州，南爲外四州。其地初闢，無名國賢君可言，但以州目，如非、澳、南美無名國賢君，稱者但目州名。此州舉例，與今形勢相同。考《春秋》八州備見七卒正，小國。八州皆同。内州見夷狄，外州不見夷狄。外州方伯皆有夷狄辭，外小國乃與中國同，此《春秋》成人之美，取褒進之義。今仿其例，南州畢舉七小國，雖其人尚屬蠻野，褒進同中國，以成九州全美之制。故内外八州通見卒正國五十六，多取于土著，不用移封。

尚德不尚力。〇《春秋》以前，無所謂中國也，直酋長部落而已；自《春秋》成，而中國一家。自今以前，無所謂大同也，彼此互市而已，必有皇、帝，而後天下一家。謂大統《春秋》爲地球古今皇帝學之起點可也。惟今古相較，有同有異，據《春秋》撥正當時，與據中國以撥今全球同。然以力服人者伯，以德服人者皇。古小役大、弱役强，今天下有道，小德役大德，小

① 侍郎：原誤「待郎」，據文意改。

賢役大賢。戰勝攻取不在疆場，而在廟堂。有桓、文，諸國歸；有堯、舜，天下服，世界同。時有皇、帝、王、伯，以仁義爲王、伯，以德爲帝，廣大如天。合世界仰之如神明，愛之如父母，畏之如雷霆，如蟻之附羶，群奉爲皇，將來一統，不用兵戈戮滅人國，與秦始廢六國爲郡縣迥不相同。此古今小大之異也。

政教並行。○戰國處士橫議，道術分歧，始皇一統，必先焚書。董子上武帝書：凡非孔法，悉皆屏絶不傳。故今中國，所有之書全爲孔學。皇、帝新政，必甄别圖籍，絀異端爲第一要義。《周禮》以九兩繫民，别有十二教之説；以政治事，以教繫心。兩不相妨。外國用人，不問其教，此並行不悖之實。據合地球同尊孔法，諸教各因宜俗立派；原四科九流、九兩十二教之條目，儒、釋、道、回、祆諸教，皇、帝不禁絶，特不以爲正宗，必隨時改進，亦如路德改教。

爵禄。○《春秋》用《王制》，今用《周禮》。凡官府、邦國、都鄙、六聯、八則、八灋，有土之君，皆就繩墨；各國公卿大夫士亦仿《周禮》爵命，以貴治賤，以賢治不肖。萬殊歸于一本，同奉天皇爲主宰。

三法六曆。○《春秋》以年、時、月、日爲大一統。首時過必書，以比月日食，明曆法。古者測天有三法：蓋天、宣夜、渾天，乃皇帝舊説。從赤道中分，上小下大，天如蓋笠，東北北蓋天，西南南蓋天，上下顛倒，其蓋笠之形同也。東半球與西半球晝夜反，故西北爲北宣夜，東南爲南宣夜。黄道有寒暑陰陽，有晝夜長短，赤道居中，四時皆同，無寒暑，無春秋，故用渾天，莊子所謂「中央之帝曰混沌」也。同時並用三法，非循環迭更。因三法，變六曆，《漢志》有魯、殷、夏、顓頊、黄帝、周六曆。今地球各國曆法雖異，以節氣言，則皆同；蓋造曆之國所居，與中國緯度同。就本國作曆，南半球諸屬地未嘗措意；皇帝一統，以敬天授時爲要政，中國之春耕于南美爲秋穫，北美之夏炎于澳、非爲冬寒，故必用六曆。正東用《魯》，正西用《殷》，正北用《顓頊》，正南用《夏》，即《春秋》之四首時也。地中用《黄帝》，四方各司三月，共造五曆。泰皇又自撰《周曆》，以本地爲主，附表五曆同一時：《魯》春，《殷》秋，《顓頊》冬，《夏》夏，《黄帝》長夏，所謂一日四時氣候具備。以日纏所至爲正月，同是一月，東分寅卯辰，南分巳午未，西分申酉戌，北分亥子丑。每一交會，全球有十二建之不同，皇帝因時布政，每月朔，十二月令必全頒焉。故《管子》有十二卯、十二酉、十二清明、十二白露之説。《詩》所謂「夏之日，冬之夜」，「冬之夜，夏之日」，「無冬無夏」，「靡明靡晦」，不夙則暮，「俾晝作夜」，「昔我往矣，楊柳依依，今我來思，雨雪霏霏」①，《易》之「行其庭不見其人」，「入于②其宫不見其妻」，皆謂寒暑相反，晝夜不同。一朔十二皆全，一日三百六旬皆備。右論三法六曆。

① 思：原作「斯」；霏霏：原作「思霏」；據《詩·采薇》改。
② 于：原脱，據《易·困》補。

嚴討賊亂。○《春秋》弑君三十六，二百四十二年中，惟十八國記卒葬之國①耳，若以千八百國推之，加百倍，約有三千六百弑，一年幾不止十見。自春秋後，如今州縣職官數百倍于十八國，乃傷官數十年不一見；泰西則弑君殺相，史不絶書，地雷手鎗謀逆之事，幾於無月無之。草昧初開，暫借平等以達民隱，又當亂世，志在富强，日不暇給，禮讓之事，謙遜未遑。將來大統，投戈講藝，偃武修文。漢高馬上得天下，非章朝儀，幾不安其位；唐宋以争戰得天下，大勢初定，開館修書。故當争戰之世，則曾、閔、賈、董無所用其長；天下已定，勇夫策士，在所必絀。撥亂世以歸大一統，長治久安之道。別尊卑，講禮讓，「人臣無將，將則必誅」，亦弭亂昭憲之義也。

筆削加損。○十五六七八九，《周大事記》、《世界大事表》，即修《春秋》之百二十國寶書。國史多詳常事，如視朔、四時祭，皆備書。魯國史文，略如督撫轅門鈔，二百四十年必盈箱累篋，又兼録外國，如今邸鈔、萬國公報。孔子修之，常事不書，凡一切照例之事皆削之。必有取義乃見。新制新章，舊史所無，則特書之；如監大夫、親迎、立廟、作主之類。今仿其例，于外國大事亦有加損、隱晦、顯著各例。故今之轅門鈔、邸鈔、《萬國公報》，即未修《春秋》之底本。

弭兵息戰。○天下有道，小德役大德，小賢役大賢。戰國時有推齊爲東帝、秦爲西帝之

---

① 據文意，「之國」二字疑衍。

議，將來大一統之皇，不必爲秦之爭戰、滅六國以成一統，道高德重，天下諸侯愛之如父母，仰之如神明，群相推戴，出于至誠。各國自守封疆，所有宜俗，亦不變改；如泰西尚白、不拜跪，東方有皇者起，亦仍其舊。故將來大統，必不至于苦戰，亦如《春秋》，推一州之賢侯爲方伯，推天下賢侯爲帝臣，又推其首出之一人爲天皇。天皇無爲，但法天垂拱，二伯奉天命以宣布四方，領律曆以明正朔，天下平，然後銷鋒鏑、毁名城。故定、哀託于太平，麒麟來遊。天下一統，大統《春秋》即泰皇平天下之先兆也。

會盟。〇盟約之事，《周禮》設爲專官。《春秋》所書盟會，關係大局，亦如今各國大盟會，舉二伯以統屬之，伯國盟辭，即爲今之條約密約，如連邦弭兵，其事皆載《春秋》。今世現行公法出于私撰，間乖公理，《春秋》辭命皆託之于先王，或以爲文、襄之制。今據《周禮》爲主，各國奉行，多策士私心自用之説，如能奉《周禮》爲依歸，則太平之治可以速見于天下。

改革避諱。〇《春秋》褒貶，皆屬特筆，董子所謂每因人之惑而爲之立義。凡中外士人所共稱之美①，舉不合經制，或合經制而有未盡，則必加譏貶；軼事言談，有其意而事未成，《春秋》則必成其志以立法。如西人不言孝，曾惠勉《日記》言某西人孝行特著，此如中國諒闇之高宗，必特書其事，如許世子。至于名公巨卿所行不合經旨，如日本女親王與男親王爲昏，無

① 「美」下疑有脱文。

君虚無，各黨謝仕以後流爲乞丐，凡不可爲訓者，如吴楚稱王、晉文公召王、射王中肩、鄫季姬自擇配，皆爲諱避。

大統可收西士之尊親。○聖不易知，孟子祇推宰我、子貢。以皇帝言，東漢以下，實無一人能知孔學者，高頭講章更無論矣。西人所著《古教彙參》、《經學不厭精》等書，或譏貶釋道，不譏儒，或摭拾俗儒流弊，蓋其所播譯皆庸惡陋劣之下下乘，故西儒直以朱子比孔子。使知孔子爲皇帝學，無不覆幬，其歸依尊仰，當較耶蘇爲益甚。蓋祆教之長實孔教藍本，踵事增華，美富雙絶，皇帝之學大明。西士善思，尤能服善，其尊親當出中士上也。

張三統爲三皇。○三統，一皇二后，天地人。《春秋》三月有王，舊説以爲通三統；《公羊》又有新周、故宋、王魯、絀杞，説本三頌：天爲泰皇，《周頌》；中國昊天，《魯頌》；英旻天，《商頌》。中外交通皆始互市。外洋以商立國，《易大傳》：神農「日中爲市，交易而退，各得其所」，以平天下比通商。五土之民，晝夜反，寒暑異，性情互異，好惡不同。《易》之名書，專詳交易，周游六虚，南北遷徙，以有易無。《周禮》地中交會合和，即日中爲市之義。《齊詩》上方爲《魯頌》，下方爲《商頌》。魯古文同「旅」，即《易》之旅卦。行旅往來，魯道遨翔，所謂小大來往。商即商賈，性情嗜好、陰陽寒暑變易，亦如通商。殷商不啻如外國之商，皇天爲人統，中、英爲魯、商二統。中國居東北，爲魯爲齊，英居西與南，爲商。東北二方于《易》皆爲男卦，西南皆爲女卦。

以衍聖公、教皇爲二代後。衍聖公如宋，教皇如杞，故宋黜杞例。○《春秋》宋爲王後，孔子殷人，廟用天子禮樂，百世師表，因以衍聖公爲王後。在西方，則用耶蘇、教皇。西人以耶蘇紀年，《世界表》以孔子紀年，於百世可知以俟後聖意，最爲親切。以孔子統帝王年號，遠近分明，不似單紀年號之難于檢查。以孔子附年號，最便學者。又用故宋黜杞例，教皇如杞，以殿小國之末。

百國名號。○《春秋》以《禹貢》九州爲主，方三千里，大統百倍，爲三萬里，用《職方》海外大九州。《春秋》見經約百國，全球百春秋，地一方三千里見一國，故立百國，合王官爲百二十國寶書。又當時各國不相統屬，弱肉强食，《春秋》乃明王法，創爲五長之制，吴、楚、齊、晉僭王號王禮，《春秋》貶之，稱子稱侯而已。今用其例，凡世界百國，所有皇帝、君王、民主、半權、保護，用五長之法，附庸附于大國，連帥統于卒正，卒正統于方伯，方伯統于二伯，不用本國舊號，統依新立名號譒譯之。

南服遷封州舉。○《春秋》魯、齊皆在青州，即今亞洲也；陳、蔡、衛、鄭、許，常見之四方伯一卒正，皆在豫州。歐洲近地中海之崑崙，爲大九州之豫，地球六大國皆在歐洲，《春秋》用遷封例，移四國爲别州方伯。今仿其例，因各國屬地散見地球，移封各大國於外洲，爲方伯。至于南服初見，與《春秋》同。用州舉例，以澳、非、南美無名國賢君稱者，但以州目之。

大統大同。○天下紛争，務于争戰，故六經同異，亦久爲争戰之場。欲天下一統，永保和平，必先于經學中偃武修文，化干戈爲玉帛，以爲全球一統之先導。《中庸》「今天下車同軌，書同文，行同倫」，「道並行而不相悖，萬物並育而不相害」，故于經術中立弭兵條約。《周禮》全球立十二①教，各經文義異同、矛盾、參差、反背者，仿公法調停條約，銷鋒鏑，化畛域，捐小忿，尚大同。必先有大一統之學問，而後有大一統之事業。

① 十二：原作注文。按文意，此兩字當係正文。

左傳古義凡例

廖平 撰
邱進之 校點

校點説明

《左傳古義凡例》一卷，廖平撰。是書爲廖氏經學第一變「平分今古」時期之作，乃其爲作《左傳》別解，先發凡起例，並總論三傳。書中以《左傳》爲古學，倡明《左傳》古義源流，力辨三傳異同，對前人時賢等誤説，皆予以駁正。書中雖持今古分別之説，然主張「三傳通力合作，各明短長，以相鼎峙；苟唯推崇一家，必致摧駁二傳」。該書成爲廖平此後《左傳》學研究的大綱。主要版本有光緒十二年（一八八六）《蟄雲雷齋叢書》本、光緒二十三年（一八九七）四川存古書局《六譯館叢書》本、民國十二年（一九二三）重印本，今據《六譯館叢書》本整理。

目録

春秋左傳古義凡例五十則

《左傳》舊有二派。漢人因二《傳》立學盛行，《左傳》晚出，治《左》學者，皆陰用二《傳》比附《左氏》，劉、許、潁、賈、服諸君是也；杜氏《集解》乃專就本傳立義，雖曰新學，乃適與本傳相投。同學吴君伯桀，既守舊訓，爲之注解。是作别爲一家，不用漢義。分道而馳，不相謀合，俗學之譏，不敢辭焉。

二《傳》今學，《左傳》古學；二《傳》經學，《左傳》史學；二《傳》質家，《左傳》文家；二《傳》受業，《左傳》不受業；二《傳》主孔子，《左傳》主周公；二《傳》主《王制》，《左傳》主《周禮》；二《傳》主緯候，《左傳》主史册；二《傳》魯齊人，《左傳》燕趙人。學雖異端，未可偏廢。今之此作，非以駁《左》而發其覆，亦非尊《左》而攻二家，特以申明其制作，而彌縫其闕失，從違聽之於人。《左傳》固不俟一言爲重，亦不願作三《傳》調人也。

孟、荀傳今學，所言與《左氏》全反。由孟、荀至漢初博士，皆今學派也，孟子已云周室爵禄不可聞，不當更有古學，又無緣未立博士之家，劃然一派，全與今學不同。不知古學費《易》、《古文尚書》、《毛詩》、《周禮》、《左傳》、《春秋》、《孝經》、《論語》。在漢初原有授受，因伏生、公孫弘皆今學，又初立唯四博士，故古學遂微，劉歆争立《左傳》，諸儒仇之，可見古奪於今之故。古學源流，

《史》、《漢》尚有可考，叔孫通、張倉、賈誼皆用其説。蓋戰國時學有二派：有孔子派，以《王制》爲主，弟子皆從此派，孟、荀以及漢博士所傳是也。而當時博雅君子未受業於孔子，如子産、叔向之流。如左丘明者，左丘明，司馬遷以爲魯君子。則以所聞見别爲派，與孔學别行；《傳》中稱孔子爲仲尼，經亦有異，此皆别派遥宗孔子之證也。孟子專主今學，不喜古禮，故云未聞，非史册遂全無可聞也。如《周書》、《國語》、《世本》之類所載是也。當時未經殘缺，當五倍今本，則可考者尚屬甚備。當時最尚博雅，典章故事，熟習者多，不應全絶；諸子之書，所言典章亦甚多。且漢人所言今、古，特以出書早晚爲據。《儀禮》古學，亦立博士；兩《戴》雜有今古，當在學官，高《易》、《今孝經》、《論語》亦皆未立。非必立者盡今學，不立者盡爲晚出之古文也。大約今、古乃受業不受業之分，實則孔子改者今，不改者古，若但取今學，則改者可知，不改者不知，改者少而不改者多，則古學之有益，不殊於今學，而以今學廢古學，亦非孔子意也。故左氏之功，在存周之典章，其用甚宏。二者相需，不可軒輊其間也。

初意《詩》、《書》之學，古長於今；《春秋》之學，今勝於古。其意以古學多古制，《春秋》本爲改制而作，不與古禮合也。繼思弟子以《春秋》之法説《詩》、《書》，而别派遂以史册之言解《春秋》。其實今學參用三代，於《詩》、《書》爲宜；古學獨言周制，於《春秋》爲近。以周禮説《春秋》時事，實固《左氏》所長也。

今學舊重事實，如二《傳》所言諸條是也。唯意以説經爲主，故不盡著録。自董君以後，乃不深考，《解詁》不詳實迹，亦間用《左傳》。蓋全虚則義無由立，故雖不主實事，而不能不用以立説，此事理必然之勢。《左》所與立異者，今學筆削，禮制全由孔子，《左氏》欲取合周禮耳。諸經皆有古、今二派，此亦《春秋》古、今派之所由别也。《異義》所言今、古禮制有經傳異同、師説異同、本異而誤同、本同而誤異者。今定今、古異同，必以經傳爲主，至於師説，必明白無疑者乃用之，誤説皆爲糾正。苟其字句偶異而意則同，文字偶同而意則異者，皆細爲定正焉。

漢初諸儒所稱《左氏春秋》，指今之《國語》，非《左傳》也。司馬氏論《國語》云：「左氏恐其弟子各安其意，失其實，因取孔子所據史册，論次其言，爲《左氏春秋》」云云，是書記事不解經，本爲今學而作。今以《國語》説今學，不見其背《左傳》，則《左氏春秋》之弟子久習師傳，素聞史法，先入爲主，各是其所長，怪今學弟子棄實崇虚，近於舞文亂法，而義例繁多，鮮能劃一，又參用四代，非從周之義，乃發憤自雄，别立一幟，以抒所長，采《國語》之實事，據《周官》之禮制。其曰「左氏傳」者，謂傳左氏學耳。正如「公羊」、「穀梁」以先師氏其學，非謂丘明所撰也。《五經異義》言左氏學，多即《國語》文。

今學主孔子修《春秋》，筆削褒貶、進退加損全由孔子，謂孔子爲素王。《左氏》弟子惡聞其説，乃盡變之，以爲皆舊史文，與孔子無與。《春秋》之史法則周公所傳，魯能守之，故書法合於聖人。傳中「五十凡」皆周公手定條例，故韓宣子見《春秋》，已歎「周禮在魯」，此《左氏》

之微言，即陰攻孔子修《春秋》之説也。《傳》言「魯秉周禮」者不一而足，皆以明此義，故稱孔子爲「仲尼」，獲麟後有續經。漢儒謂《左傳》不祖孔子，爲得其實。劉、賈諸君乃以其書謬託孔子，非傳意也。今鈔取其「五十凡」，以經傳推之，作《釋例》焉。舊有二十證言《左傳》不祖孔子。

《國語》所言《左傳》固師法之，即二傳亦不能異。《左傳》所立異，皆《國語》所不載之小事。凡以一二句釋經、一二句説事者，皆《左傳》推例之説，非由師授。又《國語》不解經，《傳》乃專釋經。今《國語》殘缺，不能盡改，其襲用之迹，但於《左傳》經解及推例之文鈔出，以明其例，凡用《國語》，不詳説之。

《左傳》於今學事實，有《國語》可徵者皆不能變，唯所無細事乃立異。其立異之意，則又以不信孔子修《春秋》之説，皆今學之不安者，如叔服、王子虎、單伯、鄫、季姬、齊仲孫、臧郚之類是也。曹劌、趙武事，亦變易今學者。今先爲《左傳變易今學事實表》專明此義，所餘皆不變者矣。

《左傳》於今學義例，平實者不變，一近繁難深微者盡變之。今先爲《左傳變異今學義例表》。

《穀梁》今學，《左傳》古學，二家南北分馳，機鋒交迕，皆於秦火前著録，《公羊》間居其中，故義例兼采二家，特從古學者少耳。今言異同，專以《左傳》與《穀梁》相比，而以《公羊》附二《傳》之下焉。今先爲《左傳變異今學禮制表》。二《傳》所有，師説直言之，此授受之正，《左傳》則義例、禮制皆託之於當代名人，如君舉必書、四月日食之變，皆見於時人議論，而實即

《傳》中最要之義例、禮制也。議論全與本書義例相合，此必無之理。蓋其始因事實而作《傳》，後又因作《傳》而造事實，故其符同若此。今於議論中摘出其義例、禮制，以附五十凡之後，而引經傳以證明之。

或謂「傳不解經」者，此門外言也。《國語》則誠不解經矣，《傳》則全依據經文而作，毋論義例、禮制解經，即議論、空言亦解經。凡其變異舊説，心不自安，必別有補幹照應之法。如「求遭喪之禮」，所以補「豫凶事」也；「有弟餬口四方」，所以補「克」非爲「殺」；記仲孫湫如周事，所以補仲孫爲齊臣；内史叔父錫文公命相會，所以補叔服非王子虎。所言半言在此而意在彼，都爲經文而發，非空言也。今於《傳》中補幹照應之事，必爲之證明焉。劉申綬已見及此。

劉申綬《左傳考證》以《傳》釋經爲劉氏所加，備列考證，案其説非也。無論其他，劉説恒不得《傳》意，何能補《傳》？《左傳》蓋成於戰國之時，漢初未顯耳，劉氏讀之，不能盡解，何能作之？《漢書》及《別録》所言《左傳》傳受，則又古學家争立之僞説。《左傳》無處不解經，豈特「書曰」數字？申綬之言未審矣。

班《五行志》引《左氏》有「説曰」，在劉説之前，不言名氏，蓋先秦之遺也。《禮記》外，此《左氏》説之最古者，今悉取之。而並采取兩漢遺説，如《二傳先師遺説考》之例。班《志》《左傳》説最多，賈子《新書》所言禮制亦多古禮，今悉取之。

漢儒《釋例》雖雜二《傳》，而訓詁則皆可用，今悉以補入。至於《釋例》之説，則不敢採入，別輯爲一卷，而條辨之。長曆用劉，地理用班，皆不用杜，諸例以此相推。杜於禮制最爲疏略，又雖知變易漢法，而仍以《春秋》爲孔子所修，未能探原洞本，不免依文淺説。今不用其注，但其所長，必皆采用耳。其所謬誤，更作《糾謬》四卷，附《漢説辨誤》之後。

《左傳》唯以聞見爲主，不據史文，故始略而後詳。襄、昭三十年傳文，較多於隱、桓、莊、閔、僖百年之記録。即此一端，可見俗説之誤。

《左氏》古學，主於《周禮》，蓋惡聞改制之言，而矯枉過正。今但剌取古文學，書附本條下，至於今學家言，非《傳》特改古從之者，概不引用。

《傳》乃史法，謹於災異，長於禍變。凡卜筮、占夢、邦交、會盟、告赴，守《周禮》五常、交鄰；德禮政刑、重信慎戰、恭順節儉、敬神順天、從重去讒、討賊賤貨之類，先爲大義，以經傳從之，略仿《左通補釋》分類之例。

經字與二《傳》不同，不盡由假借通用之故。今取義異者爲《異字表》以明之，如君尹、帛伯、逆送之類。至於文字異同不關實義者，舊説已明，不復詳之。

《傳》中以告赴爲大例，其中亦有詳略、隱見、據證諸例。今細爲推究，以别其異同。隱元年「不書」諸條本可不發，《傳》必傳者，以不書之例起書例也。今悉依《傳》意解之。

《傳》本意有筆無削，然例所不言而言，則特筆可言筆矣。特所云筆削，皆以爲史法如此，非孔子之書不書。今倣今學例，别立《筆削表》以明之。

《傳》中亦有進退例，皆以爲因事實而起，非孔子之褒貶。今倣今學例，別立《進退表》以明之。

凡二《傳》繁難不齊者，《傳》皆變之。如卒葬書内事，外事不書，皆因實事，非有別義。化險爲夷，立意甚巧，今悉爲之表出。

二《傳》有正名之例，《左傳》之名分全由實事而立。如郕世子稱郕伯、定姒不成喪不言小君之類，全依禮而定名是也。今就《傳》意排比證之。

二《傳》師説多非《左傳》所有，學者最喜牽扭言之。今先立《左傳所無二傳師説表》於卷端以明之，庶足以劃三《傳》之界。

《左傳》漢初不顯，又與今學爲難，劉氏求立，爲衆所排，致疑淺僞。今即《左傳考證》再加搜録，考其制作本末、師法源流，爲《考證》一卷。大約欲託於孔子，則有隙可乘；若以爲異派，則無可攻駁。《傳》本不主孔子，偏好附於弟子之例，以使人疑，何也？

《戴記·祭法》一篇爲《國語》説，取其同者，附於注中。至於《曲禮》、《檀弓》、《雜記》爲本傳説，悉刺取作注。《曲禮》有説例處，《傳》引《志》曰「買妾不知其姓，則卜之」，知以《曲禮》爲本也。

攻《左傳》者多，申《左傳》者亦多，半遊談無根，今取漢以來論説《左傳》得理者輯爲一卷，至於攻駁，亦據《左氏》答之。《箴箴膏肓》以外，輯爲二卷。本無俟此，特以便於初學，使不誤於岐途。未敢附《傳》，聽其别行。

《左氏》侈言怪異，推本五行，此史學所長也。其中論斷，有據禮制，有達時變，有正言莊論，有微辭諷諫，甚至有激，取舍相反；此非觀其會通，不能得其領要。今悉推原本意，明其正詭，誣、亂之毁，不辨自已。

班《志》用劉歆説，云古者「左史記事，右史記言」①。案左史但書其事，如《竹書》是也；右史但記言論，如《尚書》是也；二者不相爲經、傳。即《左傳》自言史册，亦但指經，如趙盾弑君、崔杼弑君、踐土會盟之類是也。《禮記》言史記世子生，一切皆有經無傳。孔子所修經，左史文也；《國語》所記言，則右史文也。二史各異，别自爲書，非如以傳釋經之比。《左傳》採用《國語》，多本右史之文，而又參以聞見，編緝爲此。古人言博物多識，固其長也。凡左史有而右史不記者，皆緣飾經例以解之，故記事多於《國語》。然所採雖博，但不立異於二《傳》者，事迹皆同，於此足見《傳》文非由史册鈔録者。舊有二十證，明《魯春秋》無傳，《左傳》未見「未修《春秋》」。

杜君《左傳後序》明攻二《傳》，實則所言同於二《傳》，與本傳相反，足知《左傳》實未見故府史册，而《師春》一卷當是左氏所本，非從《左傳》鈔出也。其書乃術士家言，未必實録也。今據杜君所言，凡災異、醫夢、相人、巫覡，所載休咎之類，皆類爲鈔出，以合《師春》之例。

---

① 按，據通行本《漢書·藝文志》，作「左史記言，右史記事」。

《曲禮》說亦有二伯、方伯、卒正之說，唯以二伯曰五官長，方伯爲州牧，而五伯之説則主齊桓、晉文、秦穆、楚莊、吴夫差。今一依其説，以定尊卑，如二《傳》十九國尊卑儀注之制。

《左傳》本爲史官，歷經治亂，初襲禮文，繼怵世變，其學大似老子，特猶謹慎。今茲之解，一本此意，於國家存亡、身世成敗，尤三致意焉。

二《傳》同而《左傳》變者，爲立三傳《異禮》、《異例》、《異事表》；至於三《傳》名異者，别立《三傳傳疑表》；三《傳》説同而事不同，爲作《師説同源異流表》。見擬統爲三《傳》之學，凡此六《表》，統歸三《傳》總類也。

《左傳》東漢以後盛於今學，然晉、宋以來，學趨便易，不足爲證。今引用以杜氏爲斷，杜以後不與焉。

《傳》與費《易》、《古文尚書》、《毛詩》、《周禮》同爲古學，所引諸經，皆古文無疑。治古學者既可引《傳》以説本經，解《傳》者亦必先熟各經家法，而後得其真解，如牽混今學解之，則非也。古人學派多由地而分，魯、齊、燕、趙各有派，大約魯爲今，燕、趙爲古，齊今古雜。《易》、《詩》、《書》、《禮》皆如此，地同則派同。如瑕丘江公傳《穀梁》，又傳《魯詩》，故《魯詩》與《穀梁》同。古文諸經，其初或一人所傳，或同學所習，故從同也。劉叔俛云：「齊一變，至於魯；魯一變，至於道。」以古爲道，謂齊學不如魯，魯學不如古。雖偏重古學之言，亦可見流派之别也。

國朝説《左傳》之書無慮百種，今新立條例，則所言多與鄙意不合；但《左》爲大經，門户繁賾，苟欲獨剏，則其書難成。見在分門諸條，擬博採諸家，略爲刪補。其中次第門目，一俟排纂，再爲擬定。

《左氏》禮説有與今學懸絶者，解者依附今學説之，今古雜揉，其真不出。如人君即位所娶爲元妃，太子妻不爲妃，婚禮不三月後廟見，如今禮入門即謁祖廟；宗廟以禰爲主，由禰以上乃分昭穆，禰廟彷彿今學；太廟毁廟，有事爲壇以祭。如此之類，僕數難終，最爲怪異，駭人聽聞，按之皆有實理。舊爲今學所蒙混，今盡祛今説，以還《左氏》之真。廬山面目，一旦豁陳，誠快事也。

獲麟以後，經至十六年孔子卒止，以後無經有傳。二《傳》記孔子生，《左傳》獨言孔子卒，蓋意在闢孔子修《春秋》之説。舊刻或將獲麟以後别刻，或低格。謂三叛人不數小邾射，大失《傳》意。至於無經有傳，可見舊説史文之誤。至孔子卒以後遂闕，非以尊孔子，特以明孔子不修《春秋》耳。

六朝經生難服、難杜，互相糾解，皆囈語也。今意在明《傳》意，凡二家解訓名物得失，兼存其説，不加糾正；至於義例，則辨之必詳。

壁中書或以爲有《左傳》，非也。未焚書前，其學不行於魯，雖其源流不可考，若以其師法丘明，謂爲魯人亦可。但其派自今推之，則亦屬燕、趙耳。

班《志》云：孔子褒貶不書於傳，弟子各以口授，丘明恐失其意，乃著竹帛，此劉歆據册籍以攻口説之言也。二《傳》當時實著竹帛，如《王制》及《穀梁》引傳是也。特當時只言大義，推以繫於各條，乃後師之説耳。

《左氏例》多有大綱而無細目，故常疑爲未成之書。今凡於未備者補之。如諸侯葬有往則書，而吴、楚無説；外災有往則書，而吴、楚、蔡及諸小國無説。此非補細例不可也。

經文又有與《左傳》例相反者。如例無筆削，以爲「君舉必書」，則君舉書，而不舉不書矣；乃經則君舉不必書，而不舉之書者多矣。此甚難通，非精思不能解之。

《左氏》舊説以爲不言日月例，然而《傳》有一條。竊以日、月爲《公》、《穀》大綱，倘全不理料，概以爲史文，何以差互若此？《傳》欲成一家之學，自不能如此魯莽。元年日例一條，蓋爲示例之作。此當據補細例者也。

經中字例，杜學所略，服學所詳；詳者非本意，全略亦失之。史官用此等字，亦須説得有例，然後爲有法。此亦須補足者也。

《左傳》固是《周禮》説，乃所言多與《周禮》不同者，蓋《周禮》自立説，無所依傍，乃能自由，《左傳》説經之書，經有其事，不能不緣經説之。如祭法無大廟，而《左傳》則以經有太廟而不能不言太廟是也。其參用今學，亦如《公羊》之用古學。今於古學中又立《左》派，凡《左》專條與《周禮》、《國語》不同者入此例。

許叔重專門古學，觀《五經異義》可見。《説文》用《左傳》，不惟引傳文者可爲證，凡説解之文，無論禮制、訓詁，皆古學也。與《左傳》相涉者今悉採入，其説乃多於賈、服也。《傳》本别行，連文附於經下，非也。今依班《志》，《古春秋經》十二卷，先爲之注，别自爲編，獲麟以後經附焉；《傳》據漢《志》爲三十卷，與經别行。《傳》於二《傳》難解者多闕而不説，杜所注「無傳」是也。有見於别條，悉爲分入，無者則闕之。

注、疏本以申明本傳，今之所言，不純袒護，似非作注之體。竊以注經須知本傳所長，並知其短，直探源頭，而後制義精卓，不與《公》、《穀》相妨，可無矛盾之困。何公《解詁》不知此義，唯知是己非人，若遇强敵攻瑕，必致全師解瓦。今之三《傳》，通力合作，各明短長，以相鼎峙；苟唯推崇一家，必致摧駁二《傳》。善事君者，將順其美，匡救其惡，知其是①而彌縫，是忠臣苦心之事。至書成之後，凡例或存或削，無有不可。區區之心，識者見宥。

① 細玩文意，「知其是」似奪一「非」字，當作「知其非是」。

五十凡駁例

廖平 撰
楊世文 校點

校點説明

《五十凡駁例》，廖平撰。是篇創作之由，廖平云「五十凡文字不多，因其爲義例所在，不得不深爲研究」，而「杜氏混稱五十凡，不惟經例、禮例無分，兼以史例牽合數之，殊無區別」，「自杜氏誤以言凡者附會周公，致後儒説經，皆謂周公制禮作樂，施行後世」，「其矯誣《左傳》者害小，其顛倒聖經者害實大，故具論之」。該書首考《春秋》凡例之源，力駁杜預「五十凡」之失，書後附《論赴告例》、《論同盟例》。廖平指出，杜氏「五十凡」之説名不副實，其中有專詳典禮與經文全無干涉者，有同説一事者，有文義出入詳略互見者，「統計重複外，不過二三十條，則不得冒稱五十凡，以附會大衍」，「且大衍之數，屬於《易》數，固非《春秋》師説」。杜氏解經，力反漢儒，以言「凡」、不言「凡」分新、舊，分周、孔。廖平認爲「漢儒不以凡、不凡分新舊」，「（杜氏）劃分畛域，獨創異説，全反漢義」，「通考傳文，其言凡與不言凡者，莫不互相輔助，水乳交融」，而「杜氏比五十凡於大衍，以爲周公史例，豈知緟複結糾，不能分别部居，標幟自立，則不得稱名五十凡也明矣」。是書曾載於民國三十一年（一九四二）《圖書集刊》第四期，今據此整理。

目録

五十凡駁例

廖季平未刊稿

自東漢末，解《春秋》之書始有以「凡」爲名者。賈氏《條例》、杜氏《釋例》，其始皆謂之凡，後世所謂凡例是也。《戴禮》之以凡見不下數十，《周禮》亦數百見。蓋「凡」爲總括條件之辭，《左傳》一書，言「凡」者五十二見。《傳》多釋例之文，爲統括之詞，與散見諸條，學同一律，非有彼此之分。上二十字依別一稿補。偶然言「凡」，偶然不言「凡」。大約言「凡」者，文義詳備，包舉其終始正變而言。其單文孤詣，雖與言「凡」者文義相同，《傳》不再言「凡」，以從省約。故劉歆以後，潁、鄭、賈、服，皆混同一視，於杜氏所謂言凡不言凡者，初無新舊之别。杜氏解經，力反漢儒，自成一派。突以言「凡」不言「凡」，分爲新舊，上十一字係補入。乃雜録其中言「凡」者五十條。因有二「凡」同在一條，遂附會《易經》「大衍之數其用四十有九」之説，以此五十凡爲周公所創魯史之古例，其數目直倣大衍之數。後世言左氏者，遂動稱五十凡，真若爲周公所頒者。審如是説，則五十條譬如後世修史之例，每條各有精義，皆爲經文之特例，不重複，不混雜，别無遺漏，炳然如日月列宿，各占部分，各有星體之不同。又如《易》之六十四卦，然後可標舉以爲魯史所遵，確然不移。有此五十門類之同，然後可示學者，以爲讀《左氏》者先從此五十凡以入手。今細考五十凡，有專詳典禮，與經文全無干涉者；有同説一事，如《公》、《穀》重出之傳者，計共三條：

凡諸侯同盟，於是稱名，故薨則赴以名，告終稱嗣，以繼好息民，謂之禮經。隱元年。

凡諸侯同盟，死則赴以名，禮也。赴以名則亦書之，不然則否，辟不敏也。僖二十三年。

凡崩薨不赴則不書，禍福不告亦不書，懲不敬也。文十四年。

有文義出入，詳略互見者，四十一條。統計重複外，不過二三十條，則不得冒稱五十凡，以附會大衍。又杜氏以書「凡」者爲周公古例，不言「凡」者爲孔子舊例。今案《傳》文簡略者多不言「凡」，包舉全例者則多言「凡」。以散見不言「凡」之條，歸宿於言凡之下，其言凡之條，無不言「凡」，「凡」目者不過一二條。竊以《公羊》、《穀梁》與本《傳》皆派於一經，初無異例，此尤同出一傳，偶爾言「凡」，偶爾不言「凡」，遂分派爲周公、孔子，是爲巨謬。杜氏《釋例》，每條皆分四門。「凡」爲周公，不「凡」爲孔子，或推之赴書，或諉之史文。一經之中，政出四門，與後世説《易》分四聖人者無異。孔子作《春秋》爲新經，當全負責任，不能新舊雜呈，推委他人，如杜氏之一室之中，自相矛盾。上八十四字係補入。蓋就微言言，有孔子而無周公。就《左氏》大義言，則解經釋例之文，皆出孔子。以前既用本《傳》主周公，則不應又如二《傳》之主孔子，固一定之例也。今故别撰五十凡者，以一其周孔之矛盾，新舊之誤説。五十凡文字不多，因其爲義例所在，不得不深爲研究。其中字誤，如「凡得雋曰克」，「雋」當爲「獲」。「凡弑君稱臣，臣之罪也；稱君，君無道也」，上「君」字當爲「人」字之誤。「凡會諸侯不書所會，後也」，上「會」字當爲「盟」字之誤；「凡諸侯會，公不與，不書，諱君惡也」，「會」亦當爲「盟」。「凡在喪，王曰小童，公侯曰子」，「童」當爲「子」。「凡邑有宗廟先君之主曰都」，「主」當爲「宔」。「凡獲器用曰得，得用焉曰獲」，「用焉」當爲「牛馬」。「凡師出與謀曰及，不與謀曰會」，「及」當爲「以」。「凡人火曰火，天火曰災」，「人」當爲「小」，「天」當爲「大」。「凡民逃其上曰潰，在下曰逃」，「逃」當爲「叛」。「凡克邑不用師徒曰取」，「邑」當爲「國」。上一百四十五字係補入。又按經例，三十四凡皆有關於書法筆削之旨。禮制十六凡則專爲禮例，不與書法。如哭臨一凡，起塞從時一凡是也。至僖五年書雲物一凡，事不見經，乃爲史例。據史例言之，則一年必四書雲物，經則二百四十年中不一書，此經與史之異也。杜氏混稱五十凡，不惟經例、禮例無分，兼以史例牽合數之，殊無區别。《漢書・五行志》「大雨雹」下引説曰：「凡雹皆夏之愆陽，冬之伏陰。」與「凡物不爲災不書」同舉。且文見本《傳》，杜氏漏數此凡，非也。又《傳》云「凡物不足以講大事」云云一條，亦爲禮例，杜亦漏數。而「君舉必書」一條，雖不言凡，而文與「則君不舉」凡相合，今並爲一條，共雹凡補二條。然後一條爲史例，與書雲物凡同爲史例，因《傳》中兼舉史法，附列二凡，以備參考。

鉤考諸凡，文義詳略，互有出入，往往一事數見。若媘併之，不過二十餘凡而已。其所數陳，皆《春秋》書法之要旨，孔聖作經之創例，非有所依傍於前人。《左氏》以其新創，恐人不解，故反覆求詳，不厭煩複。如言「凡」之外，其不言「凡」者，多與言「凡」之文交相印證。譬諸植物，根幹少而枝葉多，經略傳詳，作述通例。《左氏》五十二凡①，與《周禮》、《戴記》同。其偶不言凡者，多屬散條。亦有統括總綱，而偶不言「凡」。上三十三字係補入。漢儒不以凡、不凡分新舊，蓋淵源有自，初無謬戾也。杜氏比五十凡於大衍，以爲周公史例。豈知緟複結糾，不能分别部居，標幟自立，則不得稱名五十凡也明矣。且大衍之數，屬於《易》數，固非《春秋》師説。凡《傳》共見五十二凡，隨文便稱，本無取義。若周公必因《易》家立五十總綱，既不容多溢一條，又此五十條當各立門户，判然獨立，不容或有重複。又每條當必與經合，且必與不言「凡」彼此相反，如水火冰炭。凡人所難解説不宜輕用，將舊説置之無可立腳之後，如所説不免沈晦，然後以一二條簡捷言之可也。上一百三十五字係補入。況言「凡」之中，有專詳禮制，全於經文無涉者二條。

凡馬日中而出，日中而入。莊二十九年。

凡諸侯之喪，異姓臨於外，同姓于宗，同宗於祖廟，同族於禰廟。是故魯於諸姬，臨於周廟，爲蔣凡邢毛胙祭，臨於周公之廟。襄十二年。

有專論推曆無關書法二條：

① 五十二凡：疑爲「五十凡」之誤。

凡啓塞從時。僖二十年。

凡分至啓閉，必書雲物，爲備故也。僖五年。

據此可見五十凡中，又有此四條溢出經例之外者，安得謂周公史書之舊章哉？且考不言「凡」之文，亦有專詳禮制者。如：

王命諸侯，名位不同，禮亦異數。莊十八年。

王享有禮薦，晏有折俎。公當享，卿當晏，王室之禮也。宣十六年。

國君文足昭也，武可畏也，則有備物之享，以象其德，薦五味，羞嘉穀，鹽虎形，以獻其功。僖三十年。

婦人迎送不出門，見兄弟不踰閾，戎車不邇女器。僖二十二年。

且「且」字若改作「凡」字，便與言凡者爲一例。列國有凶，稱孤禮也。莊十一年。

有專解經文一條者，如：

以太子生之禮舉之，接以太牢，卜士負之，士妻食之，公與文姜命之。桓六年。

男贄大者玉帛，小者禽鳥，以章物也。女贄不過榛栗棗脩，以告慶也。莊二十四年。

諸侯不貢車服，天子不私求財。桓十五年。

故「故」即「訓故」，與「凡」同義。山崩川竭，君爲之不舉，降服，乘縵，徹①樂，出次，祝幣，史辭以禮焉。成五年。

有統括經義，且於書法大有關係者，如：

故春蒐，夏苗，秋獮，冬狩，皆於農隙，以計事也。隱五年。

故會以訓上下之則，制財用之節，朝以正班爵之義，帥長幼之序，征伐以討其不然。諸侯有王，王有巡守，以大習之。非是君不舉矣，君舉必書。莊二十三年。

凡物不足以講大事，其材不足以備器用，則君不舉鳥獸之肉，不登於俎，皮革齒牙骨角毛羽不登於器，則公不射，古之制也。焉。隱五年。此凡即五十凡之一也。則君不舉，與則公不射，君不舉矣，三説相同。可見言凡不言凡，無可分别也。

天子非展義不巡守，諸侯非民事不舉，卿非君命不越竟。莊二十七年。

禮：猶言凡也。卜葬先遠日，避不懷也。宣八年。

在禮，卿不會公侯，會伯子男可也。僖二十九年。

王合諸侯，則伯帥侯牧以見於王；伯合諸侯，則侯帥伯子男以見於伯；自王以下，朝聘玉帛不同。哀十三年。

---

① 徹：原脱，據《左傳·成公五年》補。

國之大事，在祀與戎。祀有執膰，戎有受脤，禮之大節也。成十三年。

以上諸條，皆杜氏所謂不言「凡」者。若以「凡」字冠其首，依然文義詳明，與言「凡」者一律相同。唯太子稱孤卿，會三條不能加凡字。非有古今文字之異，前後禮制之殊。可見《左氏》文筆隨宜，時或言凡，時或不言凡，亦傳記立言之常，初無容心於其間也。杜氏號稱「左癖」，乃以言「凡」者爲周公舊例，不言「凡」者爲孔子新例，劃分畛域，獨創異説，全反漢義。一若《麟經》摹仿古凡，悉仍舊貫，審如是説，則舊例當與新例不符。乃通考《傳》文，其言「凡」與不言「凡」者，莫不互相補助，水乳交融，合之兩美。皆所以解釋經義，全出自筆削之後。故孔前絶無模範之文也。自杜氏誤以言「凡」者附會周公，致後儒説經，皆謂周公制禮作樂，施行後世。其弊至於伏羲畫卦，文王演《易》，《詩》采歌謡，《書》記史事。聖作六經，僅餘麟筆，而體例又垂法於前。尼山俎豆，下等濫竽，庠序天魔，莫此爲甚。今輯盲左傳文，證明衮鉞之誅。《緯》曰：「聖不虚生，必有所制。」天縱斯文，以言立教。夏、殷則文獻無徵，《春秋》則知罪自疚。事屬創新，文非史舊，雅言正名，從心運矩。朝廟雖覘制度，柱史無所遺留。《中候》成書，驗推大統，周公且聽從位置，有才如美，不吝足觀，以旦代身，夢衰已久，微言託古，方信好以自謙，而逐末忘本者流，猥以舊説掩之。前之弟子人人異端，各安其意。左氏懼失其真，作傳以伸張玄諦，素王素臣，先師評定矣。今杜氏又增異議，舉解經推例之凡，概歸周史，其矯誣《左傳》者害猶小，其顛倒聖經者害實大也。故具論之。

〔附録〕論赴告例

按赴告之説，舊皆以史法事實言之，以爲實告則書，不告則不書。等《春秋》斷爛朝報，大不可也。且《左氏》明言孔子修《春秋》，則説經宜就孔子立義，不能復論史例，更不可如杜氏於經中分出新義、舊文，半屬孔子，半屬史官。故凡《傳》中所言赴告與同盟，皆指經例，託之爲説，不指事實也。故以《左傳》之赴告爲經例，非史事也。考二《傳》筆削例，或筆，或削，全由孔子，《左傳》多以屬之赴告。《左氏》之赴告，即《公》、《穀》之筆削也。就史言之，赴告無例①則已，有告則書。以今一小縣言之，國初至今二百餘年，其文書汗牛充棟。以督撫文案言之，則一年所有本省外省事件，其文亦當十百倍於經本，豈可以經爲史之舊式乎？至於經文，孔子修《春秋》別有限制。天下之國多矣，所例書者，只若干國。一國之事多矣，所例書者，只若干事。其當書與不當書，不能空言其例，則以赴告當之。凡不書者，皆以爲不赴告。其不常書而偶一書者，則以爲因赴告。赴告與同盟相同，有史事之赴告，有經例之赴告。史例之赴告，《傳》有赴告之文，而經不書其事，如告而不書諸條是也。事實來告，更應書之。而削其事不書，與告則必書不同，故知此爲史例之赴告。至於經例，則經書其事，不必實來告，如不告而書諸條是也。以《春秋》爲舊史，

① 無例：疑當作「無告」。

二百四十年中，來告赴者，當不止此數。以爲孔子據赴告，孔子生於二百餘年之後，不拘史文，當每事考其赴告以爲去取，則不又重牀架屋乎？知《春秋》説修與不修，皆不得以赴告言之。見於《傳》者二百餘國，經録百國。凡不書國，皆以不赴告待之，揆之事實，亦不必然也。每國之事，經有所取則書之，無取則不書。不論其大小，書者爲赴，不書爲不告。求之事實，亦不必然也。此自是經例，不關史事。且天下大事，莫過於天王崩。臣子事君，史文紀事，以此爲主。無論天王有喪，斷無始終不赴之理。即使不赴，史臣亦必追訪録之，方成義例。《春秋》天王三不書崩，以爲《春秋》諱而削之則可，若以爲魯國史臣實因王臣不赴，則始終不書之，則不足以懲王臣之不敬，只足以見諸侯之不臣。況其記王朝諸國事蹟，自應以其君爲主，今不志崩薨，則以後君之事屬之先君，亦無所分別，此成何史體？故知赴告爲以史文之義例，記筆削之名目，非實據史文也。若以史文立説，其可疑實多。史例有告必書，今《傳》有外告明文，而經不書之事，一也。若赴告爲據史文，則必有告乃書。今經有不告而書之事，二也。崩薨大事，史所必詳，不能因不告遂知而不書，三也。《傳》於常書之國，不言赴告，惟不常書之國乃言，如齊、宋不言不告不書，四也。一國之事，始略終詳，如晉初書告不告，文公以後遂無其文，五也。《傳》凡言「凡」皆爲經例。「大夫出奔」條云，所有玉帛之使則告，不然則否。此謂經因言聘，正以告書之，魯之與國，其告大夫奔者不止此數，六也。經不書夷事，而紀則書紀人伐夷，不言紀不告，而言夷不告者，此經不書夷狄之大例，由此推之，七也。經惟中國大國乃記災，楚猶不書，凡曹以下不書，唯書宋、衛、陳、鄭與齊。經書宋、衛、陳、鄭災，例所得書之國，《傳》以來告災言之，自是經例之赴告，八也。舊説以附赴爲史例，支絀不安，説愈繁而愈誤。今與同盟一例改歸經例，其説乃大明也。

〔附録〕論同盟例

按《傳》所謂同盟，實爲經例，不指事實。蓋《春秋》首書邾盟於蔑，則凡敘邾上者，《傳》皆以同盟待之。惟滕、薛、杞三國敘邾下，故經滕、薛、杞據所聞世之末，卒始書名。此襄公六年《傳》所謂「始赴以名，同盟故也」。果於此始赴乎？進之如始同盟者然。《春秋》大國卒葬無不名，是禮待經例。若小國則不名，必待進同大國，卒始書名，故左氏特於滕、杞兩書也。隱七年《傳》，滕侯卒，不書名，未同盟也。凡諸侯同盟，於是稱名，故薨則赴以名，告終稱嗣也。以繼好息民，謂之禮經。夫薨赴以名，滕、薛屢朝於魯，自必赴告以名。而經不書名，依小國正例也。《傳》者恐人誤會不名之旨，又於僖公二十三年杞子卒，《傳》再發之曰：「凡諸侯同盟，死則赴以名，禮也。赴以名則亦書之，不然則否，辟不敏也。」夫曰「凡諸侯」，舉大小國而言也。曰「赴以名，則亦書之」者，是凡赴以名亦書，兼未同盟者而言，不然則否。又兼同盟者而言，論其待以赴不赴，不論其盟與否也。可知卒名不名，乃聖經禮待諸侯之例，不得以事實同盟，定其書名不書名也。且《傳》所謂同盟，蓋經所見之同盟也。經書同盟十六條，固有明文，而又有經不見同盟，《傳》言同盟者。莊公十年，齊師滅譚，譚子奔莒，同盟故也。又楚滅江，秦穆亦稱同盟，則不得僅以經見同盟爲斷也。又有經書同盟而不卒名，且不卒者，如莊公十六年，經言同盟於幽有滑伯，此非不同盟也，終《春秋》不書滑伯卒。他如小邾常盟，繒沈頓胡邢皆同盟，經有明文，而不書卒。又《傳》言郕伯卒，郕與魯接壤，當有會盟赴告事，《傳》有而經不書，是《傳》亦未嘗以經之同盟爲斷也。《春秋》於莊公十六年始見同盟，滕子卒初見於隱世，例宜不名也。至於《傳》言凡盟，多指事實，亦不必據經爲斷。如蔡丘《傳》言「凡我同盟之人」是也。小國在襄以前，經例以爲未同盟也。故於二十七年書薛伯卒，於僖公二十三年書杞子卒，而皆不名。至襄六年，杞桓公始赴以名，云同盟故也。此蓋據成公五年同盟蟲牢，曰有杞伯明文者。九年同盟於蒲，亦有杞伯明文者。杜遂以書名不書名，皆舉以同盟未同盟爲例也。不知大國皆書名，小國惟滕以下三國不書名。是禮待經例，而滕、薛、杞其專例也。彼曹、許、邾雖小國在其上，且不與焉。宿同盟而不名，亦借以起例，見經不以實事同盟爲斷。故《傳》特於滕、杞兩發凡以示例。舉滕、杞以見薛，言未同盟，皆非事實也。所傳聞世，三書滕、薛、杞卒，不名。所聞世，兩書滕子卒，不名。至襄公六年，始名。《傳》稱始同盟，始進同大國例也。然則《傳》所謂同盟者，乃禮待之如大國，非所謂歃血之同盟也。在傳聞、所聞世，小國不足稱同好，但卒葬不書名，《傳》以未同盟言之。至襄公之世，近於所見世，恩進同大國例，始書名，若始同盟者然。所以襄六年書杞伯姑容卒，昭二年滕子原卒，《傳》曰：「同盟，故書名。」六年杞伯益姑卒，《傳》曰：「弔始同盟，禮也。」三十一年薛伯穀卒，《傳》曰：「同盟故書。」皆所見之世，於其始書之君，《傳》皆明之。進而書名，固無論乎同盟與否也。昭公六年，杞益姑卒，《傳》曰：「弔如同盟，禮也。」夫曰「如同盟」，曰「未同盟」，其曰如、曰未，皆於同盟無足輕重也。杜氏《集解》，於大國君卒之下，而必牽引經同盟之文以見例，不大誤哉！滕、薛、杞小國正例不名，必進同大國乃書名。《傳》言同盟，未同盟，如同盟，不過言其同好耳。小國不配與方伯言同好，故以未同盟之下，恩進後始稱同盟，是以於所見之世一例名也。《圖書集刊》一九四二年第四期。

左傳杜氏五十凡駁例箋

廖平 撰
楊世文 校點

校點説明

《左傳杜氏五十凡駁例箋》，廖平撰。是篇旨在駁杜氏「五十凡」之説，當作於《五十凡駁例》之後，爲《五十凡駁例》的補充説明之作。在《五十凡駁例》基礎之上，是編增補了「嗣位朝聘邦交」之例三條，「出會致公」之例三條，「赴告則書」之例四條，「用師」之例七條，「取滅入潰」之例四條，「伯討」之例二條，「薨葬」之例四條，「弑戕」之例二條，「國君大夫歸入出奔」之例三條，「嫁女送歸」之例四條，「災」例五條，「土功」之例二條。是編載於民國三十一年（一九四二）《圖書集刊》第五期，今據此整理。

目録

左傳杜氏五十凡駁例箋

廖季平未刊稿

凡君即位，卿出並聘。襄二年穆叔聘於宋，通嗣君也。五年鄭子國來聘，通嗣君也。二十九年吳公子札來聘，昭十二年宋華定來聘，通嗣君也。

唯嘉好聘享三軍之事於是乎使卿。昭三十年。

踐修舊好，隱二年公會戎于潛，修惠公之好也。昭二年叔弓聘於晉，曰寡君使弓來繼舊好。要結外援，好事鄰國，以衛社稷，忠信卑讓之道也。忠德之至也，信德之固也，卑讓德之基也。文元年，叔孫敖如齊。

忠信，禮之器也；卑讓，禮之宗也。辭不忘國，忠信也；先國後己，卑讓也。昭二年，與前同。

凡君即位，好舅甥，修昏姻，桓三年公子翬如齊逆女，修先君之好。娶元妃，文四年逆婦姜於齊。宣元年夫人婦姜至自齊。以奉粢盛，孝也。孝，禮之始也。文二年公子遂如齊納幣。

凡諸侯即位，小國朝之，桓二年滕子、杞侯來朝，宣元年、襄元年邾子來朝，哀二年滕子來朝，成十八年公如晉，朝嗣君也。大國聘焉，襄元年衛子叔晉、智武子來聘，禮也。昭二年韓起來聘。以繼好結信，謀事補闕，禮之大者也。襄元年晉侯使荀罃來聘。

諸侯五年再相朝，凡言即位朝，此言五年朝，二説不可闕一，故凡、不凡皆經例。以修王命，古之制也。文十五年。此經義所託之古制，杜亦知之，不以爲周公之古制。

世之治也，諸侯閒於天子之事，既朝天子。則相朝也，昭十三年公如晉，荀吴曰：「諸侯相朝，講舊好也。」於是乎有享宴之禮。成十二年。

臣聞猶言凡也。小國之免於大國也，聘而獻物，於是有庭實旅百；朝而獻功，於是有容貌采章，嘉淑而有加貨，謀其不免也。誅而薦賄，則無及也。宣十四年。

會朝禮之經也，禮政之輿也，政身之守也。怠禮失政，失政不立，是以亂也。襄二十一年。

文、襄之霸也，霸爲《春秋》所託。令諸侯三歲而聘，五歲而朝，合即位朝聘之凡爲全文。有事而會，不協而盟。昭三年。

明王之制。《孝經》明王與周公並舉，杜不以此明王爲周公。須知經之周公，多所借託，安得以無周公明文之凡，妄牽引之。使諸侯歲聘以志業，閒朝以講禮，再朝而會以示威，再會而盟以顯昭明。志業於好，講禮於等，示威於衆，昭明於神。自古以來，明言古者，杜猶以爲孔例。未之或失也。昭十三年。

朝聘有珪，享頫有璋，小有述職，大有巡功，設机而不倚，爵盈而不飲，宴有好貨，飧有陪鼎，入有郊勞，出有贈賄，禮之至也。昭五年。

諸侯相朝，講舊好也。昭十三年。

以上嗣位朝聘邦交凡三。

凡會諸侯，僖九年會於葵丘，尋盟，且脩好，禮也。不書所會，後也。盟扈公後至，故不書所會。僖二年諸侯城楚丘，不書所會，後也。後至不書其國，盟扈有齊侯、宋公、衛侯、鄭伯、許男、曹伯不書。辟不敏也。文七年公會諸侯，晉大夫盟於扈。

（補凡）大夫後至，不書其國，辟不敏也。

（補凡）凡大夫會，内大夫與而不書，諱惡也。此爲公在不書公，爲内諱之例。

凡諸侯會，公不與不書，文十七年會於扈，公不與，齊難故也，書曰諸侯。諱君惡也。宣七年晉人止公於會，盟於黄父，公不與盟；故黑壤之盟不書，諱之也。昭十六年公在晉，晉人止公，不書，諱之也。與而不書。史例，君舉必書。後如文七年會扈不書。也。文十五年冬十有一月，諸侯盟於扈。

諱國惡，禮也。僖元年。

（補凡）公不在，稱諸侯，惡也。不書諸侯，後也。

凡公襄二十九年《傳》：魯周公之後也，故從王後例稱公如宋。行，告於宗廟；《白虎通》：「王者、諸侯出，親告祖禰，使祝遍告五廟，尊親也。」反，行飲至，桓十六年公至自伐鄭，以飲至之禮也。舍爵策勳焉，襄十三年公至自晉，孟獻子書勞於廟。禮也。特相會，離會也。往來稱地，定八年公會晉師于瓦，公至自瓦。十年會齊侯于夾谷，至自夾谷。讓事也。自參三國會。以上，諸侯會。則往稱地，書會于某。來稱會，如公至自會。成事也。桓二年冬公至自唐。

以上出會致公凡三。此三條據魯發凡，即釋内魯之例，若係周公史册，必不專爲魯發凡。

凡諸侯同盟，於是稱名，故薨則赴以名，襄六年杞桓公卒，始赴以名，同盟故也。告終稱嗣也，襄二十八年楚子昭卒，趙文子喪之如同盟，禮也。昭六年杞伯益姑卒，弔如同盟，禮也。以繼好息民，謂之禮經。隱七年滕侯卒。

諸侯相弔弔喪。賀也，雖不當事，苟有禮焉，書也，以無忘舊好。文九年秦人來歸僖公、成風之襚。

凡諸侯同盟，死則赴以名，禮也。赴以名則亦書之，《傳》以書名例託之赴告。不然則否。以不書名託之不赴告不同盟。辟不敏也。僖二十三年，杞成公卒，不書名，未同盟也。

凡崩經有三天王不志崩，若從史法，必無不書之理，亦無不赴之理。薨，經但於魯書薨，大夫、諸侯皆書卒。不赴頃王崩，周公閲與王孫蘇争政，故不赴。襄二十八年十一月癸巳天王崩，未來赴，亦未書，禮也。則不書。禍福不告，亦不書。僖二十四年秦伯納重耳，不書，不告入也。使殺懷公於高梁，不書，亦不告也。懲不敬也。文十四年頃王崩。

天子七月而葬，同軌畢至；諸侯五月，同盟至。大夫三月，同位至；士踰月，外姻至。隱元年。

先王之制，此明言先王，周公代武攝位，即周先王也。杜不以爲周公之制。諸侯之喪，士弔，大夫送葬。昭六年大夫如秦葬景公，禮也。昭十二年鄭簡公卒，子産曰：「諸侯之賓，來會吾葬。」晉之喪事，敝邑之間，先君有所助執紼。二伯之喪，大夫弔，諸侯送葬矣。昭三十年。

凡諸侯有命，告則書，隱九年，鄭人以王命來告伐宋。十年，書會伐宋。僖五年，晉侯使以殺太子申生之①故來告書「晉殺其世子申生」。僖十一年，晉侯使以丕鄭之難來告，書「晉殺其大夫丕鄭父」。不然則否。隱十一年。鄭伯以虢師伐宋，宋不告命，故不書。僖九年，齊侯以諸侯之師伐晉，令不及魯，故不書。師出臧否，亦如之。隱十一年，隱元年有不告不書，不言凡者數條。

師出以律，否臧，凶。執事順成爲臧，逆爲否。衆散爲弱，川壅爲澤，有律以如己也，故曰律。否臧，且律竭也，盈而以竭，夭且不整，所以凶也。宣十二年。

雖及滅國，史公曰：「亡國五十二。」滅不告敗。成元年王人來告敗，書「王師敗績于茅戎」。昭六年叔弓如楚，且弔敗也。按經不書楚敗，《傳》不言告敗。

楚人滅江，秦伯爲之降服，出次，不舉，過數；曰同盟滅，雖不能救，敢不矜乎！文四年。

勝不告克，隱元年鄭伯克段。不書于策。隱十一年。吴入越不書，吴不告慶，越不告敗也。哀元年。

以上赴告則書凡四。

凡師，君子曰：「不備不虞，不可以師。」一宿爲舍，再宿爲信，過信爲次。莊三年冬公次于滑。經書次凡十三見。

凡師，敵未陳，曰「敗某師」，經於隱十年、莊十年、十一年書「敗宋師」；僖元年書「敗邾師」，又「敗莒師」；昭

① 之：原多一「之」字，據文意删。

五年亦書「敗莒師」。外則僖三十三年書「敗秦師」，昭二十三年書「敗頓、胡、沈、蔡、陳、許之師」。皆陳曰「戰」，經書戰二十餘見。大崩曰「敗績」，經書敗績十五見。得儁當作獲。曰「克」，如克段。覆而敗之曰「取某師」，哀九年宋皇瑗取鄭師，十三年鄭罕達取宋師。京師敗曰「王師敗績于某」。莊十一年夏五月戊寅公敗宋師于鄑，成元年王師敗績于茅戎。

（補凡）内諱敗言戰。上文爲言戰、言敗之例，此爲言戰不言敗之例。按此内敗，例言戰而不言敗。

凡獲器用曰得，如得寶玉大弓。得用焉「用焉」當作「牛馬」。曰獲。定九年得寶玉大弓。牛馬有知之物，故曰獲，如獲麟，由賤推及貴，故獲君大夫亦曰獲。

（補凡）君生曰獲，死曰滅。大夫生死皆曰獲。

凡師，有鐘鼓曰伐，經書伐者多。無曰侵，經書侵者四十三見。輕曰襲。莊二十九年夏鄭人侵許，襄二十三年齊侯襲莒。

凡師，能左右之曰以。僖二十六年，公以楚師伐齊。桓十四年，宋人以齊、蔡、衛、陳，伐、鄭。定四年，蔡侯以吴子及楚人戰。

凡師出，與謀曰及，隱十一年公會鄭伯于時來，《傳》：謀伐許也。秋七月，公及齊侯、鄭伯入許。不與謀曰會。宣七年，公會齊侯伐萊。其餘多從不與謀之例稱會。

凡諸侯有四夷之功，則獻于王，僖二十八年《傳》，晉獻楚俘于王，介駟百乘，徒兵千。王以警於夷，中國則否。諸侯不相遺俘。莊三十一年，齊侯來獻戎捷，《傳》：非禮也。僖二十一年，楚人使宜申來獻捷。

蠻夷戎狄，不式王命，王命伐之，則有獻捷，諸侯有四夷之功則獻于王。王親受而勞之，所以懲不敬，王以警于夷。勸有功也。兄弟甥舅，侵敗王略，王命伐之，不獻其功，中國則否。所以敬親暱、禁淫慝也。成二年。此不言凡之條，與言凡者，如出一轍。

以上用師凡七。

凡書取，言易也。邿亂，分爲三師救邿，遂取之。宣九年取根牟，成六年取鄟，昭元年取鄆，四年取鄫，皆言易也。用大師焉曰滅，襄十年滅偪陽，不稱師。餘如莊十年滅譚，僖二年滅下陽，宣十五年滅潞氏，襄二十五年滅舒鳩，昭八年滅陳，十一年滅蔡，定四年滅沈，六年滅許，十四年滅頓，皆稱師。惟文十六年楚人、秦人、巴人滅庸，經不稱師，《傳》言大師。弗地曰入。襄十三年取邿，隱十一年鄭伯入許，宣十一年楚子入陳，文十五年晉郤缺入蔡，定四年吴入楚，五年於越入吴，皆不有其地。

凡勝國曰滅之，内滅如僖十七年滅項，外滅如僖五年楚滅弦，十二年楚滅黄，二十五年衛滅邢，二十六年楚滅夔，文四年滅江，五年滅六，十六年楚、秦滅庸，宣八年滅舒蓼，十二年滅蕭，成十七年滅舒庸，襄六年莒滅鄫，齊滅萊，昭四年楚及諸侯滅賴，二十四年吴滅巢，三十年吴滅徐，定十五年楚滅胡。獲大城曰入之。文十五年入蔡。内入如隱二年入極，襄十二年入鄆；外入如隱二年莒入向，五年衛入郕，十年齊、鄭入郕，閔二年狄入衛，成七年吴入州來。

凡克邑不用師徒曰取。昭四年九月取鄫。莒著丘公立而不撫鄫，鄫叛而來，故曰取。宣九年取根牟，成六年取鄟，昭元年取鄆，四年取鄫，《傳》皆言易也。

兵作於内爲亂，於外爲寇，寇猶及人，亂自及也。文七年。

凡民逃叛。其上曰潰，文三年春王正月，叔孫得臣會晉人、宋人、陳人、衛人、鄭人伐沈，沈潰。僖四年蔡潰，成九年莒潰。《傳》：楚子重圍莒，莒城亦惡，庚申莒潰。昭二十九年鄆潰。

梁伯好土功，亟城而弗處，民罷而弗堪，則曰：「某寇將至。」乃溝公宮，曰：「秦將襲我！」民懼而潰。僖十九年。

廧咎如潰，上失民也。成三年。

在上曰逃。文三年。僖五年盟首止，鄭伯逃歸，不盟。襄七年會鄬，陳侯逃歸。

（補凡）逃義曰逃。

以上取滅入潰凡四。

凡侯伯二伯之稱。僖二十八年《傳》：策命晉侯爲侯伯。成二年侯伯克敵，哀二年侯伯致禮，是也。周公時及共和之世，伯在王朝，稱周公、召公；惟春秋之世，以齊侯、晉侯爲伯，乃有侯伯之稱。則凡非周公所遺，可斷言也。救患，邢遷于夷儀，諸侯城之，救患也。僖六年救許，十五年救徐，成七年救鄭，襄五年救陳，分災。襄三十年，爲宋災故，諸侯之大夫會，以謀歸宋財。僖元年夏六月，邢遷于夷儀。

天災流行，國家代有，救災卹鄰，道也，行道有福。僖十三年。

討罪，隱十年，齊人、鄭人入郕，討違王命也。文十七年，晉、衛、陳、鄭伐宋，討曰何？故弒君。宣十一年，楚莊王曰：「夏徵舒爲不道，弒其君，寡人以諸侯討而戮之。」申叔時曰：「諸侯之從也，曰討有罪也。」禮也。僖元年。

宋公不王，鄭伯爲王左卿士，以王命討之，伐宋。隱九年。

君子謂鄭莊公於是乎可謂正矣。以王命討不庭，不貪其土，以勞王爵，正之體也。隱十年。

凡君不道於民，諸侯討而執之，則曰某人執某侯。僖二十八年晉人執衛侯歸之於京師。不然則否。成十五年，晉侯執曹伯歸于京師。晉人執衛侯，討其殺弟叔武之罪。其餘晉侯執曹伯，某人執某子，皆與此凡不合。

（補凡）凡大夫有罪，諸侯討而執之，則不稱行人。不然則否。

以上伯討凡二。

凡君薨，卒哭《雜記》：「諸侯五月而葬，七月而卒哭。」而祔，祔而作主，葬僖公緩作主，非禮也。文二年作僖公主，《傳》：書，不時也。按魯作主，緩至二年，乃周舊制。經故譏之，以起新制。則言凡非周公之法也明矣。特祀于主，《異義》、《左傳》説，凡君薨而作主，特祀主于寢。烝桓八年正月己卯烝，五月丁丑烝。嘗桓十四年秋八月乙亥嘗。禘閔二年吉禘于莊公。此魯先君不行三年喪之證，可見周公無典禮以遺後也。于廟。僖三十三年。僖八年禘于太廟。此秋七月，即夏正五月，與《王制》夏祭曰禘合。

凡在喪，王曰小童。童當爲子，《顧命》：「眇眇予末小子。」《曲禮》：「王在喪，曰予小子。」公侯曰子。僖九年宋子，公稱子。二十五年、二十八年衛子、陳子，定四年陳子，侯稱子。

三年之喪，雖貴遂服，《中庸》：「三年之喪，達乎天子；父母之喪，無貴賤一也。」禮也。昭十五年，葬穆后，景王既葬除喪，故叔向譏之。可見三年喪乃經制，據《孟子》，魯、滕未行三年喪，則凡稱王曰小童者，亦經説也，周公無此禮詞。

凡諸侯薨，于朝會加一等，襄七年，會于鄬，鄭伯如會，未見諸侯，丙戌卒于鄵。死王事加二等，成十三年，曹伯廬卒于師。於是有以衮斂。僖四年，許穆公卒于師，葬之以侯，禮也。

凡夫人不薨于寢，如哀姜薨於夷。不殯于廟，襄四年，定姒薨，《傳》：不殯于廟。不赴于同，哀十二年，孟子卒。《傳》：死不赴，故不稱夫人。不祔于姑，定十五年，姒氏卒，《傳》：不稱夫人，不赴，且不祔也。則弗致也，僖八年秋，禘于太廟，用致夫人。《傳》：禘而致哀姜焉，非禮也。此凡專爲哀姜而發，周公無夫人不薨於寢者，亦無諸侯同盟之事。經於夫人與非夫人，書法有異，可由此凡推其常變，如隱三年聲子不赴於諸侯，不反哭於寢，不祔于姑，故不曰薨。不稱夫人，故不言葬。

君薨，大夫弔，卿共喪事。昭十一年，叔弓如宋，葬平公也。夫人，士弔，大夫送葬。昭二年，晉少姜卒，公如晉及河，晉侯使士文伯辭曰：「非伉儷也，請君無辱。」公還，季孫宿遂致服焉。足以昭禮命事謀闕而已。昭三年。

葬楚康王，公及陳侯、鄭伯、許男送葬至於西門之外，諸侯之大夫皆至於墓。襄二十九年。

此二伯之喪，諸侯會葬之禮。

以上薨喪凡四。

凡弑君史公《自序》：春秋弑君三十六。稱君，君當作人。君無道也。文十六年，宋人弑其君杵臼，《傳》：君無道也。十八年，齊人弑其君商人。襄三十一年，莒人弑其君密州。稱臣，臣之罪襄二十六年《傳》書曰：衛甯喜弑其君剽，言罪在甯氏也。外如州吁、宋督之類。也。宣四年夏六月乙酉，鄭公子歸生弑其君夷。

凡自虐其君曰弑，自外曰戕。宣十八年，邾人戕鄫子于鄫。

（補凡）凡君殺于他國，不加虐，亦曰殺。《經》：外殺書殺。殺諸侯不以道，曰用。

以上弑戕凡二。

凡自周無出。成十二年，周公出奔晉，周公自出故也。

天子無出，書曰：天王出居于鄭，辟母弟之難也。天子凶服降名，禮也。僖二十四年。

凡去國，國逆而立之曰入。莊九年，齊小白入于齊。昭十三年《傳》：齊桓有國、高以爲内主。哀六年，齊陽生入於齊，《傳》：陳僖子使召公子陽生。復其位，曰復歸。桓十五年，鄭世子忽復歸于鄭。僖二十八年，衛侯鄭自楚復歸于衛。曹伯襄復歸于曹。襄二十六年，衛侯衎復歸于衛。諸侯納之，曰歸。昭元年，莒去疾自齊入于莒。按，自齊，齊納之也；曰入者，又國逆也。昭十三年，蔡侯廬歸于蔡，陳侯吴歸于陳。《傳》：平王封陳、蔡而皆復之，《經》不言自楚歸，不與夷狄納中國諸侯。以下言自某歸者皆大夫例。以惡，曰復入。成十八年，宋魚石復入于彭城。襄二十三年，晉欒盈復入于晉。

（補凡）諸侯以善曰歸，大夫以惡曰入。

凡諸侯之大夫違，告于諸侯，曰某氏之守臣某，失守宗廟，敢告。齊崔氏出奔衛《傳》。所有玉帛之使者則告，不然則否。宣十年，齊崔氏出奔衛。

以上國君大夫歸入出奔，凡三。

凡太子《經》稱世子，《傳》稱太子。之母弟，公在曰公子，《經》言公子，多公不在之稱。不在曰弟，如公弟叔肸，齊侯弟年，宋公弟辰，衛侯弟黑背、弟鱄，陳侯弟招、弟黄；秦伯弟鍼，鄭伯弟語。凡稱弟，皆母弟也。宣十七年公弟叔肸卒。

太子奉冢祀之粢盛，以朝夕視君膳者也，故曰冢子。君行則守，有守則從，從曰撫軍，守曰監國，古之制也。閔二年。

太子死，有母弟則立之，無則立長。年鈞擇賢，義鈞則卜，古之道也。襄三十一年。

底禄以德，德鈞以年，年同以尊。公子以國，不聞以富。昭元年。

背先王之命杜以此不言凡者，爲孔子新例。曰：王后無適，則擇立長，年鈞以德，德鈞以卜，王不立愛，公卿無私，古之制也。昭二十六年。

此公子母弟凡一。

凡公女嫁于敵國，嫁娶乃孔《經》新制，孔以前無昏禮。如《魯世家》，惠公爲子息娶於宋，宋女至而好，惠公奪而自妻之；昭公娶於吴，不避同姓；《荀子》稱齊桓姑姊妹不嫁者七人。姊妹則上卿送之，以禮于先君。成九年，季文子如宋致女，復命，穆姜再拜曰：「大夫勤辱，不忘先君，以及嗣君，施及未亡人，先君猶有望也，敢拜大夫之重勤。」公子則下卿送之。於大國，雖公子亦上卿送之。於天子，則諸卿皆行，公不自送。齊侯送姜氏，非禮也。於小國，則大夫送之。桓三年，齊侯送姜氏於讙。《經》言逆女，凡言送女，《傳》出於《經》，送迎品級相等，合之乃無闕義。

送從逆班。昭二年。

凡諸侯之女行，惟王后書。桓九年，紀季姜歸于京師。桓八年、襄十五年書逆王后。

先王之禮辭不言凡，託之禮辭，亦猶言凡之稱《禮經》與禮也。有之，天子求后于諸侯，諸侯對曰：「夫婦所生若而人，妾婦之子若而人，無女而有姊妹及姑姊妹，則曰先守某公之遺女若而人。」襄十二年。

凡諸侯嫁女，同姓媵之。成九年，伯姬歸于宋，晉人來媵，禮也。異姓則否。成八年，衛人來媵。十年，齊人來媵，書，譏。

凡諸侯之女，歸甯曰來。杞伯姬來，歸甯也。出曰來歸。宣十六年，郯伯姬來歸，出也。成五年，杞叔姬來歸。夫人歸甯曰如某。文九年，夫人姜氏如齊。出曰歸于某。莊二十七年，杞伯姬來。文十八年，夫人姜氏歸于齊，大歸也。

以上嫁女送歸凡四。

凡天災，有幣無牲，非日月之眚不鼓。莊二十五年秋大水，鼓用牲于社、于門。

日有食之，鼓用牲于社，非常也。唯正月之朔慝未作，日有食之，於是乎用幣于社，伐鼓于朝。莊二十五年。此條與「凡天災」同在一年，互相發明，同舉禮例，可見言凡不言凡，非有二義也。

日有食之，天子不舉，伐鼓于社，諸侯用幣于社，伐鼓于朝，文十五年引此，有「以昭事神，訓民事君，示有等威，古之道也」四句。禮也。唯正月朔慝未作，日有食之，於是乎有伐鼓用幣，禮也。其餘則否。昭十七年。此皆不言凡者，較言凡者爲更詳。

凡物不爲災不書。莊二十九年秋有蜚。

（補凡）凡雹皆夏之愆陽，冬之伏陰也。此《五行志》「大雨雹」下引「説曰」之文。

聖人在上無雹。雖有，不爲災。昭四年。《經》書雹三。

二至二分，日有食之，不爲災，日月之行也，分同道，至相過也。其他月則爲災，陽不克也，故常爲水。昭二十一年。

凡雨自三日以往爲霖，平地尺爲大雪。隱九年三月癸酉大雨震電，庚辰大雨雪。《傳》：大雨霖以震，書始也。庚辰大雨雪亦如之。

凡平原出水爲大水。桓元年秋大水。《經》書内大水八，外大水一。

凡火，人人當爲小。火曰火成周宣榭火。天天當爲大。火曰災。宣十六年成周宣榭火。《經》書内災六，外災五。

爲火故，大爲社，祓禳於四方，振除火災，禮也。昭十八年。

（補凡）書所無爲異。

以上災凡五。

凡祀，啓蟄《月令》：仲春，雷乃發聲，蟄蟲咸動，啓户始出。而郊，《經》三書郊。襄七年：「夫郊祀后稷，以祈農也。是故啓蟄而郊，郊而後耕。今既耕而卜郊，宜其不從也。」龍見杜注：建巳之月，蒼龍宿之體，昏見東方。而雩，《經》因旱書大雩二十見。始殺《月令》：孟秋鷹乃祭鳥，用始行戮。而嘗，《王制》：秋祭曰嘗。桓十四年秋八月乙亥嘗，此夏正六月，書以譏。閉蟄《月令》：閉塞成冬，蟄蟲咸俯。而烝，《王制》：冬祭曰烝。桓八年春正月己卯烝，此夏正十一月爲得宜，下夏五月烝爲失宜。過則書。桓五年秋大雩。常事不書，有所見乃書，非史例君舉必書矣。

此祀凡一。凡所舉四時之祭，皆用夏正，而不用周正，則以凡爲周公舊例之説，不攻自破也。

凡邑有宗廟先君之主曰都，無曰邑。邑曰築，如築郿是。都曰城。莊二十八年冬築郿。如城中丘、城郎之類。

先王之制，如《禮記·王制》。大都不過參國之一，中五之一，小九之一。隱元年。

凡土功，龍見杜謂今九月，周十一月，龍星角亢，晨見東方。僖五年龍尾伏辰，其九月、十月之交乎？而畢。務戒事也。火見杜注：大火心星，次角亢。《正義》：十月之初，心星晨見東方。而致用，水昏正杜注：今十月定星昏而中。而栽，襄十三年冬城防，書事，時也。於是將早城，臧文仲請俟畢農事，禮也。日至日南至，即冬至。而畢。莊二十九年城諸及防。此亦以夏正爲準。

以上土功凡二。

鉤考諸凡，文義詳略，互有出入，往往一事數見，若婚併之，不過二十餘凡而已。其所敷陳，皆《春秋》書法之要旨，孔聖作經之創例，非有所依傍於前人。《左》以其新創，恐人不解，故反覆求詳，不厭煩復。如言凡之外，其不言凡者，多與言凡之文交相印證。譬諸植物，根榦少而枝葉多，經略傳詳，作述通例。漢儒不以凡、不凡分新舊，蓋淵源有自，初無謬戾也。杜氏比五十凡於大衍，以爲周公史例。豈知緟複結糾，不能分別部居，標幟自立，則不得稱名五十凡也，明矣。況言凡之中，有專詳禮制，全於經文無涉者二條。

凡馬，日中而出，日中而入。莊二十九年。

凡諸侯之喪，異姓臨於外，成二年衛穆公卒，晉三子自役弔焉，哭於大門之外，婦人哭於門內，送亦如之。同姓於宗廟，吳子壽夢卒，臨於周廟，禮也。同宗於祖廟，同族於禰廟。是故魯於諸姬，臨於周廟，爲蔣凡邢毛胙祭，臨於周公之廟。襄十二年。

有專論推曆無關書法者二條：

凡啓春夏。塞秋冬。從時。僖二十年春，新作南門，書，不時也。

凡分春分、秋分。至夏至、冬至。啓立春、立夏。閉，立秋、立冬。必書雲物，考察天氣。爲備故也。僖五年。

據此可見五十凡中，又有此四條溢出經例之外者，得安謂周公史書之舊章哉？且考不言凡之文，亦有專詳禮制者。如：

王命諸侯，名位不同，禮亦異數。莊十八年。

臣聞小國之免於大國也，聘而獻物，於是有庭實旅百；朝而獻功，於是有容貌采章，嘉淑而有加貨。宣十四年。

王享有體薦，宴有折俎。公當享，卿當宴，王室之禮也。宣十六年。

國君文足昭也，武可畏也，則有備物之享，以象其德，薦五味，羞嘉穀，鹽虎形，以獻其功。僖三十年。

婦人迎送不出門，見兄弟不踰閾，戎車不邇女器。僖二十二年。

且且字，若改作凡字，便與言凡者爲一例。列國有凶稱孤，禮也。莊十一年。

有專解經文一條者：

以太子生之禮舉之，接以大牢，卜士負之，士妻食之，公與文姜宗婦命之。桓六年。男贄大者玉帛，小者禽鳥，以章物也。女贄不過榛栗棗脩，解宗婦覿用幣之非禮。以告慶也。莊二十四年。

公會晉師于瓦，范獻子執羔，趙簡子、中行文子皆執雁，魯於是始尚羔。定八年。

諸侯不貢車服，解天王使家父來求車。天子不私求財。桓十五年。解毛伯求金。求車、求金乃春秋以前之常事。

故故即訓故，與凡同義。山崩川竭，君爲之不舉，降服，乘縵，徹①樂，出次，祝幣，史辭以禮焉。成五年。解梁山崩。

有統括經義，且於書法大有關係者。如：

故春蒐，夏苗，秋獮，冬狩，經因周正改夏正，故特立四時田獵之名。如桓四年春正狩于郎，乃夏正冬月，故曰狩。春西狩獲麟亦同。昭十一年五月大蒐，爲夏正三月，其不月者不可考。秋蒐則譏非時，正名定制，悉出聖裁，與秋嘗、冬烝同例，皆於農隙以講事也。隱五年。

故會以訓上下之則，《經》：會諸侯必序等級。制財用之節；朝《經》書公朝王所，如京師。以正班爵之義，帥長幼之序；征伐以討其不然。如宋公不王，鄭伯以王命討之，召陵伐楚責包茅之類。諸侯有王，天

① 徹：原脱，據《左傳》成公五年補。

王。王有巡守，以大習之，非是，君不舉矣。君舉必書。莊二十三年。會朝、征伐、巡守《經》必書。

凡物不足以講大事，其材不足以備器用，則君不舉鳥獸之肉不登於俎，皮革、齒牙、骨角、毛羽不登於器，則公不射，古之制也。焉。隱五年。此凡即五十凡之一也，「則君不舉」與「則公不射」、「君不舉矣」三説相同。可見言凡不言凡，無所分别也。

天子非展義不巡守，諸侯非民事不舉，與「君不舉矣」同意。又如雩祭、城築之類。卿非君命不越竟。莊二十七年。《經》書内臣如，外臣來聘，皆有君命。

禮猶言凡也。卜葬先遠日，避不懷也。宣八年。

在禮，卿方伯卿。不會公二伯王後。侯。方伯。會伯子男卒正如曹伯、莒子、許男。可也。僖二十九年。

王合諸侯，則伯二伯。帥侯牧舉方伯以包之。以見於王。如會溫，晉侯以諸侯見。伯合諸侯，統稱。則侯帥伯子男舉卒正以包之。以見於伯。自王以下，朝聘玉五玉。帛三帛。不同。哀十三年。

國之大事，在祀與戎。祀有執膰，戎有受脤，神之大節也。成十三年。

以上諸條，皆杜氏所謂不言「凡」者。若以「凡」字冠其首，依然文義詳明，與言「凡」者一律相同，唯太子稱孤卿會三條不能加「凡」字。非有古今文字之異，前後體制之殊。可見《左氏》文筆隨宜，時或言「凡」，時或不言「凡」，亦《傳》記立言之常，初無容心於其間也。杜氏號稱「左癖」，一若乃以言「凡」者爲周公舊例，不言「凡」者爲孔子新例，劃分畛域，獨創異説，全反漢義。《麟經》摹仿古凡，悉仍舊貫。審如是説，則舊例當與新例不符。乃通考《傳》文，其言「凡」與不言「凡」者，莫不互相補助，水乳交融，合之兩美，皆所以解釋經義，全出自筆削之後。故孔前絶無模範之文也。自杜氏誤以言凡者附會周公，致後儒説經，動謂周公制禮作樂，施行後世，其弊至於伏羲畫卦，文王演《易》，《詩》采歌謡，《書》記史事。聖作六經，僅餘麟筆，而體例又垂法於前。尼山俎豆，下等濫竽，庠序天魔，莫此爲甚。今輯盲左《傳》文，證明衮鉞之義。緯曰：「聖不虛生，必有所制。」天縱斯文，以言立教。夏、殷則文獻無徵，春秋則知罪自疚。事屬創新，文非史舊，雅言正名，從心運矩。朝廟雖覡制度，柱史無所遺留。《中候》成書，驗推大統，周公且聽從位置，有才如美，不吝足觀，以旦代身，夢衰已久，微言託古，信方好以自謙。而逐末忘本者流，猥以讆説掩之。前之弟子，人人異端，各安其意。左氏懼失其真，作《傳》以伸張玄諦，素王素臣，先師評定矣。今杜氏又增異義，舉解經推例之凡，概歸周史，其矯誣《左傳》者害猶小，其顛倒聖經者害實大也。故具論之。《圖書集刊》一九四二年第五期。

箴箴左氏膏肓

廖平 撰
楊世文 校點

校點説明

《箴箴左氏膏肓》一名《再箴左氏膏肓》。漢何休作《左氏膏肓》，鄭玄作《箴左氏膏肓》加以反駁。據《後漢書·鄭玄傳》稱，任城何休好《公羊》學，遂著《公羊墨守》、《左氏膏肓》、《穀梁廢疾》。鄭玄乃著《發公羊墨守》、《箴左氏膏肓》、《起穀梁廢疾》反駁何休；何休見而嘆曰：「康成入吾室，操吾矛以伐我乎？」何休、鄭玄之書皆已散佚，清代學者作過輯佚。廖平據清袁鈞輯《鄭氏佚書》本《箴左氏膏肓》，作《再箴左氏膏肓》，衡評何、鄭之是非。如隱公元年《傳》：「不書即位，攝也。」廖平比較何、鄭之説，認爲：「鄭引《公羊》以駁何君，是也。」莊公元年《傳》：「築王姬之館於外，爲外禮也。」廖平認爲何、鄭二家皆失。但大體上以鄭説爲是，何説多非。有民國二十四年（一九三五）井研廖氏刻本。今據此整理。

目録

再箴左氏膏肓

據清袁鈞輯《鄭氏佚書》本。

漢何休《左氏膏肓》
漢鄭玄《箴左氏膏肓》

隱公

元年《傳》：不書即位，攝也。

《膏肓》：古制，諸侯幼弱，天子命賢大夫輔相爲政，無攝代之義。昔周公居攝，死不記崩。今隱公生稱侯，死稱薨，何因得爲攝？且《公羊》以爲諸侯無攝。本疏。

《箴》：周公歸政，就臣位，乃死，何得記崩？隱公見死於君位，不稱薨云何？《禮記·明堂位》疏。《公羊》云：宋穆公云：「吾立乎此，攝也。」以此言之，何得非《左氏》？本疏。《考證》曰：本疏謂鄭康成引《公羊》難云，則「宋穆公」上當有「公羊云」三字。今以義並取此三字入《箴》。

按，隱公繼立爲君，爲惠有立桓意，故有讓桓之心，不自以爲立，而以攝自居，與宋穆公意本同。宋穆非攝，魯隱亦非攝也，有讓志，自以爲攝耳。若無攝義，則宋穆不能據以爲言，不應《公羊》可言攝，而《左氏》不能言攝。鄭引《公羊》以駁何君，是也。

士踰月。

《膏肓》：士禮三月而葬。今《左氏》云踰月，於義《左氏》爲短。《禮記·王制》疏。《考證》曰：本疏引此「士禮」二字倒换，無「而」字，「今」下無「左氏」字，「踰月」下無「於義」字。

《箴》：禮，人君之喪，殯、葬皆數來月來日，士殯、葬皆數死月死日，尊卑相下之差數，故大夫、士俱三月，其實不同，士之三月，乃大夫之踰月也。《王制》疏。《考證》曰：「乃」本作「及」，形涉而誤，今改。又，人君殯數來日，葬數往月；大夫殯、葬皆數來日來月，士殯、葬皆數往日往月。士之三月，大夫之踰月也。本疏。《考證》曰：《王制》疏引前條後加「又云」二字，引此條之首二句，謂前説以正禮言，後説據《春秋》爲説，是鄭《箴》本有二説，非引者二條互異也。《檀弓》疏引鄭《箴》云：人君殯數來日，葬數往月，大夫以上殯、葬皆以來日數，是約鄭後説之義，亦非别出後説，上當有「又」字，今據疏義增補。

按，禮制尊卑叠殺以兩，一定之制。天子七，諸侯五，大夫三，士一，如此叠減，禮證最多，何得以士與大夫相同？《王制》云大夫、士、庶人三日而殯，三月而葬者，統言之文，未詳大夫、士、庶人三等當有分别。《王制》所言，乃其大略，品級紛繁，尚多細數。如卿有中下，國有大小不同，核實以推，不能株守一例。何君據《王制》混大夫、士、庶人爲一等，固爲失據；鄭以來月、往月爲説，亦失之委曲。須知此固禮制，可以例推，不能膠執《王制》統據之辭，而駁傳正言分析之説也。

桓公

二年《傳》：今君命太子曰仇弟、曰成師，始兆亂矣。

《膏肓》闕。《考證》曰：本疏云：何休謂《左氏》後有興亡，由立名善惡，引后稷名棄，爲《膏肓》以難《左氏》，此約《膏肓》之義。

《箴》闕。《考證》曰：本疏云太子與桓叔雖並因戰爲名，而所附意異。仇取於戰相仇怨，成師取能成師衆。緣名求義，則大子多仇怨，而成師有徒衆。穆侯本立此名，未必先主此意。但寵愛少子，於時已著。師服知桓叔將盛，故推出此理，因解其名，以爲諷諫，欲使之強幹弱枝耳。人臣規諫，若無端緒，馮何致言，以申己志？非謂人之立名，必將有驗。是申鄭《箴》之義，今録以補闕。

按，《箴》説是也。宋人謂《公羊》以石惡名惡，遂謂爲惡人之徒，失與此同。

四年《傳》：周宰渠伯糾來聘，父在故名。

《膏肓》：《左氏》宰渠伯糾父在故名，仍叔之子何以不名？又仍叔之子以爲父在稱子，伯糾父在，何以不稱子？四年經疏。

《箴》：仍叔之子者，譏其幼弱，故略言子，不名之。至於伯糾，能堪聘事私覿，又不失子道，故名且字也。同上。

按，天子大夫稱伯仲而不名，凡伯、毛伯之類是也，唯此稱渠伯矣，又書糾名爲異。

禮，君前臣名，傳家故以爲此即二傳父老子代政之說，因父在乃名之，以二傳說仍叔之子義說伯糾耳。證以《曲禮》，足明本義。而何君乃以渠糾爲老臣，引五不名之禮以說之。君臣優禮、策命之辭，不可以說經。如天子稱桓公曰伯父，而經書齊侯；鄭伯稱原繁曰伯父，而傳仍名之。曲懷敬老之僞說，以駁《曲禮》之舊文，非也。

九年《傳》：曹大子來朝，賓之以上卿，禮也。

《膏肓》：《左氏》以人子安處父位，尤非衰世救失之宜，於義《左氏》爲短。本疏。

《箴》：必如所言，父有老耄罷病，孰當理其政，預王事也？蘇云誓於天子，下君一等，未誓繼子男，並是降下其君，甯是安居父位？同上。《考證》曰：鄭引「蘇云」者，蘇寬之說。前「士踰月」箴疏謂是蘇寬稱古禮如此，故知之。

按，《周禮》之說，證以經齊世子光事，是真《逸禮》之文。經言「大子朝」，是譏其失禮，以君命出撫軍監國，皆不得直用其君之禮。《傳》言禮者，謂待以上卿爲得禮。不待以國君禮，而以卿禮，明不許其用朝禮。何駁不得傳意，《箴》不申傳本意，但以預王政爲言。須知可以從政，而不能直用君父之禮，國不二君，唯名與器不可相假，不得以臣子直用君父之禮也。

莊公

元年《傳》：築王姬之館於外，爲外，禮也。

《膏肓》：當築夫人宮下，群公子宮上。《公羊》以爲築宮於外，非禮也。《左氏》以爲築宮於外，禮也。《禮記・曲禮》疏。《考證》曰：《曲禮》疏引何休云云，下引鄭説云云者，當即《膏肓》之文，其未當有「於義左氏爲短」六字，引文不具爾。

《箴》：宮廟朝廷，各有定處，無所館天子之女，故宜築於宮外。本疏。

按，主嫁王姬，無所館，必築宮，禮也。築必於城内，於城外則非禮。故築於宮外，但言築，不言於外。因外齊襄，不使入。魯莊與仇人主婚，故外之。《穀梁》云：「築，禮也；築於外，非禮也。築之外，變之正也。」以書此爲禮者，以其得變之正，文義較二傳爲備。竊以三傳之説，本實相同。《公羊》言築於外非禮，而變而得正之義未詳。《左氏》言變而得正之義，而正經不築於外之言不録。《公》、《左》本同一意，各言一隅，遂至歧異。以《穀梁》合之，三傳皆通。此三傳當求合，不當求異之實義，惜何、鄭皆失之。

六年《傳》：騅甥、聃甥、養甥請殺楚子。

《膏肓》：楚、鄧彊弱相縣，若從三甥之言，楚子雖死，鄧滅曾不旋踵，若刳腹去疾，炊炭止沸。《左氏》爲短。本疏。

《箴》：楚之彊盛，從滅鄧以後，於時楚未爲彊，何得云彊弱相縣？蘇氏云：三甥既有此語，《左氏》因史記之文録其實事，非君子之論，何以非之？同上。

按，蘇説是。

十九年《傳》：鬻拳可謂愛君矣。

《膏肓》：人臣諫君，非有死亡之急，而以兵臨君，開篡弑之路。《左氏》以爲愛君，於義《左氏》爲短。本疏。

《箴》：楚鬻拳同姓，有不去之恩。《詩·柏舟》疏。

按，許其愛君，而失君臣之正道，其意見於言外矣。《傳》於是非取舍多微文婉義，不可以辭害意。何君危言聳聽，於義未合。夫觀過知仁，當原心跡，以鬻拳較祭仲，則美惡懸殊矣。何君是彼非此，取舍殊不當於人心。

二十五年《傳》：日有食之，鼓，用牲於社，非常也。

《膏肓》：《感精符》云：立推度以正陽。日食則鼓，用牲於社，朱絲縈社鳴鼓脅之。《左氏》云用牲非常，明《左氏》説非夫子《春秋》，於義《左氏》爲短。《禮記·祭法》疏。

《箴》：用牲者，不宜用，《春秋》之通例。此讖説正陽、朱絲、鳴鼓，豈説用牲之義也？讖用牲於社者，取經完句耳。同上。《考證》曰：完或誤作宛。

按，用不宜用，二傳之通例。《左》以爲用牲非禮，與二傳義本相同。何説從讖以爲當用牲，則自與《公羊》相違矣。《箴》義是也。

僖公

二十二年《傳》：君未知戰。

《膏肓》：《左氏》以其不用子魚之計，至於軍敗身傷，所以責襄公也。而《公羊》善之，云雖文王之戰，亦不是過。《詩·大明》疏。《考證》曰：《詩疏》云宋公及楚人戰於泓，《左氏》云云，當是孔述《膏肓》之文。

《箴》：刺襄公不度德，不量力。《考異郵》云：「襄公大辱師，敗於泓，徒信不知權譎之謀，不足以交鄰國、定遠疆也。」此是譏師敗也。《公羊》不譏，違《考異郵》矣。《詩·大明》疏。《考證》曰：《考異郵》云本作引。《考異郵》至引字，疏語至字則云，字形似而譌也。今删改。

按，經説有經、權二義，先師皆用之，而各以己意立説。魯人質實，責祭仲以守經，宋襄以行權，此從衆之言也。《公羊》意主恢闊，獨標新解，以經説宋襄，權説祭仲，仁智異端，各隨所見，又以《春秋》所言，爲人解惑。凡人所明，則不復言，故多非常可駭之論，此二傳之所以相反也。《左氏》義同《穀梁》，據《公羊》以攻之，過矣。又《公羊》多主讖，此傳與讖反是。此傳爲一家之言，不盡《公羊》之義，當以讖説爲正。

二十三年《傳》：杞成公卒，書曰子。杞，夷也。

《膏肓》：杞子卒，豈當用夷禮死乎？本疏。

《箴》闕。

按，《春秋》諸國用中國則中國之，用夷狄則夷狄之，此舊傳之説，三傳所同也。《公羊》以殺稱秦爲夷狄之，《穀梁》以滕不名爲用狄道，是三傳同有此説。《曲禮》：夷狄雖大曰子。此《春秋》説。故《左氏》因此稱子，以爲用夷禮，卒稱杞子。如《左氏》説公卑杞，亦承其前事言之，不必用夷禮以死。蓋杞稱子伯，本以見託號，非用夷狄禮而貶之。《左氏》用《曲禮》「夷狄雖大曰子」之説，與《穀梁》滕不名爲用狄道同，亦先師之一説。

三十一年《傳》：夏四月，四卜郊，不從，乃免牲，非禮也。

《膏肓》闕。《考證》曰：《禮記·曲禮》疏引魯四卜郊，述休之意云：魯郊轉卜三正。假令春正月卜，不吉，又卜殷正，殷正不吉，則用夏正。郊天若此，三正之内有凶不從，則得卜夏三月，但滿三吉日，則得爲郊。

《箴》：以魯之郊天，惟用周正建子之月、牲數。有災不吉，改卜後月，故或用周之二月、三月。故有啓蟄而郊，四月則不可。《禮記·曲禮》疏。

按，《曲禮》：卜筮不過三。鄭君以爲《春秋》譏四卜，又《公羊傳》：三卜，禮也；四卜，非禮也。《穀梁傳》：夏四月，不時也；四卜，非禮也。又云：郊自正月至於三月，郊之時也；夏四月郊，不時也。又云：郊自正月至於三月，郊之時也。二傳説全與《左傳》同。周正子月始卜，卜不過三，故夏、殷二正皆可郊。《左氏》言非禮，謂四卜、夏四月非禮，非謂免牲非禮，三傳正同。

禮：不卜常祀，而卜其牲，日。

《膏肓》闕。

《箴》：當卜祀日月爾，不當卜可祀與否。《禮記·曲禮》疏。天子郊以夏正上旬之日，魯之卜三正下旬之日，是雖有常時常日，猶卜日也。《周禮·大宰》疏。

按，《公羊傳》禘、嘗不卜，郊何以卜？郊，非禮也。《左氏》：禮不卜常祀，即謂禘嘗不卜，而卜其牲日，即謂《禮經》卜日與牲也。三傳説本相同，何君自生荆棘。

文公

元年《傳》：穆伯如齊，始聘焉，禮也。

《膏肓》：三年之喪，使卿出聘，於義《左氏》爲短。本疏。

《箴》：《周禮》：諸侯邦交，歲相問，殷相聘，世相朝。《左氏》合古禮，何以難之？同上。

按，《公羊》但譏喪祭昬，不譏喪聘。聘不爲吉禮，又不自我制之。事有緩急，要盟猶可，何況出聘？《左氏》：凡君即位，卿出並聘，踐修舊好，要結外援，好事鄰國，以衛社稷。大夫出聘，不得斥爲非禮。《箴》引《周禮》説，不合傳意。

二年《傳》：襄仲如齊納幣，禮也。

《膏肓》：喪服未畢，而行昏禮，《左氏》爲短。本疏。《考證》曰：《禮記·檀弓》疏謂《公羊》譏其喪娶，即膏肓之義也。

《箴》：僖公母成風主昏，得權時之禮。《禮記·檀弓》疏。

按，但言納幣爲禮，不謂喪娶合禮。傳中言禮，多指本事之典禮，至於所行得失美惡，惟秦襚一條有説，餘皆略之，以秦襚一條推之可也。喪中生子，傳以爲譏，豈有反許喪娶？又昭三年齊桓請繼室於晉，叔向對曰：「寡君不能獨任其社稷，未有伉儷，在縗絰之中，是以未敢請。」在妾喪中，猶不請婚，何況喪娶？凡君即位娶妃，因即位類言之，不謂喪中可娶也。鄭《箴》不能起病，乃反重之。喪娶豈可以權宜立言？所謂不待貶絶而惡見者也。

五年《傳》：王使榮叔來含且賵，禮也。

《膏肓》：禮，尊不含卑，又不兼二禮。《左氏》以爲禮，於義爲短。本疏。

《箴》：禮，天子於二王後之喪，含爲先，襚次之，賵次之，賻次之；於諸侯，含之、賵之；小君亦如之；於諸侯臣，襚之。諸侯相於，如天子於二王後；於卿大夫，如天子於諸侯；於士，如天子於諸侯臣。何休曰尊不含卑，是違禮，非經意。其一人兼歸二禮，亦是爲譏。同上。

按，傳言禮、言非禮，當知其意，不可以辭相害。如「築館於外」一條，三傳語各不同，而意實相合，此語有詳略。言其賵之得禮，而兼使非禮之説未詳耳。《箴》云「兼歸二禮，亦是爲譏」，可謂善解傳意矣。

九年《傳》：秦人來歸僖公成風之襚，禮也。

《膏肓》：禮主於敬，一使兼二喪，又於禮既緩，而《左氏》以之爲禮，非也。本疏。

《箴》：若以爲緩，按禮，衛將軍文子之喪，既除喪，而越人來弔，子游何得善之？若譏一使兼二禮，《雜記》諸侯弔禮，有含、襚、賵、臨，何以一使兼行？同上。

按，《傳》云：「禮也，諸侯相弔賀也。雖不當事，苟有禮焉，書也，以無忘舊好。」是《傳》言禮，以襚爲有是禮耳，何所譏者？正其不當事之説，苟有禮焉，書也，是直書其事，而美惡自見之意，非全以禮許之。既云「雖不當事，苟有禮焉，書也」，則非以不當事爲禮。何駁未明《傳》意，鄭《箴》據禮立説，乃爲變禮，與《傳》意不合。

十八年《傳》：此三族也，世濟其凶，增其惡名，以至於堯，堯不能去。

《膏肓》：孔子云：「蕩蕩乎堯之爲君，唯天爲大，唯堯則之。」今如《左氏》，堯在位數十年，久抑元愷，而不能舉，養育凶人，以爲民害，而不能去，則孔子稱堯，虛言也。桀、紂爲惡，一世則誅；四凶歷數十歲，而無誅放。《易》云「積不善之家，必有餘殃」，虛言也。

《左氏》爲短。本疏。

《箴》：闕。

按，《尚書》命官、放四凶，皆在舜攝之後。傳依經立，爲此説，言出經典，不得歸咎《左氏》。古書言舜舉人誅罪者多矣，非獨《左氏》一人之言，堯不因此而失其大。何君立意攻《傳》，遂至違背經典，此好攻人之過也。

宣公

二年《傳》：失禮違命，宜其爲禽也。

《膏肓》：休以爲，狂狡近於古道。《詩·大明》疏。

《箴》：狂狡臨敵，拘於小仁，忘在軍之禮，譏之，義合於譏。同上。

按，此類是非取舍，見智見仁，各隨分量。何本《公羊》大宋襄之説而推之，《箴》以爲忘禮，與《傳》譏宋襄相合。準之情事，《左氏》爲長。

五年《傳》：冬來，反馬也。

《膏肓》：禮無反馬之法，而《左氏》以爲得禮。禮，婦人謂嫁曰歸，明無大故，不反於家。經書高固及子叔姬來，故譏乘行匹至也。《儀禮·士昏禮》疏。《考證》曰：《士昏禮》疏稱休以爲云云，「反馬」下本無「之法」字，從本疏補。本疏云昏禮無反馬，故何休據之作《膏肓》以難《左氏》，言禮無反馬之法。

《箴》：《冠義》云「無大夫冠禮」，而有其昏禮，則昏禮者，天子、諸侯、大夫皆異也。本疏。《考證》曰：本疏作「鄭玄答之」云云，《詩・鵲巢》疏作《箴膏肓》。《士昏禮》曰：主人爵弁、纁裳、緇袘，從者畢玄端，乘墨車，從車二乘，執燭前馬，婦車亦如之，有裧。此婦車出於夫家，則士妻始嫁，乘夫家之車也。《詩・鵲巢》云「之子于歸，百兩御之」，又曰「之子於歸，百兩將之」。將，送也。國君之禮，夫人始嫁，自乘其家之車也。《何彼穠矣》篇曰：「曷不肅雍，王姬之車。」言齊侯嫁女，以其母王姬始嫁之車遠送之。《士昏禮》疏。《考證》曰：「此婦車」三句，本作「此婦乘夫家之車」。「《詩・鵲巢》云」本作「《鵲巢》詩曰」，無「將，送也」三字。「乘其」下無「家之」二字，從本疏增改。本疏「《士昏禮》曰」之「曰」作「云」，「袘」作「依」，無「從者」二字。二「乘」下無「執燭前馬」四字。「如」之下無「有裧」二字，無「何彼穠矣」已下三十一字。則天子、諸侯嫁女，留其乘車，可知也。高固，大夫也。來反馬，則大夫亦留其車也。禮雖散亡，以《詩》之義論之，大夫以上其嫁皆有留車、反馬之禮。留車，妻之道也；反馬，壻之義也。高固以秋九月來逆叔姬，冬來反馬，則婦入三月祭行，乃反馬，禮也。本疏。《考證》曰：《士昏禮》疏「嫁女」作「女嫁」，「留其」句無「乘也」二字。「高固」以下作：「今高固大夫反馬，大夫亦留其車。以《詩》論之，大夫以上至天子有反馬之禮、之道、之義」，下並無「也」字。「高固以秋九月來逆叔姬，」無「以九來」三字。「乃反馬」作「故行反馬」。又《詩・鵲巢》疏云：《箴膏肓》引《士昏禮》曰：「主人爵弁，纁裳，從車二乘，婦車亦如之，有裧。」又引「此《詩》乃云，此國君之禮，夫人自乘其家之車也。」又云「禮雖散亡，以《詩》義論之，天子以至大夫皆有留車、反馬之禮。」《葛屨》疏引《士昏禮》云：「婦人三月而後祭行。」並删約之辭。

按，《禮經》所言多大綱，無細節，傳記諸書，佚文墜典多足補證。文不見於《儀禮》，遂以爲非，則傳記之文可録者少矣，鄭君推例補之，是也。何注《公羊》多用先師遺説、《禮經》佚文，不審攻人何以必據《儀禮》爲斷？

九年《傳》：孔子曰：「《詩》云：『民之多辟，無自立辟。』其洩冶之謂乎！」

《膏肓》：休以爲洩冶無罪。《公羊》宣十二年傳疏。

《箴》闕。《考證》曰：休註《公羊》，亦謂洩冶有罪，何得作《膏肓》以短《左氏》？

按，諫有六道，孔子以諷諫爲主，明哲保身，經典明文。《傳》引孔子惜悼洩冶之言，謂於諫諍之道未盡，不如諷諫耳。此三傳所同之説，何以專咎《左氏》？且傳責洩冶立亂朝，好盡言，亦不以洩冶爲罪也。

十年《傳》：書曰「崔氏」，非其罪也，且告以族，不以名。

《膏肓》：《公羊》譏世卿。本疏。《考證》曰：疏云《膏肓》以爲《公羊》譏世卿，而難《左氏》，是孔約鄭義，文不具。

《箴》闕。《考證》曰：本疏引蘇氏云：崔杼祖父名不見經，則知非世卿。且春秋之時，諸侯擅相征伐，猶尚不譏世卿，雖曰非禮，夫子何由獨責？按鄭《箴》每引蘇氏之説，此爲鄭引與否，不可知，然亦足以補《箴》闕矣。

按，此條兼言經、史之證也。「曰崔氏，非其罪」，此經義非罪之，特以譏世卿也。世卿多矣，何以諸侯獨譏齊崔氏？本以齊告以族，史原作氏，因其文以示義。《公羊》但言經義，《左氏》則兼説經、史，告以族。書氏者，此《未修春秋》之文也。經不易其文，而別有取義。孔子曰：「其文則史，其義則某竊取之矣。」是也。經義由史文而出，《左氏》上句言經義，下句言史例，分合之閒，新舊之文，多可考見。《公羊》云「未修春秋」云云，此正其意。

成公

八年《傳》：凡諸侯嫁女，同姓媵之，異姓則否。

《膏肓》：媵不必同姓，所以博異氣。今《左傳》「異姓則否」，十年齊人來媵，何以無貶刺之文？《左氏》爲短。本疏。

《箴》：禮稱納女於天子云「備百姓」，於國君云「備酒漿」。天子云「備百姓，博異氣」，諸侯直云「備酒漿」，不得云「百姓」，是不博異氣也，何得有異姓在其中？齊是大國，今來媵我，得之爲榮，不得貶也。本疏《考證》曰：「備酒漿」下，本無「天子云備百姓博異氣，諸侯直云備酒漿」十六字。「異氣也」下本無「何得有異姓在其中」八字，從《穀梁》成十年「齊人來媵」疏引文補入，《穀梁》疏止引此二十四字。

按，諸侯不用異姓，天子得備異姓，《箴》説是也。《左傳》言諸侯禮耳，宋爲王後，得用天子之制，故經書三媵備十二女之文。《左氏》與《公羊》各持一説，合之乃通。

十四年《傳》：舍族，尊夫人也。

《箴》未得王後用天子禮樂之制，故説近游移。

《膏肓》：《左氏》以叔孫僑如舍族爲尊夫人。按襄二十七年豹及諸侯之大夫盟，復何所尊，而亦舍族？《春秋》之例，一事再見者，亦以省文耳。《左氏》爲短。本疏。

《箴》：左氏以豹違命，故貶之而去族。今僑如無罪，而亦去族，故以爲尊夫人也。《春秋》有事異文同，則此類也。同上。

按，禮，君前臣名。凡傳與載籍，凡臣於君前，皆名而不氏。公子、公孫與臧叔氏族於君前皆不舉，此定例也。《春秋》經世之書，於大夫皆舉族，不如當時事實，此爲《春秋》筆之，當有取義，此亦定義也。二傳有不稱之説，而無舉之之説，則以經既以舉之爲通例，遂不更追録其本始也。傳家於事實見其實不舉氏，而經舉之，故著爲例。此《左氏》古説，足以補正二傳者也。以二傳之法讀《左氏》，則難通之條，當在稱族之條，不必疑其舍族。以舍族之説爲二傳所同，而舉族既爲二傳所無，又舉與不舉皆爲變例，則無一定正例可言，所以難通。何君不疑稱族之文，而疑舍族，乃更引豹事以相難，殊爲淺近，宜鄭君譏之也。

十七年《傳》：晉范文子反自鄢陵，使其祝宗祈死。六月，戊辰，士燮卒。

《膏肓》：休以爲人生有三命：有壽命以保度，有隨命以督行，有遭命以摘暴，未聞死可祈也。昔周公之隆，天不出妖，地不出孽，陰陽和調，災害不生。武王有疾，周公植璧秉圭，願以身代；武王疾愈，周公不夭。由此言之，死不可請，偶自天禄欲盡矣，非果死。

今《左氏》以爲果死，因著其事，以爲信然。於義《左氏》爲短。《公羊》襄二十九年傳疏。《考證》曰：本疏引「人生」至「祈也」止。

《箴》：闕。

按，史有其事，因而録之，非《左氏》之文。此類甚多，不必言其得失。

十八年《傳》：所以復霸也。

《膏肓》：霸不過五。本疏。

《箴》：天子衰，諸侯興，故曰霸。夏有昆吾，商有豕韋、大彭，周有齊桓、晉文，此最彊者也，故書傳通謂彼五人爲五霸耳。但霸是彊國爲之，天子既衰，諸侯無主，若有彊者，即營霸業，其數無定限也。而何休以霸不過五，不許悼公爲霸，以鄉曲之學，足以忿人。傳稱文、襄之霸，襄承文後，紹繼其業，以後漸弱，至悼乃彊，故云復霸。同上。《考證》曰：疏引鄭玄云云，是《箴膏肓》之文。《膏肓》雖闕，觀鄭《箴》可得大略，知「而何休」以下非疏語者。文五年王使榮叔來含且賵，《箴》舉「何曰」，亦非疏語，故知是鄭《箴》也。

按，二伯爲禮制，惟齊、晉爲之。五霸之説，如七雄，謂五彊國耳。子孫復霸，仍爲祖父所統，不必定以五人爲斷。又五霸本無一定之説，合數分數均可。悼公實霸，則傳不得不以之爲霸也。

襄公

七年《傳》：夫郊祀後稷，以祈農事也。是故啓蟄而郊，郊而後耕。

《膏肓》：《孝經》云「郊祀后稷以配天，宗祀文王於明堂以配上帝」，止言配天，不言祈穀。《詩·噫嘻》序疏。

《箴》：《孝經》主説周公孝以必配天之義，本不爲郊祈之禮出，是以其言不備。《月令》「孟春元日祈穀於上帝」，是即郊天也，後乃「擇元辰，天子親載耒耜，躬耕帝耤」，是郊而後耕，二者之禮，獻子之言合是郊天之與祈穀爲一祭也。同上。《考證》曰：本疏云，《詩·噫嘻》序云：春夏祈穀於上帝。禮，仲春之月，《月令》曰：是月也，天子乃以元日祈穀於上帝，即是郊天之祭也。其下即云，乃擇元辰，天子親載耒耜，躬耕帝耤，是郊而後耕也。獻子此言，正與禮合。《孝經》只言尊嚴其父，主跡孝子之志，本意不説郊天之祭，無由得有祈穀之言。何休《膏肓》執彼難此，追而想之，亦可以歎息也。此沖遠依鄭《箴》爲説。

按，《孝經》不言祈穀，文未備耳。禮説當觀其通貫，不可株守一家，屏棄其餘。《箴》説是也。

十一年《傳》：季武子將作三軍。

《膏肓》：《左氏》説云尊公室，休以爲與舍中軍義同。於義《左氏》爲短。本疏。

《箴》：《左氏傳》云作三軍，三分公室，各有其一，謂三家始專兵甲，卑公室。云「《左氏》

説云尊公室」，失《左氏》意遠矣。同上。

按，以作三軍爲尊公室，何君宜實見説《左氏》者有此説，故據以爲言。此駁《左氏》説，非傳文也。據此，知《左氏》説與傳別。魯爲宗國，封地實大，非只七十里，不應只二軍。三家作三軍，各統一軍，而自專其利，舍中軍則尤甚矣。此事實也。至經義以魯爲次國，作三軍爲非禮，舍中軍爲復古，此孔子修《春秋》之經義，與事實不合者。實事則作爲過，舍尤甚，非舍則合禮也。何、鄭皆不得此意。

魏絳於是乎始有金石之樂，禮也。

《膏肓》：大夫、士無樂。《禮記・曲禮》疏。《考證》曰：《春秋説題辭》「樂無大夫、士制」，休蓋執以難《左》，故鄭《箴》分別言之。

《箴》：大夫、士無樂。《小胥》「大夫判縣，士特縣」者，《小胥》所云娱身之樂及治人之樂則有之也，故《鄉飲酒》有工歌之樂是也。《説題辭》云無樂者，謂無祭祀之樂，故特牲、少牢無樂。同上。《考證》曰：《曲禮》疏云「鄭玄《箴膏肓》從《題辭》之義」云云，説本譌作縣，從宋本。

按，「於是始有」者，即大夫無樂之義也。禮云長者賜，少者、賤者不敢辭。禮本無樂，爲上所錫，則得有之，如諸侯之九錫是也。晉侯錫樂，魏絳辭不獲命，用樂以寵君命，臣子之義也。又大夫、士有數等，天子之大夫視伯，諸侯之大夫有大國、次國、小國之分。天子上大夫視伯，受地七十里，小國下大夫食禄，三十六人中有等差。

晉爲上公，其卿如天子之卿，尊於百里國多矣。據一書爲主，以攻不合己者，此專己守殘，不觀會通之言也。

十九年《傳》：王追賜之大路。

《膏肓》：天子車稱大路，諸侯車稱路車，大夫稱車。今鄭子蟜，諸侯之大夫耳，當與天子士同，賜其車而名之曰「大路」，非正也。孔子曰：「惟器與名，不可以假人」；「名不正則言不順」。於義《左氏》爲短。本疏。

《箴》：卿以上所乘車皆曰大路。《詩》云：「彼路斯何？君子之車。」此大夫之車稱路也。《王制》卿爲大夫。《詩・出車》疏。按《周禮》，天子衮冕，上公亦稱衮冕；天子析羽爲旌，諸侯及大夫亦稱旌。又天子樂官稱大師，《鄉飲酒禮》君賜樂亦稱大師。此皆名同於上，則卿大夫之路，何獨不可同之於天子大路之名乎？何休之難，非也。本疏。《考證》曰：《詩・采薇》疏、《韓奕》疏並有引。

按，此九錫之制也。鄭卿比於天子大夫，加等則如天子之卿矣。蓋九錫之物，皆爲天子所有，因諸侯大夫功德等差，取以命之。僖二十八錫晉侯大輅、戎輅、彤弓矢、旅弓矢、秬鬯一卣、虎賁三千人，此九命爲伯之制，而大輅在先。一錫爲一命。《曲禮》：「爲人子者，三賜不及車馬。」然則大輅正當三錫，爲大夫之正禮矣。諸侯車稱路車，此指本封百里之國言之。諸州牧之卿，其爵命乃加於百里國數等。百里國無功德者不能錫命。九命爲伯，七命爲州牧，三命爲小侯。鄭卿稱大夫，則爲三命之尊矣，豈不得賜大輅？考魯叔孫豹得賜大輅而不用，死乃以之葬。大約天子取己所服用以賜，臣下受而藏之，不敢用，特以葬乃用耳。唯名與器，不可假人，本於傳說，豈不自知，而以相難。又禮有加等之説，此追賜當是加等。蠆爲鄭卿，比於天子大夫，故經稱大夫加等，則得同天子卿矣，猶以士禮説之，何君禮制殊未詳明。

二十二年《傳》：焉用聖人。

《膏肓》：説《左氏傳》者曰：《春秋》之志，非聖人孰能修之？言夫子聖人，乃能修之。御叔謂臧武仲爲聖人，是非獨孔子。《周禮·大司徒》疏。

《箴》：武仲者，述聖人之道，魯人稱之曰聖人。使如晉，過御叔，御叔不説學，見武仲而雨行，傲之，云：「焉用聖人爲！」《左氏傳》載之者，非御叔不説學，不謂武仲聖與孔子同。同上。《考證》曰：聖人之「人」，或譌作「今」，屬下句。

按，何駁淺薄，《箴》説是也。聖有全體，有一端。古今有聖人之號者多矣，不獨孔子也。

二十四年《傳》：然明曰：「是將死矣。」

《膏肓》：善言者君子所尚，有小人道之，輒爲死徵。是善言不可出口。

《箴》闕。《考證》曰：疏云：「趙文子，賢人也，將死，其語偷；程鄭，小人也，將死，其言善。俱是失常，無所怪惑。」

此可補鄭《箴》之闕。

按，疏説是也。然明當日必别有所據，就使然明之言果失，亦載事實而已。如《公羊》之笑客妻嫂，記録事實，豈可以此非傳？

昭公

四年《傳》：雹之爲災，誰能御之？《七月》之卒章，藏冰之道也。

《膏肓》：《春秋》書雹，以爲政之所致，非由冰也。若今朝廷藏冰，亦不於深山窮谷，何得或無雹？天下郡縣皆不藏冰，何故或不雹？若言有之於古者，必有驗於今。此其不合於義，失天人相與之意。本疏。

《箴》：雨雹，政失之所致，是固然也。國之失政，君子知其大者，其次知其小者。藏冰之禮，淩人掌之，《月令》載之，《豳》詩歌之，此獨非政與？故其小者耳。夫深山窮谷，固陰沍寒，極陰之處，冰凍所聚，不取其冰，則氣畜不洩，結滯而爲伏陰。凡雨水陽也，雪雹陰也，雨水而伏陰薄之，則凝而爲雹；雨雪而慫陽薄之，則合而爲霰。申豐見時失藏冰之禮而有雹，推之陰陽，知此伏陰所致，亦聖人之寓言也。詳載其言者，以著藏冰之禮不可廢耳。同上。

按，《箴》説是也。此《左氏》陰陽五行之學，不可以一端求之。若如何説，則何君於災異必言感應占驗，天人之應豈必如是耶？

七年《傳》：子產曰：「鬼有所歸，乃不爲厲，吾爲之歸也。」

《膏肓》：孔子不語怪、力、亂、神，以鬼神爲政，必惑衆，故不言也。今《左氏》以此令後世，信其然，廢仁義而祈福於鬼神，此大亂之道也。子產雖立良止以託繼絶，此以鬼賞罰，要不免於惑衆，豈當述之以示季末。本疏。

《箴》：伯有惡人也，其死爲厲鬼。厲者，陰陽之氣相乘，不和之名。《尚書五行傳》「六厲」是也。人死，體魄則降，魂氣在上，有尚德者，附和氣而興利。孟夏之月，令雩祀百辟卿士有益於民者，由此也。爲厲者，因害氣而施災，故謂之厲鬼。《月令》「民多厲疾」，《五行傳》有御六厲之禮。禮，天子立七祀，有大厲，諸侯立五祀，有國厲，欲以安鬼神，弭其害也。子產立良止使祀伯有，以弭害，乃禮與《洪範》之事也。子所不語，怪、力、亂、神，謂虛陳靈象，於今無驗也。伯有爲厲鬼，著明若此，而何不語乎？子產固爲衆愚將惑，故並立。公孫洩云從政有所反之，以取媚也。孔子曰：「民可使由之，不可使知之。」子產達於此也。同上。《考證》曰：「其死」，一作「其鬼」。

按，《箴》説是也。子產之舉，在善於解惑，安輯衆心，不長妖妄，乃反以惑衆責之，過矣。

十八年《傳》：宋、衛、陳、鄭皆火，梓慎登大庭氏之庫以望之。

《膏肓》：宋、衛、陳、鄭去魯皆數千里，謂登高以見其火，豈實事哉？本疏。

《箴》闕。《考證》曰：疏云：「孔子在陳知桓、僖災者，豈復望見之乎？若見火知災，則人皆知之矣，何所貴乎梓慎，《左氏傳》而編紀之哉？且四國去魯纔數百里，而何休云數千里，雖意欲其遠，亦虚妄之極。梓慎所望，自當有以知之。」此足補鄭《箴》之闕。

按，此類古有此術，不可以常理測者。若人人皆可望見之，則無不知之，何貴梓慎？若如何説，則前知見微，皆屬虚妄矣。

二十六年《傳》：王后無適，則擇立長，年鈞以德，德鈞以卜。王不立愛，公卿無私，古之制也。

《膏肓》：休以爲《春秋》之義，三代異，建適媵，別貴賤，有姪娣，以廣親疏。立適以長不以賢，立子以貴不以長，王后無適，明尊之敬之義，無所卜筮。不以賢者，人狀難別，嫌有所私，故絶其怨望，防其覬覦。今如《左氏》言，云年鈞以德，德鈞以卜，人君所賢，下必從之，焉能使王不立愛也？豈復有卜？若其以卜，隱、桓之禍，皆由是興，乃曰古制，不亦謬哉！又大夫不世，如並爲公卿，通繼嗣之禮，《左氏》爲短。《周禮·太卜》疏。《考證》曰：「人君」本作「君之」，「下必」本作「人必」，無「焉能使王不立愛也」八字，從本疏改補。本疏引者「人君」十六字及「大夫不世」已下，「世」下有「功」字，「如」作「而」，「繼嗣」下無「之禮」二字，「豈復有卜」下本無「若其以卜」四字。從《禮記·檀弓》疏補。《檀弓》疏引者，「若其」五句，「之禍」作「以禍」，「是興」作「此作」，「不亦謬哉」作「固亦謬矣」。

《箴》：立適以長不以賢，固立長矣。無適而立子以貴不以長，固立貴矣。若長鈞、貴鈞，何以別之？故須卜。《禮記·檀弓》疏。《考證》曰：「立子」上本無「無適而」三字，從《太卜》疏補。《太卜》疏引者作「立適固以長矣，無適而立子固以貴矣」。今言無適，則擇立長，謂貴鈞始立長，王不得立愛之法。年鈞則會群臣、群吏、萬民而詢之，有司以序進而問。《太卜》疏。《周禮》：小司寇掌外朝之政，以致萬民而詢焉，其三曰詢立君，其位王南鄉，三公及州長、百姓北面，群臣西面，群吏東面，小司寇以序進而問焉。如此，則大衆之口，非君所能掩，是王不得立愛之法也。本疏。《考證》曰：《太卜》疏引「大衆」已下十八字。禮有詢立君、卜立君，是有卜也，示義在此，距之言謬，失《春秋》與禮之義矣。《太卜》疏。《考證》曰：本無「卜立」七字，從《檀弓》疏補。《檀弓》疏引「禮有」十二字。公卿之世，立者有大功德，先王之命有所不絶者，是大功特命，則得世位也。《詩·文王》疏。《考證》曰：「世立」下本無「者有」二字，從《太卜》疏補。《太卜》疏引「者有」下無「大」字，「絶」譌「犯」，下無「者」字。止本疏亦引「公卿」三句，「世」下無「立者」二字，「先王」句無「之有」二字，「特命」本譌「時命」，改。

按，《箴》説是也。王后無適，則擇立長，即《公羊》「以適」、「以長」之義。下二句特窮其變，德如晉人欲立重耳，卜如楚埋玉、《檀弓》沐浴佩玉事。極言其變，以見其萬不可立愛，乃反以立愛疑之，過矣。公卿無私，謂如尹氏、荀息擁立不正者耳，非謂其自立子無私也。

左氏春秋考證辨正

廖平　撰
楊世文　校點

校點説明

是書又名《劉申綬左氏考證辨正》、《左氏考證辨正》，作於光緒十六年（一八九〇）。是時廖平還有《左氏古經説讀本》、《左氏古經説漢義補證》、《左傳漢義證》等書，意在申明漢法，刊正杜義。又以《左氏》禮同《王制》，歸還今學，不用漢説。宋代林栗以《左傳》「君子曰」爲劉歆所羼，尚不疑及解經之文。清代嘉慶年間武進劉逢禄作《左氏春秋考證》，用《公羊》以駁《左傳》，認爲《左傳》不傳《春秋》，《左傳》的書法、凡例、「君子曰」等解經語爲劉歆附益。後人崇信其説，皆以爲《左傳》本不解經，主張於《左傳》删去解經之語，以還《左氏》之舊，如龔定菴《左傳決疣》之類是也。廖平認爲，杜氏解經，多失傳意，誠有可疑。若因杜疑傳，欲相甄别，則門户之見，失之未考。今欲申明《左氏》，必先破劉逢禄之説，故備録其文而條辨之，然後《左氏》可申。《史記》引《左傳》解經説五十條，則師説出於先秦，非劉歆所羼明甚。然《考證》之説盛行，非條辨之，不足以盡祛謬誤。有民國二十四年（一九三五）井研廖氏刻本，今據此整理。

目録

左氏春秋考證辨正敘例

宋林栗以《左傳》「君子曰」爲劉歆所羼，尚不疑及解經之文，至劉氏作《考證》，用《公羊》以駁《左傳》，遂以解經皆出劉歆僞撰。近人崇信其説，皆以爲《左傳》本不解經，劉於《左傳》删去解經之語，以還《左氏》之舊，如龔定菴《左傳決疣》之類是也。杜氏解經，多失傳意，誠有可疑，若因杜疑傳，欲相甄别，則門户之見，失之未考。今欲申明《左氏》，必先破劉説，故備録其文而條辨之，然後《左氏》可申。《史記》引《左傳》解經説五十條，别有《史記引用左傳經説考》一卷。則師説出於先秦，非劉歆所羼明甚，然《考證》之説盛行，非條辨之，不足以盡袪謬誤。

初以《左氏》傳例即歆傳，所謂章句出於歆；及考《五行志》引「説曰」在劉歆前，歆説、《左氏》説多今傳中皆無其語；又歆説例多同二經，與傳小有參差，傳本又多缺略，使歆爲之，當不如此。且杜氏所引而攻之之劉説，多與本傳文義不甚切合，故不用《考證》之説。

劉歆僞羼《周禮》，其事甚明，後人因同爲劉氏所傳，遂並《左氏》而疑之。考劉歆集，初年全用博士説，晚乃立異。欲知其年限，因考《王莽傳》，乃知《周禮》之出，在王莽居攝以後。《王莽傳》上言《周禮》者只二事，在居攝後，中、下以後則用《周禮》者十之七，可見《周禮》全爲王莽「因監」而作，居攝以前無之。如天子十二女，博士説也；百二十女，《周禮》説也。《莽傳》上用十二女，莽納女事。《傳》下用《周禮》説。莽自娶一百二十人。使《周禮》早出，抑劉歆早改《周禮》，則當時必本之爲説，何以全無引用？「發得《周禮》，以明因監」，是《周禮》始出，多爲迎合莽意而作。今定《左傳》出於王莽居攝以前，爲古書；《周禮》出於居攝以後。《周禮》未出，《左傳》亦爲今學；《周禮》出以後，東漢儒者乃將《左傳》亦牽率入於古學也。因《考證》間用《周禮》疑傳，故並及之。

國朝攻《左氏》經例者不止劉氏一家，然皆以劉爲主。劉爲本根，餘皆枝節。今先去其本根，餘自瓦解，故不外及。

左氏春秋考證辨正卷上

清劉逢禄《左氏春秋考證》
井研廖平辨正

《左氏春秋》猶《晏子春秋》、《吕氏春秋》也，直稱「春秋」，太史公所據舊名也，冒曰「春秋左氏傳」，則東漢以後之以訛傳訛者矣。此亦可證《尚書序》爲東晉人僞作。

按，劉歆《移博士書》有「左氏春秋」、「公羊春秋」、「穀梁春秋」等語，俱不名「傳」。又《漢書·五行志》：董仲舒治《公羊春秋》，劉向治《穀梁春秋》，是言「某氏春秋」，與言「某氏傳」可以兼稱。且解經之傳，成於先秦。考《五行志》先引經，次引傳，次引説，然後引劉歆説，則傳之名在説前，説又在劉氏前，可知不得謂傳之名起於東漢以後也。如劉所云，則「公羊」、「穀梁」亦當以「吕氏」、「晏子」目之耶？

隱公篇①

惠公元妃孟子。

證曰：此篇非《左氏》舊文，比附公羊家言「桓爲右媵子，隱爲桓立」之文而作也。不知惠公並非再取。《經》云「惠公仲子」、云「考仲子之宫」，皆惠公之母，《穀梁》説是也。《魯世家》云，惠公適夫人無子，賤妾聲子生子息，息長，爲取於宋，宋女至而好，惠公奪而自妻之，生子允，登宋女爲夫人，以允爲太子。《年表》：桓公母，宋武公女。生，手文，「爲魯夫人」，亦不云仲子。蓋太史公所見《左氏》舊文如此。劉歆等改《左氏》爲傳《春秋》之書，而未及兼改《史記》，往往可以發蒙。譙周、司馬貞反因僞《左氏》疑《史記》，失之甚矣！

按，此篇之文，當出《魯語》，劉必以爲非舊、爲劉歆所撰以解經；爲出劉氏尚可，並以敘事之文爲劉羼，則更誣矣。此陳時事，再娶之事，層見叠出，不再娶之禮，爲《春秋》反正也。《傳》：仲子爲桓母，元年不書即位，攝也，十一年云「爲其少故也，吾將授之矣」，皆與《公羊》符合，劉以爲比附《公羊》，不知三傳本大同而小異也。又史公不言仲

① 案，篇名原在各篇之尾，爲明晰起見，移植各篇之首。以下各篇同。

子，略也，猶《世家》引《書・無佚》不全，不得疑今《書・無佚》有東晉增羼語。且三傳同説《春秋》，大綱皆合，《左氏》長義，足以補正《公羊》者甚多，劉氏如欲明《公羊》，當兼明《左氏》。今既用《穀梁》仲子説以改《公羊》，而於《左氏》如讎敵，此不能充類之失也。

又云：劉歆顛倒五經，使學士迷惑。因公羊博士在西漢最爲昌明，故不敢顯改經文，而特以秘府古文書經爲十二篇，曰《春秋古經》。不知公、穀、鄒、夾皆十一篇，爲夫子之舊，何邵公氏於《莊公》篇詳之矣。欲迷惑《公羊》義例，則多緣飾《左氏春秋》以售其僞。如此篇似與《公羊》相合，然《公羊》乃設質家立子法，改作紀實，則大室礙矣。

按，劉歆顛倒五經，專指《周禮》、《毛詩》、《古文尚書》而言，《左傳》則本同博士，無劉歆羼改之文，説詳《周禮不同左傳》。考三傳篇目不同，乃爲小節，劉氏力爭此事，是門户之見。且鄒、夾二家，乃真劉歆名目，以攻二傳，當時並無此書。別有詳考。乃反據之立説，過矣。又《左氏》論本事而作傳，此篇質家立子法，説本未安。《魯世家》云以允爲太子，及惠公卒，爲允少故，魯人共令息攝政，不言即位。史公已引用此傳矣，劉以爲歆所緣飾，豈不謬哉！

又云：余年十二讀《左氏春秋》，疑其書法是非多失大義。繼讀《公羊》及董子書，乃恍然於《春秋》非記事之書，按，此誤讀董子貴義不貴事説，詳《公羊重事論》。不必待《左氏》而明。左氏爲戰國時人，故其書終三家分晉。《傳》終哀公，末數語爲後人所附，如《史記》有揚雄語是也。《左氏》編年數十年事，附綴數語，與屬文不合。據此以左氏爲六國時人，不合。而續經乃劉歆妄作也。如續經解經語爲劉氏僞撰，則當言四叛，不言三叛人矣。嘗以語宋翔鳳，宋云：「子信《公羊》，而以《左氏》、《穀梁氏》爲失經意，豈二氏之書開口便錯？」余爲言《穀梁》隱元年傳之失，原注：見《申廢疾》篇。而檢《魯世家》，據《史記》稱《左氏》爲《國語》，《漢書》言歆引傳解經，博士以《左氏》不傳《春秋》，詆《左傳》解經出於劉氏。按劉氏甚尊傳，《五行志》引劉氏《左氏》說，與杜氏所引者數十條，傳皆無其語，而解經明文，《史記》已多。傳本成於先秦，漢師始於司馬。范升、王充爭辨《左氏》，皆以《史記》爲說是也。蓋《漢書》習傳不習說，傳說藏在秘府，唯史公見之。後劉氏校書，乃得大顯。今以傳本成於先秦，司馬爲始師。劉氏自命爲善讀《史記》，而《史記》引傳說經，文至數十條，尚未之見，則何得爲善讀《史記》耶？果與今《左氏》不合。宋乃大服，曰：「子不惟善治《公羊》，可以爲《左氏》功臣。自何邵公、許叔重且未發其疑也。」

按，《左氏》與《史記》小有異同，此詳略例。如衛宣姜事，《左傳》言其烝亂，而《史記》則無之，非有異同。古書如此類者甚多，且其文並無違反。劉氏據《史記》以疑《左傳》，是不知古書詳略參差之例。

元年，春，王周正月。不書即位，攝也。按，禮，殯而即位，人君授受，皆於尸柩之前。定公於喪至六日書即位，《顧命》於喪次即位。本傳諸侯每言於喪次即位，此一定之禮也。《春秋》不於殯時書即位，而必踰年乃書者，專以明一年不二君之義，後君不可分先君之年以爲年也。舊新之交，皆以正月元旦爲斷，故特存定公六月即位，以明其實，而常書正月，以見正始正終之義。實則禮三年居廬，聽於冢宰，踰年元旦在喪中，未必忍臨群臣，而受其朝賀。則是嗣君於元旦不皆即位，但經既不書喪次之即位，則不得不於此書之，使欲以即位見也。雖不即位，不能不移去年之即位於此，欲不以即位見也。雖實行其禮，史親書之，經亦削而不録。或筆或削，全由孔子，不拘史文，此史公所謂「筆則筆，削則削」也。

證曰：此類皆襲《公羊》，而昧其義例。增「周」字亦不辭。

按，經稱周人爲王人，以周字解王字，與二傳本同，以爲不辭，失其旨矣。不書即位，史公不言即位，即引此文。凡傳解經，皆《左氏》先師説。《漢書·五行志》於傳下引「説曰」，即此類。此説三傳所同，以爲襲《公羊》，不知《穀梁》亦如是耶？

三月，公及邾儀父盟於蔑。

證曰：此類釋經皆增飾之游詞，不可枚舉。「未王命」云者，欲亂「以《春秋》當新王」之義也。

按，何君以王魯説此條，義本未安。《春秋》不王魯，劉説非也。且《左》説「未王命」，本與二傳同。董子云：附庸者地方三十里。附卒正邾後升爲卒正，爲大國。此書儀父，猶爲卒正附庸也，故《傳》曰未王命，故不書爵。

夏，四月，費伯帥師城郎。

證曰：此類皆故作體例，以文飾不書之事，意謂惟左氏真親見《不修春秋》，非《公羊》所及耳。不知《春秋》城築悉書，重民力也。若果無君命，而擅興工作，又當變文以誅之。且費伯爲費庈父，亦緣古文鐘鼎有庈父鼎而記之。城郎非「疆運田」之義，何爲帥師乎？

按，此史例也，繇以見《春秋》削例。凡内大夫大惡杜漸，據翬帥師。小惡則隱，據公子牙卒，爲季子諱殺。所謂隱惡而揚善也。《公羊》：《未修春秋》曰：「雨星，不及地尺而復。」君子修之曰：「星隕如雨。」則是見《未修春秋》，惟《公羊》有明文耳，《左傳》何得言之？又豈獨《公羊》可得言，而《左傳》不可言耶？《春秋》常事不書，修舊不書，《公羊傳》有明文。以爲城築悉書，未知經意。然則魯國之大，二百四十年城築事，豈僅如經所書者？劉氏所云庈父鼎，不知真古鼎，亦仿《左傳》而作？至於漢人，則周器甚多，劉氏乃以爲劉歆亦據其僞鼎而作傳，則誠爲拘墟之論，不知古人者矣。

書曰：鄭伯克段於鄢。

證曰：凡「書曰」之文，皆歆所增益，或歆以前已有之，則亦徒亂《左氏》文采，義非傳《春秋》也。嘗與宋翔鳳檢朱彝尊書，謂此文稱鄭伯之義，《穀梁》「緩追逸賊」最淺，《公羊》「勿與之地」原注：按《公羊》「與」讀如「預」，非與之地也。稍進，《左氏》「譏失教」，斯得之。宋以爲難，余曰：非也。《春秋》有殺世子母弟目君之例，謂視專殺大夫爲重耳，若譏失教，則晉侯殺申生，亦失教乎？按，失教即所謂處心積慮成於殺之意，所謂養成其惡而去之，以制母者也。斯不然矣。曰「謂之鄭志」、「謂之宋志」，若云親見百二十國書耳。

按，董子云：「《春秋》尚志。」《公羊》云：「成其志也。」此誠未殺，而經有殺辭者，謂此鄭伯之志，成其志以惡之，非志書之志，説大誤。服曰：「公本欲養成其惡而加誅，使不得生出，此鄭伯之志意也。」按志，心志，《穀梁》「内爲志焉」是也。《襄公篇》趙文子因賦詩，數言志，與此同。

《五行志》引「說曰」在劉歆前，是引傳解經，成於先秦，凡解經語，皆《左氏》先師說，非歆增益。何以知其然也？《五行志》劉歆說全未入傳，傳中禮制亦無涉《周禮》專條者，此可知歆固不敢贊一詞也。又博士謂《左氏》不解經，以秘府解經之書伏而未發，故云。《年表》因孔子史記具論其語，孔子史記非百二十國寶書而何？此册言歆增益者甚多，發辨於此，後不再駁。

言書法者，《左氏》引口受之說以說《左氏》之文。《五行志》引《左氏傳》後有說，《藝文志》又有《左氏微》是也。傳爲《左氏》原文，說與微爲先師所録。

班《五行志》於《左傳》後、劉歆之前引「說曰」，有二條言凡說不書，爲解經明文。考諸經皆有大傳，後逐條章句皆晚師說。今《喪服大傳》子夏作，後師乃有《服問》，《服問》之後乃有今《儀禮》中逐章解釋之本。今定《左氏》爲大傳，說爲後師引傳推例以解經文之書。今據此以解經之語爲說，爲先秦《左氏》弟子引傳解經之本。今將解經之文摘附經下，仍《五行志》舊目，曰《春秋古經說》，體例略同二傳，其有事與二傳不同者附録說之。至傳記之文，則三傳所同，不獨可以說《左氏》也。

君子曰：「潁考叔，純孝也。」

證曰：考叔於莊公，君臣也，不可云「施及」，亦不可云「爾類」，不辭甚矣。凡引君子之云，多出後人附益，朱子亦嘗辨之。

按，《年表》云因「孔子史記，具論其語，成《左氏春秋》」，則凡言「君子」，皆丘明論語也。今有專書，此冊不駁。

緩，且子氏未薨，故名。

證曰：惠公仲子，《穀梁》得之。此言「緩」者，襲《公羊》「不及事」之説，豫凶事之謬，誣天王實甚，誣左氏實甚。

按，「未薨」，不書薨也，非夫人，故不書薨。仲子何以非夫人？桓未立也。豫凶事，惰於凶事。贈死不及尸，弔生不及哀，即二傳之不及事義也。

夫人凡言「薨」者，葬後稱謚，仲子稱字，是死不書薨，可知傳言未薨。謂妾不稱薨，經亦不書仲子薨也。七月來賵，不及時。《傳》言諸侯五月同盟至，則仲子之薨，當在正二月之間。仲子魯以爲夫人，經不書薨者，諸侯不再娶，不以夫人禮待之，故史書夫人仲子薨而經削之，以正嫡庶之禮。來賵時桓未爲君，則是賵人之妾。

有蜚，不爲災，亦不書。

證曰：説同「費伯」條。且蜚爲記異，非爲災之物。

按，《公羊》言不書之例甚悉，此自必實有所見，乃得云然。當其初必非推例，望文生訓也。久而失傳，學者但得其虚意而已，至據此以攻左氏，尤爲大誤，與莊公二十九年傳相起。

臯父卒。

證曰：欲迷張三世及誅得臣之義，實則襲其義，似是而非者也。

按，此經《穀梁》説正也。不與小斂、不日者，據禮文立説，謂因罪降一等，卿同大夫卒不日，如俠是也。大夫而日者，因葬加等，如公子彄是也。此爲大夫卒、不卒示例。據禮而談者，不以空言説經，又以魯秉周禮，故禮即定制也。《禮記·檀弓》柳莊寢疾事，反觀之，其惡自見。如《公羊》張三世説，聖人刺譏、褒諱、抑損，不且寬於傳聞之世乎？先入爲主，故有此證。氏公子者，公之子稱公子，公子之子稱公孫，庶子於父世不見，子不爲父臣也。按君前臣名，史書益師不稱公子，經稱公子，舉其貴也，故傳以遂爲珍之，又以遂僑如爲尊君命，翬爲修先君之好，以公子變稱也。不日者，隱無臣也。《穀梁》隱無三臣。董子云：「隱無良臣，以致身受其禍，《春秋》重之。」故大夫卒不日，此經意也。

紀子帛、莒子盟於密。

證曰：古文伯或作白，白或作帛，鐘鼎、石鼓可證者多矣。以子帛爲裂繻之字，則杜預臆説也。果臣先於君，其亢莫甚，而稱字以褒之乎？且經稱字，或曰父、曰伯仲叔季。紀子伯及宋子哀皆闕疑詞，安可附會乎？

又曰：如此年《左氏》本文盡闕，所書皆附益也。

按，子帛，二《傳》作「子伯」，帛古經異字也。二《傳》爲今文，《傳》爲古文，故《藝文志》稱「古經」。然字體雖殊，文義是一。稱「子伯」者，明「子伯」非爵，在經爲託號，故子在伯上。莒子、滕子、邾子可以在薛伯上。此稱子伯，下言侯爲本爵，如滕侯、薛侯初見稱侯。後言子伯，杞下稱子、稱伯，故初見稱侯，一言杞侯、莒子盟於曲池是也。杜氏誤以爲裂繻字，以臣先君，非也。若從内臣例，如鄫世子、衛孫林父，則當有會字。言紀子帛會莒子，且小國大夫，自外録之，則當稱人，内録進之，皆不氏而名，從無稱字之例。若以子加字上，尤無此理。舊以此爲三《傳》異説，今正其誤，知爲古經異字而已，説不異也。

伯、子、男一等。按經文鄭以下敘許男、曹伯、莒子、邾子、滕子、薛伯、杞伯，伯、子、男三號同爲一等。大夫會許以下同稱人，《傳》於大夫會許以上稱名氏，許以下稱人，言大夫而不名。又《傳》云卿可以會伯、子、男，不可以會公、侯。公、侯在喪稱子，而不言伯、子、男。又云伯合諸侯，則侯帥伯、子、男以見於伯，此經伯、子、男同爲一等，與《公羊》小國稱伯、子、男，伯、子、男①一也，同爲《春秋》卒正同等異號之例也。侯國乃見經，子、伯非爵，爲號。諸侯本爵侯，與子、伯託號互見。伯、子、男本爲爵，《春秋》見經諸侯

① 「伯、子、男」三字，疑涉上文衍。

本爵皆侯，故經稱諸侯，凡伯、子、男實爵之小國通不見經，故經於諸侯之中别爲四等，同爲一等爵，不足以相别異，故假伯、子、男爲託號以别異之。稱伯、子、男而不嫌爲七十里、五十里之小國者，以一州有三十侯國，經惟書方伯、卒正、連帥，皆侯國當之，故伯、子、男三錫以下之國通不見經，師説三命以上乃書於經是也。如伯、子、男爲實爵，則許男應居末，不當在曹伯上；而稱子之國又不可以在伯上。此百里侯國乃書於經，子伯非爵爲託號之説也。《春秋》於一等侯爵中分出大國、小國、次國，統稱可曰諸侯，而分録同見則當别異，故假子伯爲小國之號，相嫌之際，則言託號。《公羊》云「貴賤相嫌則異號」是也，不嫌則不見異號。滕侯、薛侯來朝，《公羊傳》曰：「何以稱侯？曰不嫌也。」是也。經爲通稱侯不足以明尊卑，故以子伯爲異號，又以統子男，不一見子伯，則使人疑諸國本爵爲伯、子、男，不足以見諸國皆方伯、卒正，有功爵、受錫命之大國，較本封但只百里之侯尤大，則咸建五長之制度不明，故相嫌則言異號，不嫌則間出本爵。如滕、薛本侯國，爲卒正者，經統稱滕子、薛伯，唯於其朝卒一稱侯，以其不嫌，故一見之也。杞本爲公，而經或稱伯，或稱子，又以見子伯同爲異號，《公羊》所謂伯、子、男一也，辭無所貶是也。而師説以稱子爲貶者，誤也。滕侯、薛侯一稱侯，而下以子伯連文。杞侯上稱侯，而下杞子、杞伯互見。紀侯下稱侯，故此經以子伯二號同繫之，借以明子伯同稱，子在伯先。實爵伯貴於子，託號子貴於伯，故天子卿稱子，大夫乃稱伯也。滕、薛一言侯，下常以子伯連文；紀下稱侯，而此以子伯並繫，皆爲一見例，特筆以留子伯非爵、子貴於伯之蹤跡。此爲《春秋》名號大例，全經之要務，故急闢舊誤以張之也。

《集解》：「子伯，裂繻字也，比之内大夫，而在莒子上，稱字以嘉之也。稱字例在閔元年。」《釋例》：「子帛，卿也，依魯大夫之比，列於莒上，故《傳》曰『魯故也』。」按杜氏以子帛爲裂繻字，望文生訓，似乎巧合，求之經例，則成巨謬。《春秋》名分之書，以大夫敘諸侯之上，此萬不能通者。杜氏明知其誤，見内大夫常敘諸侯上，以爲比之内大夫。考内大夫會外諸侯，皆有「會」、「及」字以别之。衛孫良夫會吴於善稻，此欲外吴，故内衛，衛大夫與内比，吴雖稱國，猶有「會」字，若累數不言「會」、「及」，則無内外之可言。且紀朝魯之小國，與莒、邾比，莒、邾無大夫，三叛雖賤而必書。經例，非天子大夫不字。儀父附庸君稱字，傳猶以爲貴之。小國大夫例不氏，斷無稱字之理。《春秋》既以名號定諸侯、大夫尊卑，不能如此淩越無紀律。且杜氏又不知字例。凡《春秋》子伯爲號字之通稱。凡字例皆以伯仲，或言父，無混稱子爲字者，以子又爲一例，一蒙混則文例不明也。閔元年高子、季子，嘉之不名，此大國與内臣例，豈得以説小國大夫？爲此條舊無子伯並見之説，二傳皆闕之，故杜説雖誤，或以備一解。然似杜誤，不如闕之爲愈。程子云：「當云紀侯某伯、莒子盟於蔑。」吴氏澂以子伯爲侯字之誤。按爵號字三傳通無異文，子伯二傳經文師説甚明，不能謂有脱文，以爲一字。

壬戌，平王崩。赴以庚戌，故書之。

證曰：此類皆無稽之言。

按，此爲緩崩例，《左氏》長義，當據以補二傳闕略者。天王崩危甚者，從不告例，謂無臣子，不赴故不書，如三不志之天王是也。次則緩志其崩，如晉夷吾緩至一年，乃志其卒是也。以此見其有難。《傳》云位定而後發喪，難故，是以緩，是也。《公羊》闕略，不書崩三，天王無說。凡緩崩、緩卒、緩葬，皆據經立說，並無其例。今緩崩、不崩之說，《史記》有明文，則爲古說，當引以補《公羊》所不足。乃以爲無稽，是全誤於重義不重事之一言也。

君氏卒。

證曰：尹與君古文多借。以天子之大夫爲隱公之母，而襲《公羊》「母不終爲夫人」之説以文之，亦誣《左氏》甚矣。且作僞之意，欲迷譏世卿之義也。不書姓，爲公故，曰君氏，遁辭知其所窮矣。

按，君氏一本作「尹氏」，如隱公五年「尹氏、武氏」是也；一作「君氏」，爲異義，如《公羊》「或曰」之例，别爲一説。《公羊》於「穆姜薨」傳云：「不知其爲宣夫人與？成夫人與？」於齊世子光下云：「《春秋》有譏父老子代政者，不知其在齊與？在曹與？」以王子虎爲叔父，以秦穆公説秦康公，皆疏於事實之故。

下五年傳「王使尹氏、武氏助曲沃」。按三年經尹氏、武氏連文，五年傳又以尹氏、武氏連文。五年傳之尹氏、武氏，當即三年經之尹氏、武氏，故疑古經本作「尹」，作「君氏」解者，後師説也。外大夫不卒，天子卿尊同諸侯，故特卒之。獨卒尹氏者，後有争立之患，譏世卿，以爲其父已卒，則其子不可使世也。下言武氏子求賻，言武氏，亦譏世卿。尹父已卒，而其子嗣之，如武氏子，故相比見義。再稱氏者，譏世卿也。《五經異義》：《公羊》、《穀梁》説卿大夫世位則權并一姓，妨塞賢路，專政犯君，故經譏周尹氏、齊崔氏是也。古《春秋左氏》説卿大夫皆得世禄，不得世位。父爲大夫，死，子得食其故采地，而有賢才，則復升其故父位。按此古今學同，皆以爲譏世卿不得世位也。《孟子》：「文王之治岐也，仕者世禄。」《公羊》云：「善善及其子孫。」《尚書大傳》：「封國皆有采邑，滅國不奪其采。」此皆世禄之説，與《古春秋》説同者。《左氏》有不世位之説，當如《公》、《穀》同見於尹、崔條下。故知《左氏》舊本作尹，與二傳同也。

君子曰：「信不由中，質無益也。」

證曰：吕祖謙辨之正矣，或非《左氏》之舊也。

按，《傳》言「君子曰」，劉氏所駁皆淺陋，別有專條申辨，故於此從略。

武氏子來求賻，王未葬也。

證曰：此襲「當喪未君不稱使」之意，而不釋求賻之非禮。豈既葬而求金幣，免於譏乎？

按，經文九年春毛伯來求金，例與此同。《傳》云「非禮也，王未葬也」，義意俱同於二傳。蓋《左》義散見，在於鈎考而得，泥一處言之，則窒矣。

《集解》：武氏子，天子大夫之嗣也。平王喪在殯，新王未得行，其爵命聽於冢宰，故《傳》曰王未葬，釋其所以稱父族，又不稱使也。魯不共奉王喪，致令有求，經直文，以示不敬，故傳不復具釋也。

君子曰：「宋宣公可謂知人矣。」

證曰：鄙倍之辭。且子遭弑，安能饗國？以此爲義，豈大居正之君子所言？此故與《公羊》爲難，以殷禮有兄終弟及之道，實非義命也，欲破危不得葬之例耳。《宋世家》亦引此文，而論贊仍引《公羊》義正之。朱子亦以《公羊》爲君子大義，而斥此論之妄，卓哉！

「君子曰」辨别見，此不駁。

冬，齊、鄭盟於石門。

證曰：杜氏《長曆》以庚戌爲日誤，蓋歆之徒急於附益而失考耳。

按，杜氏《長曆》何能駁《傳》？即使精確，此等處亦屬細節。

書曰「公矢魚於棠」。

證曰：《困學紀聞》引朱子曰：「據《傳》云，則公不射，是以弓矢射之，如漢武親射蛟江中之類。按《淮南·時則訓》，季冬命漁師始漁，天子親往射魚，則《左氏》陳魚之説非矣。」今按，

《釋詁》矢有陳訓，《左氏》首尾皆言觀魚，或舊文無「陳魚而觀之」五字，附益者見《左氏》有射意，改經作「矢魚」，又改《左氏》訓矢爲陳，而增入書法，故國師公顛倒五經之罪，《公羊》與《左氏》均受其病矣。

按，矢當讀作觀，二傳作觀，本傳亦言觀，矢當爲觀字變文。臧僖伯之言，惟「則君不舉」句爲正文，餘皆徵考禮制，以見博雅。《左氏》此等文字甚多，必字字吹求，自爲門外漢矣。

五月，庚申，鄭伯侵陳。

證曰：庚申者，緣經「辛酉」而附會也。既移五月於庚申，則盟艾當仍辛酉而次下，乃合，獨仍夏字於盟艾而去其月日，顛倒若此，心勞日拙矣。「惡之易也」必非《尚書》文，隨手又迷《尚書》，心術如見。周任之言，或出他傳記，或即出歆等臆撰。朱子以《左氏》所述「君子曰」皆鄙陋，而此節尤與本事無涉，其先得我心乎！

按，引《傳》編年跳書者不可枚舉，此不足以詬病。引《書》文多一句，遂謂必非《尚書》，《大學》「太甲曰」則又何説？

初，戎朝於周。

證曰：迷「戎衛」及責不死位義。

按，董子曰：「《春秋》書人時詭其名，以有避也。」「戎朝於周」，解作戎衛，本《穀梁》

説。劉氏學《公羊》，號爲專門，而時據《穀梁》以改《公羊》，如惠公仲子及此條是也，可知經説不可專執一家，過拘門户，乃獨力攻《左氏》，是知其一不知其二也。今立意合通三傳，或以爲破壞家法，非博士專門授受之意。按此乃專己守殘之故智，不深考其源者也。以二傳論，前後自有異同。每一經列數傳，且言不敢質言之説，博士各有傳本，今本特爲一家之傳，不足以蔽其學。如《穀梁》言夏田，《公羊》不言夏田，先師以爲異。而董子言夏田，《説苑》言夏不田，是本同也。「州不如國」數語，《穀梁》與《公羊》不同，而董子所引傳同《穀梁》。「獨天不生」數句，「人之於天也，以道受命」數句，《穀梁》有其文，《公羊》無之，而董子有其説。「天子不志葬」一傳，《穀梁》無此文，而《説苑》引傳，則言之甚詳。且《公》、《穀》定元年傳同引沈子説即位，是同師也，意雖同，而文則異，是不可因文字偶異，斥爲異説也。門户之言，勢同水火，豈知源流共貫，皆是江公所傳？必破除拘墟之見，然後見其會通；知二傳之會通，則無疑於《左氏》矣。

或云：二傳可會通，《左氏》不可合於二傳。此亦先入之言，未暇深考。凡傳中與二傳同者，姑不具論；其不同者，莫如赴告、史文、同盟、書名數例。然《公羊》云卒告而葬不赴。且《檀弓》云齊穀王姬之喪，鄭讀穀爲告，是有赴告例矣。又云「未修春秋，春秋之信史也」，《穀梁》云「從史文」也，是以立史説矣。而《穀梁》「宿男卒，未同盟，故男卒也」，則更爲同盟書名之師説。通考五十凡中，説經之條直無與二傳相反者。且如諸侯卿經稱大夫；二傳無説，而《左》云唯卿爲大夫。二伯晉常在齊上，曹先莒，邾、滕先薛、杞，二傳無説，《左》則云異姓爲後。鄭稱伯，二傳無説，《左》則云入爲王朝卿士；晉不記災，不見貴大夫，僖以下乃見經，二傳無説，而《左》則初稱叔父，後稱伯父，以見外之統夷狄，伯故略之也；華督不氏，華耦稱華孫，與仲孫同，魯三家稱孫亦此例，二傳無説，《左》則云督名在諸侯之策。二伯分統之義，見於晉鎮撫東夏，與風馬牛之言，閏皆在終，特明歸餘之善。凡在《左氏》長義，僕數難終，實爲口受真傳，二傳所佚而僅存者，又當據《左氏》以補二傳。三傳有相濟之功，無相反之迹，若張皇小節，動求立異，則自生其荆棘矣。

鄭伯請釋泰山之祀而祀周公。

證曰：鄭安得祀泰山？亦安得祀周公？此欲迷擅取王田之罪耳。

按，此説三傳所同。許田爲魯湯沐邑，當有周公廟。祊爲朝宿邑於泰山下，鄭欲以許田易祊，故《傳》云欲請釋泰山之祀而祀周公。説同《公羊》，而劉氏亦駁之，亦過矣。此書辭也。諸侯不得專地，婉言彌縫，巽而可説，故能卒易祊田也。《公羊》諱取周田，乃解許田，非傳正意，劉又改爲擅取王田，混入晉人圍郊例，毫釐而千里矣。《傳》云「雖有挈缾之知，守不假器」，推彼説此，是爲得之。

八月，丙戌。

證曰：丙戌日誤，説同「三年庚戌」。

辨見「三年庚戌」。

無駭卒。

證曰：欲迷「疾始滅」之義，故言卒而後有氏族，入極時本無氏也。不知經有追書之法，且《公羊》所謂氏乃公子，非展氏也。

按，無駭氏公孫，經之不氏，滅同姓也。請族，乃請其子之族，以展爲氏，非謂無駭一生無氏。杜氏誤説，病在不知經例。

六月，戊申。

證曰：戊申之誤，説同「三年庚戌」。

又曰：十年，《左氏》文闕。

辨見「三年庚戌」。

滕侯、薛侯來朝。

證曰：「周之宗盟，異姓爲後」，以踐土之載書附會其説，然經書會次序，皆本主會者爲之。踐土以齊、宋序蔡、鄭、衛上，浩油仍以蔡序衛上。祝鮀之言，亦出附會。

按，此《左氏》説經例，尊同者異姓爲後。説詳《累數班序表》。

三傳經例同出舊傳。《公》、《穀》先師引傳説經，乃成今本，然或引用失據，則違其真。《左氏》懲空言説經之弊，凡有義例，皆託於時人之言，具其首尾，例由事生，不能移易，此《左氏》不以空言説經之大例也。如《公羊》言伯、子、男一等，而《左氏》則有鄭獻伯、子、男加等平禮之説；二傳敘次先後，以爲經例，而《左氏》則有滕、薛、衛、蔡、晉、楚爭長之事；二傳以高子爲貴，而《左氏》則有管仲天子之守之言。凡此之類，僕數難終，實爲真正古師遺範，秘在傳中，伏而未發，盡力推求，可以補證二傳。自來皆以傳文爲出國史，不知《左氏》本七十子之徒特爲六經作傳，語無泛設，而於《春秋》尤切，故二傳時可以移易，而《左氏》本文則不能，此不以空言説經之效也。

《春秋》經列數諸侯以同姓爲上。據踐土載書之盟文，同姓彙先，異姓彙後，此史文也，至於《春秋》，則同姓、異姓參合書之，以尊卑内外爲主，然尊卑之中，仍分同姓、異姓。如齊、晉二伯也，晉以同姓常在齊上；内六卒正，曹、莒、邾同等，而曹以同姓先莒、邾；滕、薛、杞尊同也，而滕以同姓先薛、杞。皆異姓爲後之説也。蔡、衛、陳三方伯尊同，序次不定，是爲變例。親親疏疏，爲經要義，此説二傳所略，確爲《春秋》大義。或以與經不合，疑爲時事失禮，非也。當據此以補二傳之闕。

君子謂鄭莊公於是乎有禮。

證曰：滅人之國，逐人之君，專封其臣下，是而知禮，孰不知禮？

「君子曰」辨别見，此不駁。

君子謂鄭莊公失政刑矣。君子是以知桓王之失鄭也。君子是以知息之將亡也。

證曰：君子之文疊見，亦拙。

按，以此論《左氏》，殊乖著書之體。

冬，十月，鄭伯以虢師伐宋。

證曰：凡例皆附益之辭。

按，二傳筆削例，直言書不書而已，《左傳》則盡以屬之赴告。赴告爲經例。禮待謂以爲赴告，以爲不赴告，皆就孔子修《春秋》時爲説，不據事實。至於此條以爲有怨不赴告者，對有齊怨，書齊侯卒而言此。凡爲經説，本先師説經之文，至於《公羊》引經説，又引事傳，例本相同。今以《左傳》爲附益，而《公羊》亦屬附益，劉氏既不以傳爲《左氏》原本，則此解經之説，不必以附益疑之矣。

公之爲公子也。

證曰：此隱六年輸平事，非爲公子時也。

按，《公羊》有「公獲於鄭」之説，《左氏》亦有其事，此師説本同。其不同者，由於先師引以説經，各在一條耳。《公羊》稱姜，齊、曹世子有明文，又《公羊》與《穀梁》尤多此例，用《公羊》駁《左》，適見主奴之弊。

不書葬，不成喪也。

證曰：羽父方欲粉飾討賊，豈肯不成喪禮以自表其弑君之迹？此欲迷《春秋》賊不討不書葬之例耳。

按，不成喪，即弑君不討賊之變文。

子夏所傳之傳，以《喪服》例之，當名《春秋大傳》，《公》、《穀》當名「問」，故《服問》、《喪服傳》引《大傳》之文，稱「傳曰」。今《左氏》説、微所引大例，皆出《大傳》。三傳同祖一書，故多相同。本師間有由本傳推考而出之例，如以鐘鼓分侵伐、中國不捷獻之類，今略爲分别觀之。

桓公篇

元年

證曰：二年，秋，七月，杞侯來朝，不敬。杞侯歸，乃謀伐之。九月，入杞，討不敬也。三年，公會杞侯於郕，杞求成也。八年，冬，紀侯來朝，請王命以求成於齊，公告不能。十二年，盟於曲池，平杞、莒也。按：紀子進侯，來朝加月，杞公黜子之義，何氏師承，不可易矣。劉歆等見經下有「入杞」之文，遂改紀爲杞，以比合之。不知杞於周本爵稱公可也；《周書·王會》雖出漢人所撰，然所謂殷公、夏公者，即杞、宋也，稱侯不可也。八年之文，亦出附會，而仍經紀侯之文，亦緣經紀季姜之文，明於日星，不能改爲杞季姒矣。

是年，《左氏》文闕。

按，紀、杞文字易誤，各就所言，未爲不可。《春秋》既不稱杞爲公，既可稱子伯，則未嘗不可稱侯，如滕侯、薛侯稱侯，後亦稱子伯也。

二年，春。

證曰：孔父，夫子六世祖，欲迷正色立朝之節，而爲此謬説。倘《左氏》舊文如此，必非親見聖人者矣。

按，《宋世家》云「督利孔父妻」，又云「督攻孔父，取其妻」，正與傳同。《考證》據《公羊》有「正色立朝」之文，因爲此説。正色之「色」，與利妻之言迴不相侔。考《左氏》先師多同《公羊》，亦不求立異。所説皆誤。

修先君之好，故曰公子。

證曰：翬先君之罪人，故去公子；今君之力臣，故加公子。乃曰修先君之好，如歆之仕莽，真漢之公族哉！

按，此爲三世例。《春秋》之初，凡卿帥師侵伐之事皆不氏，唯嘉好之事乃氏。此與翬帥師、溺帥師對文，非通例。此爲《左氏》長義，《公羊》所闕，故《考證》據《公羊》以攻《左氏》。

父在，故名。

證曰：老臣稱字，正也，父在之説無稽矣。

又曰：是年《左氏》文闕秋冬之事，欲迷經去二時之義。

按，宰通佐大夫，渠氏伯字糾名，父在故名，與《公羊》譏世卿同。老臣稱字，乃何君誤據禮五不名説以説《春秋》，甚誤，經無此例。父前子名，《曲禮》有明文。

再赴也。於是陳亂。

證曰：今《左氏》以佗爲五父。《史記·陳杞世家》以佗母蔡女，故蔡人爲佗殺五父，是爲厲公。班固亦以厲公爲桓公弟，與《史記》同。原注：見《索隱》。今《左氏》以桓公子躍爲厲公，經於躍去葬謚，不可考。蓋《史記》據《世本》及《左氏》舊文，固與歆所附益本不同也。

按，《世家》之誤，《史記索隱》已詳。今於《史記同左傳考》中更爲訂正，知《史記》本同《左氏》，因後人校改而誤。劉以遷、固難《左氏》，不知《史記》本文自不可通，其校改之迹尚可尋也。

秋，王以諸侯伐鄭。秋，大雩。書，不時也。

證曰：兩言「秋」者，是作僞者失檢之明證。

按，兩「秋」字重文未删，不足以相詬病。蓋《左氏》本爲《國語》，此傳乃先師引《國語》及解經之説合而成書，非出左氏一人之手，故篇中往往傳不附經，杜氏所謂跳書是也。師説義例與二傳同者皆本舊傳，以外多從傳文推考，傳爲舊文，禮例乃其新得。如莊三十一年傳「齊侯獻捷」凡，義例本成二年單襄公語。莊公廿五年日食凡，「惟正月之朔，慝未作」，本昭七年季平子語。隱元年「非公命不書」、「公弗臨，故不書」，本莊二十四年「君舉必書」與「王命勿藉」之語。桓二年送女禮，本少姜逆違其班與尊聘卑逆之語。「啓蟄而郊」之凡，本孟獻子語之類是也。故除大傳之外，皆從傳文推考而得者，非如俗説傳文全出左氏手也。

穀伯、鄧侯來朝。名，賤之也。

證曰：來朝何故賤之？《曲禮》「諸侯失地，名」，真《春秋》家言也。

按，《曲禮》：諸侯失地，名；滅同姓，名。《傳》於衛侯燬滅邢云「同姓也」，故名，則此言「名，賤之也」，即失國之謂。劉此證蓋駁杜説，非其能駁傳也。

冬，曲沃伯誘晉小子侯殺之。

證曰：即有此事，亦不必在此年，欲迷經去二時之義。是年《左氏》文闕。

按，《年表》事在桓六年，跳書一年，《左傳》通例。又《年表》立湣亦在桓六年。蓋《史記·年表》刊刻最易錯誤，如殿本《校勘記》中所列改正諸條是也，今不能據《年表》以疑《左氏》。又史公據有《世本》，不盡據《左氏》。以下共七條俱準此。

冬，王命虢仲立晉哀侯之弟緡於晉。

證曰：晉入春秋以前，《晉乘》蓋略，《晉世家》所據，蓋《世本》及《左氏春秋》舊本。今本

《左氏》不合者，多出歆等附益。

冬，曹太子來朝。

證曰：是年《左氏》文闕。巴子篇年月無考。説見莊二十有六年。

冬，齊、衛、鄭來戰於郎，我有辭也。

證曰：是年《左氏》文亦闕。虞叔篇年月無考，亦出附會。

按，先師據《國語》依年分編，在當日必有明據。今以爲年月無考而疑《傳》，過矣。

十一年。

證曰：楚屈瑕篇年月無考，固知《左氏》體例與《國語》相似，不必比附《春秋》年月也。

按，先師引傳解經，改分國爲編年，時有差誤。如僖公葬，《傳》在僖公篇；齊侯遷邢封衛，説在閔二年之類。惟爲舊文，故誤跳在此，使編年，則當附經矣。杜以跳寫爲説，或乃就其誤處望文生義，非也。所有時日支干，鈔寫易誤，既非大旨所關，不足深計。

十二年。

證曰：是年《左氏》文闕。楚伐絞篇，當與屈瑕篇相接，年月亦無考。

十三年。

證曰：是年亦闕。伐羅篇亦與上相接，不必蒙此年也。

按，駁者亦無實證，不過擬議之辭。

書，不害也。

證曰：以天災爲不害，的是歆之謬説。是年文亦闕。

按，言不害者，謂穀未全焚，嘗猶用之，即所謂未嘗，災之餘而嘗也。《傳》云不爲災不書，則不得直以爲不害。且劉歆專言五行家説，並非同後世匿災獻諛者，以爲不言災的是歆説，未審何據。

十六年。

證曰：是年亦闕。衛宣公篇蓋《毛詩》家言，辨見顧棟高説。《衛世家》以夷姜爲宣公夫人，非烝於庶母也。

又曰：伋母死，則亦非縊也。

按，此篇與《衛世家》大同小異耳。據《魯世家》駁傳，又據此以駁傳，皆不知詳略之異。史公引經皆然。劉以爲《毛詩》家言，最誤。且《世家》云宣公愛夫人夷姜，又言伋母死，皆是渾辭，不著迹象，安知必非烝、縊乎？

夏，及齊師戰於奚。

證曰：戰者内敗文，如升陘可徵也。歆欲顛倒其義，而於經文妄增「夏」字，尤謬。

按，《穀梁》經有「夏」字，不可謂增。戰者内敗，駁杜説最當，而於傳文全不相干。經不言其人，《公羊》無説。《傳》云疆事，正以解不及其人之義。此爲《左氏》長義。《公羊》

説於不言其人，但以爲微者，不知此爲疆事，一書以見例。事至而戰，又何謁焉？所以以後不見也。

初，鄭伯將以高渠彌爲卿。

證曰：遭弑而云「知所惡」，君子人與？是年文蓋闕。諸國始末敘次草草，或采他書附益。

「君子謂」辨别見，此不駁。

莊公篇

元年。

證曰：此以下七年文闕。楚荆尸篇、伐申篇年月亦無考，或舊文與前伐羅篇相次。

按，荆尸、伐申年月與《史記》恰合，謂舊文與伐羅相次，無稽。

十三年。

證曰：文闕。

按，莊公篇七年傳不及經事，十二公傳前後詳略迥殊，劉申綬據此以爲僞羼之證。

按解經果出劉氏，何以七年不立一説？蓋傳本出於屋壁，不免殘佚，劉氏不敢補羼，正見謹嚴。今《晉語》一君一篇，可知原文甚備。《國語》、《史記》莊以上事詳於傳，可知《左氏》原本甚詳。考《五行志》引傳文與今傳本有詳略不同者，是劉氏後亦有脱佚，故《左氏》有逸文，爲今本所無者。孫淵如《春秋集證》意在補傳事，今仿其例，凡傳文脱略，悉據《史記》補於各條下，如曹沬劫盟之類是也。事不關經者，則補於傳中。

十五年。

證曰：文闕。

按，《國語》分國分公爲篇，其書甚多，先師分以爲傳，不能全引今傳文，人已苦太繁。若每年必引事如襄、昭，則尤爲繁重矣。故今《國語》中如劉康公來聘、臧孫辰乞糴於齊，有其文而傳皆引用是也。唯於莊公篇略闕尤甚者，或續有亡佚，或編纂未備，皆不可知。至以此爲劉氏羼改之迹，則過矣。

十七年。

證曰：文闕。

按，必以《左傳》爲左氏一人所成，則莊公篇文闕，誠爲不通。今既以爲後師之本與《國語》不同，則不必以此疑之矣。

鬻拳可謂愛君矣。

證曰：愛君以兵，是非君子之言。

「君子曰」辨别見，此不駁。

秋，虢人侵晉。冬，虢人又侵晉。

杜注：此年經傳各自言其事者，或經是直文，或策書雖存而簡牘散落，不究其本末，故傳不復申解，但言傳事而已。

正義：曹殺大夫，宋、齊伐徐，或須説其所以。此去丘明已遠，或是簡牘散落，不復能知故耳。上二十年亦傳不解經。彼經皆是直文，故就此一説，言下以明上。

證曰：左氏後於聖人，未能盡見列國寶書，又未聞口授微言大義，惟取所見載籍，如《晉乘》、《楚檮杌》等，相錯編年爲之，本不必比附夫子之經，故往往比年闕事。劉歆强以爲傳《春秋》，或緣經飾説，或緣《左氏》本文前後事，或兼采他書以實其年。如此年之文，或即用《左氏》文，而增春、夏、秋、冬之時，遂不暇比附經文，更綴數語。要之皆出點竄，文采便陋，不足亂真也。然歆雖略改經文，顛倒《左氏》，二書猶不相合。《漢志》所列《春秋古經》十二篇，《經》十一卷，《左氏傳》三十卷是也。自賈逵以後，分經附傳，又非劉歆之舊，而附益改竄之迹益明矣。

按，《考證》墨守《公羊》以攻《左氏》，以先師之傳本歸獄劉氏者，並攻《左氏》，尤爲失據。考《左氏》一書，全爲祖述微言而作，所言無非解經，並非晉、楚之史文可得而比。博士云《左氏》不解《春秋》，史公云弟子傳口説，有譏刺褒貶挹損之文，《左氏》懼失其真，因孔子史記，作《春秋》。蓋二傳雖未嘗不詳事，而以義爲重，後師往往誤於引用。如《公羊》以賢不名説祭仲，引致例離不言會説如紀，以闕疑傳説北燕伯於陽，此所謂失其真也。《左氏》不空言義例，而寓於事實之中。如説班序例而言滕、薛争長之類，例由事出，不能移易别條，此以事定例之效。二傳事略於例，《左氏》寓義於事，三傳同出一源，交相爲用，則《左氏》事實，三傳可以同用。今以《左氏》證二傳，更先引二傳説事之文以注本傳，以見三傳同源也。先師以《國語》爲傳文，謂割裂傳文可也，謂爲劉氏改竄，則過矣。

二十七年。

證曰：比年《左氏》文闕。每於年終分析晉事，附益之跡甚明。蓋《左氏》舊文之體，如《春秋》前則云惠之二十四年，獲麟以後則云悼之四年，本不必拘拘比附《春秋》年月。自歆改竄，而舊文遂亂。經文如日月增一古文本轉可相校，而《左氏》之真不可復見，則其罪尤不可逭也。

按，《左氏》之真，則《國語》是也，惟有殘缺耳，非不可見。且古書亡佚者甚多，《國語》之亡，亦不關先師引以解經之故。先師於每年分載不見經之事，一爲具本末，有其末不能不見其本。一爲詳筆削，不録不見經之本，則削略之迹不明。一爲存經説，見《國語》經説多在不見經事中，若不録則缺其説。一爲體例所拘，有經事之年，當分載不見經事，無經事之年，亦不能不載不見經之事。全書一律，勢所必然，依經編年，其文如此。《考證》以此爲譏，是不知作者之苦心矣。

二十九年。

證曰：文闕。

按，傳文若是《國語》原文，則全爲解經而作。誠如《考證》説，有一經即應有一傳，無經則不發傳，又前後當一律。今傳襄公，一世足敵僖公以前。且莊公動輒十數年不發一傳，此成何史體？又傳多不應經，且有無經而傳所以不書之故，則又非官所得言，故因此以爲先師引《國語》經説以解經之本，非《左氏》之舊。《考證》乃必以此爲《左氏》一人所成，誤矣。杜氏不敢以傳爲專據史文，尚屬留心，不似後人鹵莽也。

三十年。

證曰：樊皮之事，未知在是年否？楚元事宜續二十八年。是年蓋闕。

按《年表》，是年齊伐山戎，爲魯也。《傳》：「齊侯來獻戎捷，非禮也。」與《史記》合，不得云文闕。《考證》必以有不見經事乃爲文不闕，又必以爲事詳乃不爲文闕，不知不見經事亦多，同見經事之文字簡質。

三十一年。

證曰：文闕。

辨與二十九年同。

閔公篇①

秋，八月，公及齊侯盟於落姑，請復季友也。

證曰：閔公時年八歲，安能爲此？何邵公言得其實矣。

按，魯君弱，尚有大臣。經既見公盟，則必有事，固是謀立公，然公立而求季友，亦是情理所應有。臣下之事例歸於公，不得因公弱，遂疑不能請季友也。

齊仲孫湫來省難。

證曰：《公羊》經傳明於日星，作僞者既失檢慶父如齊之經，妄造此説，後復兩言湫以彌縫之，亦勞且拙矣。

按，《公羊》云「齊無仲孫，其諸吾仲孫與」，是本無確證，不過因齊無仲孫而設此疑辭。考昭四年齊有仲孫之難，而獲桓公，《新序》引與傳同，是齊有仲孫，劉向所見已然，非歆僞羼可知。又《齊世家》桓公三十九年周襄王弟帶來奔齊，齊使仲孫請王爲帶謝，襄王怒弗聽。是《史記》齊本有仲孫湫，與僖十三年傳同矣。考隱七年傳，齊侯使夷仲年來

① 按，題下有注：「原注：歆所造《春秋古經》有此篇，非古也。」

聘，此公子年字夷仲也。無知爲夷仲子，故《傳》曰齊有仲孫之難，而獲桓公。《年表》：魯惠公四十年，齊母弟夷仲年生，公孫無知是也。公孫無知稱仲孫，從後言之也。仲孫湫當爲夷仲年之孫，齊人殺無知，而别爲夷仲立後，氏仲孫也。又《人表》「中中」有齊仲孫湫。考齊有仲孫之明文早見於《史記》、《新序》，是齊有仲孫，《公羊》擬議之辭，不足據。

左氏春秋考證辨正卷下

清劉逢禄《左氏春秋考證》
井研廖平辨正

僖公篇

君子以齊人之殺哀姜也爲已甚矣。

證曰：欲迷伯討之義也。是年文闕。遷邢、封衛，事已見前。賜費之事，以意爲之。

按，言殺哀姜已甚者，譏魯不自討也。魯能討慶父而逸一婦人，又不歸於魯人，使明正其罪也。《年表》是年齊「殺女弟魯莊公夫人，淫故」，即此傳文，曷云文闕？釐公元年以汶陽鄪封季友，見《魯世家》，不得云以意爲之。

初，晉侯使士蔿。

證曰：「來告」一語，所增也。使士蔿事，宜續奔屈下。

按，分傳附經，原不免有割裂傳文之失，然《年表》所列，與今《左傳》多同。蓋名《左氏春秋》，自有年月日，在分傳者不自爲諱，無所改竄，可知矣。

許男面縛銜璧。

證曰：文本昭公四年，附會者往往取前後舊文而演成之，誣及武王、微子，則妄甚矣。

按，《年表》：六年楚伐許，許君肉袒謝，楚釋之。文有證據，何得謂誣？昭四年引此爲證，曷云此附會彼乎？又《宋世家》言微子事更詳，劉獨未之見耶？大抵劉氏作此書，隨意草創，無深沈之思，考據亦不精核。

禘，而致哀姜焉。

證曰：祔廟不得言致，汨令妻壽母以妾配尊之事。説詳《公羊箋》篇。

按，致夫人，三傳説各不同，以經無明文故也。《公羊》以爲致齊女，亦未確。此《左氏》以實事解經，在二傳爲異説，在本傳爲諱與弑，而以不薨於寢之微文説之，見《爲魯諱惡通例》。

凡在喪，王曰小童，公侯曰子。

證曰：君存稱世子，薨稱子某，既葬稱子，踰年稱爵，自天子達於子、男，一也。作僞者見書「沖人」非在喪之稱，因變之曰小童，不混於夫人自稱乎？又見經有宋子、陳子、衛子，而鄭忽出奔、鄭伯伐許不稱子，則僅曰公侯、曰子。不知忽不稱子，以正合伯、子、男之義；伐許不子，無子道，絶之於子行也。《春秋》之體，異於《禮經》。若禮，世子喪畢，當受國天子而後成君，豈無王而自立者哉？凡例之謬，不勝舉也。

按，《傳》言「在喪」，專指未踰年而言，本指宋公。陳、衛稱子之事，《曲禮》：「天子未除喪，曰『余小子』。」《書·顧命》曰：「渺渺余末小子。」是王在喪中稱小子也。此曰「小童」，童當爲「子」之字誤。公侯曰子，與二傳同。劉之「既葬稱子，踰年稱爵」，是不知傳意而妄駁之也，言尤無稽。

鄫季姬來寧。

證曰：季姬之越禮，僖公之失教，邾人之殘忍，經文甚明。知此謬者多矣，莫知其非《左》故耳。

按，季姬事，二傳說本有可疑。以諸侯女而遠出泆淫，不合情事，故《左傳》異說。據《左氏》文，出妻有絶與不絶之禮。絶者不繫夫國，不絶者乃繫夫國，此爲已絶，故經不繫鄫，單稱季姬。已絶而再適夫國，如初嫁之文，故言季姬歸於鄫也。必據二傳以攻《左氏》，亦可不必。

乃舍諸靈臺。

《釋文》自「曰上天降災」，此凡四十七字，檢古本皆無，尋杜注亦不得有，有自後人加也。盧學士文弨考證四十七連「乃舍諸靈臺」數在内。靈臺杜有注，鄠縣《釋文》有音，則本不連在内，故定爲四十二字。

證曰：此文見《列女傳》，文小有異同。服、杜以後，尚有改竄，而世人習爲故常者，則歆以前之汩亂尚堪辨邪？

按，《列女傳》引用小有異同者，此傳外《詩》尤累見。謂傳爲改竄，謂《詩》亦改竄乎？

夏，齊伐厲，不克，救徐而還。

證曰：經在十五年，僞傳已演之。此故作重文乎？抑失檢乎？

按，此當爲不見經之事，與十五年傳非一事也。即使師説重見，亦先師偶然之失。乃秦以前舊本之誤，與劉氏無干。先師引傳解經，文多間有緟出跳行，亦其小疵。

師滅項。

證曰：經爲齊桓諱，而不疑於魯者，以内不言滅也。歆不知耶？抑故汩亂之邪？

按，《集解序》：古今言《左氏春秋》數十家，於丘明之傳有所不通，皆没而不説。按《左氏》異於二傳，難通之條，漢師皆闕而不説，以其義不可得聞，於理難通，故甯闕之不説，此不知蓋闕之義也。杜氏乃不顧心安，於漢師所闕皆爲立説，違經背理，不顧求安，此大誤也。蓋《左氏》説經，與二傳今本同爲師説。師不一家，傳亦非一時所成，其中得經意而精審者固屬其常，至於後師補益。閒乖經義，三傳所同也。如祭伯來盟者也。《公羊》以爲奔，《穀梁》以爲朝，皆失之。祭仲不名，天子大夫也，而《公羊》以爲賢之。北燕伯即欵也，而《公羊》以爲公子陽生。凡在瑕纇，三傳皆所不免。本傳難安之條，心知其誤，存而不論可也；若强爲之説，不顧義理，則是以經爲戲，侮聖人之言矣。今於此類一仍闕義，不敢强説。

內固不言滅，但言其人，乃不言滅。今不見其人，即無妨於言滅。二例互相成，亦未爲不可，不得因此而必攻《左氏》。

宋公使邾文公。

證曰：果爲宋襄所使，經宜以宋襄首惡，此事自以何邵公爲得實。

按，《傳》言奉大國之命，而經不首惡所使之國，此常例也。別有微文以起之，不得定有明文，如陳、衛、蔡、許相伐之類是也。大國言執，此微國其言執何？宋公執之也。宋執曷爲以邾言之？一事而執二君，爲中國諱，故分惡於邾也。鄫子何以不名？無罪也。稱人以執，有罪之辭，此何以稱人？不嫌也。

任、宿、須句、顓臾，風姓也。

證曰：須句，邾邑也。果以國滅來奔，反國，經宜悉書，此伐邾者，自以邾用鄫子故也。

鄫子，僖之壻也。

按，此爲內諱也。禮，愛人及烏。須句爲僖母族，魯不能保庇，使人不敢侵伐，至於國滅君出而後救之。齊桓存三國，義士非其緩，況魯於須句乎？故著其文而諱其實，爲內諱也。

不書，不告入也。不書，亦不告也。

證曰：以赴告之文視《春秋》，宜乎經可續也。

按，不赴告，經例謂經不以赴告待之。《公羊》卒赴而葬不赴，又云「我有往則書」，是以赴告爲例。舊説誤以赴告爲史文，而言史不赴告，經何由書之？且孔子修《春秋》，但據史文，傳者又不能於史外别求事實以立説，如以經不書者爲史不告，則二百四十年中，史文何僅如此？且傳言赴告，有不告不書之文，無因告而書之正文，此可知赴告非史法，乃經例也。

《左氏》與《公》、《穀》，漢師有今古之分，實則各争門户耳。《左氏》經例、禮制、事實，其大綱無出入也。惟於經外間存史例，以明筆削踪跡，後師不察，遂張皇史法，牽周公以厭仲尼，等聖經於《晉乘》、《楚檮杌》，此大誤也。蓋文武之政，東周壞盡，《春秋》復明先王之道，以俟後王，天道備，人事洽，純乎一周初美善之全制，文微而制顯，辭婉而義辨。所有經義，以復古制爲大宗，《莊子》所謂「《春秋》經世，先王之志」也。至於遇事隨文褒貶，皆其小節。今專就本傳制度推以合經，以爲復古之學，其所謂進退者，特以《春秋》之人事譜文武之遺，不竊取二傳博士之説，而本傳自成一文武之天下，撥亂反正，可以爲萬世之法，與《詩》、《書》、《禮記》諸經各有相通之妙，諸子傳説，皆在所包，則《左氏》乃涵蓋萬有，爲聖經，爲賢傳，天口聖譯，一字千金。至於舊史，只如今之公報，最多最雜，所言皆衰世濁亂之事，不足與經並論。今若欲與二傳立異，以史自居，鄙孟荀爲寒畯，以史自樹一幟，然經固非史，即所據之傳，亦以仲尼爲依歸，不以南董爲宗祖。且以史法言，則《春秋》直與《綱目》相同，惟摭論史事而已，則進不能求異於經生，退不能自成爲史學。所有禮竊欲盡祛晚俗，張明本真，微據史例，示二傳所不能，歸本經言，立百王之法度。所有禮制、經例，全由本傳而推，不借助於二傳，似此不求自異，而門户未嘗不厭，同説一經，可無主奴之見，而本傳博大，自足以包衆有而定一尊。不惟攻我者無隙可乘，而聖經賢傳，妙合無間，自有左右逢源之樂。然此非立異求新也，考之本傳，以聖修爲主。且傳之記事多直文，而一涉辭令，皆援據經説，摭拾禮制，昔人所謂浮夸者，正其藉存聖制之一端也。又古人著書，皆係自撰，傳習稍久，且有異同。《左氏》所記之事，舊史或有大綱，至於文辭，皆係自作。即長短之《國策》，紀傳之史公，亦皆如此。其於舊史，不如班之襲馬，郭之盜向也。故傳於敘事，半多緣經立説。如大夫會盟，許以下皆無名，在舊史必有名，傳依經立義，乃不名之也。經之敘十九國詳魯，本爲經例，非事實如此，而傳皆據經言之。使據舊史之文，則必有與經異者。傳之附經，如影之於形。蓋傳早爲經説，而不能再以魯史求之矣。

君子謂文公其能刑矣。

證曰：顛頡有從亡功，而殺以徇，所謂以善服人者未有能服人者也。

「君子謂」辨別見，此不駁。

介葛盧聞牛鳴。

證曰：周官夷隸之屬，當非周公驅猛獸之意。歆蓋欲緣此互相發明。昆陽之敗，虎豹股慄，亦何益哉！

按，介葛盧，魯屬國也。傳藉其來朝，以明博物之説，與吴札來聘、郯子來朝例同。至於牽涉昆陽之事，語近嘲謔，尤非著書之體。

文公篇

於是閏三月，非禮也。

證曰：此類蓋古術法，非《左氏》之文。履端於始，謂氣朔同日，古法以爲術元；舉正於中，謂中必在其月；歸餘於終，謂中氣在晦，則大餘小餘滿一月，下乃置閏也。注疏似未得劉歆意。《困學紀聞》引《通鑑外紀目録》曰：「杜預長術既違五年再閏，又非歸餘於終，但據《春秋》經傳考日辰晦朔，前後甲子不合則置一閏，非術也。《春秋分記》云：長術於隱元年正月朔則辛巳，二年則乙亥。諸術之正皆建子，而預之正獨建丑焉。日有不在其月，則改易閏餘，強以求合。故閏月相距，近則十餘月，遠或七十餘月。」劉羲叟起漢元以來爲長術，《通鑑目録》用之。

按，此駁杜可也，非能駁傳文也。

躋僖公。

證曰：三誣君子，妄甚。鄭祖厲王，蓋緣《左氏》記鄭災，有徙主祏於周廟之語。以后稷況僖，以后帝況閔；又以姑況閔，以姊況僖。説《詩》之君子固如是儗不於倫耶？證以《國語》之文，真僞立判矣。

按，《外傳》與此文互相發明，不得以真僞論。《左氏》言原廟之禮，不一而足，不得據博士説而斥之。博士未詳，而《左傳》所存足以補正者甚多。《詩》斷章取義，何必拘泥？

使無失其土宜，衆隸賴之。

證曰：是見商君開阡陌而寓言也。

按，《尚書·禹貢》、《周禮·職方》皆辨土宜也。劉以商君術駁，是不知本者矣。

閏月不告朔，非禮也。

證曰：經不云不視朔，而云不告月，則《公羊》之義優矣。《古月令》以中氣爲定，故《明堂陰陽經》皆無閏月之政。《曲臺記》止云闔門左扉，不著聽朔之文，以閏無中氣，應行之政統於前月布之也。歆視餘分閏位爲正統，宜其爲國師嘉新公矣。此條因汪孟慈之問而發之。

按，經傳閏月皆在年終十二、正月之後，傳所謂「歸餘於終」，是初不拘中氣，如今曆家之法。經書閏月皆在年終，傳又言閏三月非禮，則不得以後來之法譏傳矣。經言「不告月」，傳言「不告朔」，互文見義，以「朔」字釋「月」字，於非正月之義不相妨。

書曰：宋人殺其大夫。不稱名，衆也，且言非其罪也。

證曰：《公羊》家以爲内取之妃黨，《左氏》則公族也。然考泓之戰有大司馬固，又有司馬子魚，又云魚氏世爲左師，豈大司馬所謂公之孤，而左師兼司馬邪？固即此文公孫固也。六卿之外，又有大夫公孫鄭，未知何官。考《宋世家》，諫泓戰者即子魚，非固也。《年表》云，公孫固殺成公。《世家》云，成公卒，成公弟禦殺太子及大司馬公孫固，而自立爲君；宋人共殺君禦，而立成公少子杵臼，是爲昭公。《年表》又以杵臼爲襄公之子，與今《左氏》絶不相合。是則殺人者既無主名，所殺者又無主名。以意逆之，宋存殷道，袒免而外，昬姻可通，或更有異姓在國；昭公將去群公子者，欲偏置其妃黨也，弗勝，而反爲所殺耳。若大司馬固權重，六卿俱爲公族，同官日久，忽比於新主喪之昭公，而自戕其黨類，且爲亂兵所殺，一似絶不握兵，而與公族素不相知者。《左氏》善於事，必非其舊。且此文末云昭公即位而葬，尚有闕文。將去群公子，則既即位矣；欲去群公子，而與樂豫謀，豫諫又不聽，俱非情事。衆也者，襲《公羊》曹殺大夫傳而失之。晉三郤、鄭三穆，不衆於固與鄭乎？言「非其罪」而不名，則孔父、荀息、仇牧、洩冶皆當其罪，而曹之不死君難者，反非罪乎？

按，事實參差，古書通例，則爲本同末異。非罪之説，以事實斷，史例如此。《穀梁》

稱人以殺，經例也，混同視之，則窒矣。

衆者，據一人立説，謂穆襄之族殺之，非君殺之。《穀梁》以爲無君之辭，書人以殺，是討賊辭；今殺者不名，是無君辭。二者皆衆，則人不爲討罪矣。

宋殺大夫不名，與曹相比，尊卑俱不名，方伯之大夫乃名。

宋襄夫人，襄王之姊也。

證曰：既殺公孫固，卬即爲大司馬矣。樂豫舍司馬以讓卬，何爲乎？大司馬公子卬既握兵節，且樂豫亦戴族，又有讓卬之美，乃因王姬而殺卬，非情事也。王姬不見禮，而主謀以殺公黨，亦非情事也。此篇《宋世家》及《年表》俱不載，當非舊文。

按，此經司馬、司城與孔父稱字，備三公官制，即「其文則史，其義則某竊取」之説也。劉不見及此，而論其情事，抑末已。戴族殺卬，樂豫未必豫聞。王姬殺公黨，幼君例耳，謂非情事，亦所不解。《世家》、《年表》不載之文，非止此傳。此皆望文生義，非確論也。

子叔姬妃齊昭公，生舍。叔姬無寵，舍無威。

證曰：子叔姬之罪，《公羊》信矣。《齊世家》舍之母無寵於昭公，國人莫畏，此史公所據舊本也。歆改竄《左氏》，而曰「子叔姬妃齊昭公」，於文爲不辭，於事爲失實，徒欲以汩《公羊》經義，故縱淫人，亦可醜也。

按，妃，配也，何謂不辭？史公用書，多用義而改其字，或另立訓詁，或攝舉大意，全書皆然，不可枚舉，而必規規於字句相合，豈未通觀《史記》耶？

服虔曰：子殺身執，閔之，故言子，爲在室辭。十二年，子叔姬卒，已被杞絶，是并在室也。二傳以單伯道淫，本傳以子叔姬爲舍母，當入《三傳傳疑表》。

秦人、巴人從楚師。

證曰：群蠻從楚子盟，楚子在臨品，而庸已奪氣，子越子貝之隊如破竹耳。此所謂《左氏》善於事也。緣經增設一語，便失敘事之意。

按，經有秦人、巴人，傳舉之最合。劉謂爲緣經增設，語無證據，是謂妄談。

宣公篇

孔子曰：「《詩》云：『民之多辟，無自立辟。』其泄冶之謂乎！」

證曰：自此言出，而仗馬寒蟬者得志矣。非《論語》仁比干、《春秋》撥亂世之義也。

按，孔子此言，閔其仕亂朝也，而於經則稱國以殺大夫，明無罪也。劉妄加譏評，病在不通經例。

書曰「崔氏」，非其罪也，且告以族，不以名。

證曰：尹氏立王子朝，以朝奔楚，亦非罪乎？

按，史之書氏據告，經之書氏，借以譏世卿也。劉引尹氏爲比，不知彼别有例。言「書曰」，經例也，孔子修《春秋》之法。按《春秋》稱氏不如名，經書大夫出奔通以名，惟此一稱氏，疑其罪重，故貶稱氏。杜氏誤解此文，以大夫奔無名皆有罪，書氏乃爲非罪，是全經奔大夫皆有罪，惟此一崔氏無罪矣。又大國大夫聘會盟伐皆有名，小國乃無名，然則有名者皆罪，無名者乃無罪矣。大夫例稱名，不能以此定罪惡。大夫奔，有罪無罪皆從名見義，此書氏，爲特筆，以見譏世卿。時杼無罪，經不因重特以氏貶也。且下别一説，謂史例也。當時杼在襁褓，無主名，高國舉其族人逐之，故告以族。史承赴辭，亦以族書，而不能以杼名當之。孔子修《春秋》，以氏譏世卿。諸侯大夫不於他條譏，而獨於崔氏者，亦因史本作氏，仍其原文以見義，故先師兼言史例，以合《春秋》書法。

書，有禮也。

證曰：以入國納亂爲有禮，何紕繆若此！

按，納者，内弗受，曰入；惡入者，不使夷狄治中國。書「有禮」者，已縣而復納二卿，從楚言之，能改過，非許其入納。

凡火，人火曰火，天火曰災。

證曰：人火亦天也。《春秋》别大小書之耳。内不言火，有小災如大災，自治貴嚴也。外不言災，治人以恕也。四國同日俱災，如亡天下，君子懼焉。宋書災，存王者之後也。周災不志，志者，天黜周命而災中興之禮樂，聖人因存爲二代之後，變京師爲成周，見其義焉。火，《公》、《穀》作災，當從之，非與陳火爲例也。

按，此亦師説之本同而末異者。《穀梁》：「國曰災，邑曰火。」《公羊》：「小曰火，大曰災。」與此稍異。成周，新周，即《傳》「春王周正月」意，特《左氏》解經，義多散見，故難辨耳。

成公篇

楚人以重賂求鄭。

證曰：《凡例》以稱人而執爲執有罪，固不可通矣。鄭自受盟於蒲，經未著其背中國，故執之，非伯討也。作僞者以其例不可通，遂誣爲受賂而與楚會，又飾子重救鄭；不知楚自盟蜀之後，恃其強暴，再駕伐鄭，後復潰莒入運，豈以重賂求鄭者哉！

按，經稱人而執，伯討也，明鄭有罪也。若鄭無會楚事，經何以書人執之？劉不通經例，故有此證。

楚遂入鄆，莒無備故也。

證曰：鄆固莒與齊、魯相接之地，然經於四年書冬城鄆，於此書楚人入鄆，不蒙莒潰言，遂明内之鄙邑也。且潰國都重於入旁邑，果莒邑不書也，書潰之義，亦非僅責無備。滅者上下同力，效死勿去之辭，潰者下叛上之辭。《凡例》亦以民逃其上曰潰，苟無禮義忠信誠慤之心以結之，雖日繕完城郭，亦同於梁亡而已。

按，經四年書冬城鄆，明鄆爲魯邑矣。此書楚人入鄆，而傳云浹辰之間，楚克三都，豈不自相矛盾乎？昭元年傳莒、魯争鄆，爲日久矣，所以補此傳之罅漏也。劉於此蹈瑕抵隙，適自形其疏漏而已。

晉人止公使送葬。

證曰：同姓侯相會葬，是爲得禮，不爲辱，必不諱也。繻去葬自因殺趙同、趙括，僞傳不知，妄云諸侯莫在，無稽甚矣。

按，時事大夫弔卿供葬事，故成之會葬，傳以爲辱，且不奔天王喪而奔大國喪，亦失禮，故諱之。經例則方伯當會葬，二伯以卒正會葬，方伯無譏文，推而知也。《傳》又云悼公之喪，先君有所助執紼矣，即經例也。劉以爲無稽，誤矣。且殺大夫、不葬，經無此例。何氏有此説，而不能通。蓋殺大夫者不皆不葬，又不能於中生例，則《左傳》之説爲長。

宋華元克合晉、楚之成。

證曰：晉楚同盟，經文不見，有無未可知，要與會於瑣澤無涉。

按，以此駁《左氏》，未能深考之故。

負芻殺其太子而自立也。

證曰：負芻之罪，處不必立之地，不待子臧奉喪反國而自成君耳。果殺太子，經當書之。

按，此當爲史策紀實之文，經别立義，以褒子臧。

襄公篇

公請屬鄫。

證曰：莒人滅鄫之事，經文及《公羊傳》注皎如日星矣。此篇及世子巫如晉、會於戚、滅鄫、取鄫之傳皆僞。

按，二傳以莒滅鄫非實滅。《傳》以爲實滅，滅後晉人以鄫之故來討，魯從而復之，其後魯滅之。書取二説不同，以文義言之，《左傳》較順，《穀梁》其所以定爲非滅者，不過云滅中國不日，别無明據，不如《傳》文事實之詳。《傳》文實出《國語》，並非解經之文出於後師者可比，何得以此歸獄於劉氏耶？

而以瘧疾赴于諸侯。

證曰：經自爲中國諱，故迂迴其文。子駟之罪，於討徵舒、崔杼等例之矣，若僅據赴告爲文，彼權臣弑君，未有以疾赴者，《左氏》尚不肯據以爲文，而謂《春秋》主於討亂賊者專爲亂賊所愚乎！以此釋經，宜其盲也。

按，凡二傳確當之處，此不再衍，紀當時實事而已。史不書弒，爲據赴；經不書弒，爲中國諱。二者並行不悖，必據《公羊》以駁《左傳》，非也。晉、齊弒君，史臣能書，舉臣子赴辭，而不首賊名，是同謀。本弒也，經不書者，皆有避諱。傳於弒而不書弒者，累發以疾赴文。彼既疾赴，則疑以傳疑，不敢直書弒。

士鞅奔秦。

證曰：秦伯之問不可間隔，横安書法，增入之蹟宛然。《左氏》必不爲此。

按，事迹取之《國語》，經例取之師説，合二端爲一書，自有此蹤跡。如鄭伯克段，亦同此例，既不以傳爲成於《左氏》之手，則固不必疑此矣。

名藏在諸侯之策，曰：孫林父、甯殖出其君。

證曰：經書衛侯衎出奔齊，則非襲赴告之文矣。

按，《公羊》言「未修春秋」云云，「君子修之」云云，此傳言策書云孫、甯出其君，而經書曰「衛侯出奔」，《傳》言此，明不可以史法説經，亦如《公羊》「已修」、「未修」之説也。又《傳》凡言「書曰」云云，皆爲變易加損之例。是《左傳》原不以赴告説經，其言赴告，皆謂經例之赴告，不謂當日實赴告與否也。《春秋》爲孔子因史記而作，於史文有削有筆，各有精意，若但據赴告之文，則與今《廣報》、《滬報》相似，全無義例，唯據赴直書而已。即如以十九國爲主，餘者不記事，全從《王制》立義，與六藝皆通。若但據史文，則當時國多矣，何以只此十九國來赴卒葬，而宿乃一赴卒乎？每經皆有師説，義例在於言語文字之外，如筆削、褒貶、進退、隱見、二伯、方伯、卒正、連帥，諸凡義禮制四五十類，此《春秋》精意師説也，左例中皆已具之。與二傳同，與《周禮》異，此《左傳》不可以爲古學之實也。故不書其族，言違命也。

證曰：若僅言諸侯之大夫，而不言豹及，則嫌於豹與會而不與盟。經自有一事再見卒名之例，見其奉君命以始終也。自劉歆等妄附書法，而鄭、賈、服、杜紛紛聚訟，本不足辨。去族，非滅國如無駭、大逆如翬遂，不著此例。即以此文而論，豹正得聘禮出竟專行之義，況公命爲季孫所誣，苟圖私便，不恤國體，豹所深知者乎？自僞書法出，而縱秦檜之奸，掣武穆之柄，禍有不可勝言者矣。

又曰：「乃盟」，晉、楚争先」，與黄池之會「辛丑盟，吴、晉争先」，文法正同。今於「乃盟」之下羼入書法，一似「乃盟」專屬叔孫豹，必非《左氏》舊文也。

按，《左氏》於大夫再見不氏有二例：一再見例不氏，如「書曰：公子遂珍之也」，「書曰：單伯至自齊，貴之也」，此與二傳相同之例也。一以去族爲别有取義者，據仲孫何忌、叔孫州仇一事再見，先後皆氏，又據兩言公子遂，故又爲此一例。前例爲二傳所有，後例爲二傳所無，此傳用後一例也。至於以義理言之，董子云「《春秋》常於嫌得者見不得」。惟叔孫豹違命爲善，故特貶之以示義。《春秋》無達辭，不能執一以立説。《考證》公羊專家，亦昧此義。守正之説，如宋襄公《公羊》尚美之，正與此同。

舊説以不書族爲貶違命，以經例言之，非也。君命視邾、滕，舊本與盟會有大夫，此會因齊、宋請爲屬國，乃不與盟。公命視邾、滕，謂未請之先列國之邾、滕，非此會私屬不盟之邾、滕也。傳例：小國大夫不氏。豹之事似於違公命之明文，而實同公命之深意。此不言氏，正以信公命，張叔孫順命之美，非貶之也。

書先晉，晉有信也。

證曰：晉，中國之伯，屈建即不以詐而得主盟，夫子何忍與之？固知《左氏》不必比附處，乃真舊文也。

按，經不以夷狄先中國，即使有信，亦先書晉，誠如《考證》所言。但《傳》據事立説，亦崇信之一説。《傳》固有通例，有專條之説。如《公羊》言「齊災及我乃書」，大國例記災爲通例，因及我乃書爲專條，説義與此同也。

以德輔此，則明主也。

證曰：姚姬傳以「明主爲三晉以後之稱，此時魏亡已久，適見其誣耳」，今按《史記》「明主」作「盟主」，要爲魏人所託，自是確論。季札時安得有十五國風、雅、頌得所之《詩》？孔沖遠反以古詩三千餘篇爲史公謬説，識亦舛矣。

按，《左氏》或以爲晉人、楚人、宋人，因其記事詳於大國，偶即所見，各持一議。姚姬傳以爲魏人，無稽臆揣之談，原不足據。《考證》據爲定論，殊屬不合。按《史記》以爲盟主，是也。唐、魏地入於晉，其民勤儉，易於自強，晉爲盟主，故傳據以立說。所言「魏風」，專以風土而言，不指亡國，十五國風皆如此。《考證》全不考求傳意，肆口詆諆，正如淺人之非《公羊》，不知其量者也。

《左傳》引季札觀樂詩説，服氏以爲傳家據已定言之。今以此説爲主。蓋孔氏因史記而作《春秋》，以昭王道，筆則筆，削則削，不依史文；《左氏》即時事以寓經意，損者損，益者益，亦不依史文也。季札觀樂，穆姜講《易》，此口授之經説，救火政令，日食儀文，乃制度禮節，聖人不自以爲作，賢者不得不緣此意，故有緣經立義之説。今於傳引用經義，詳考古經説以釋之，不惟傳可明，而群經亦因以愈明。更輯其經説，推廣引申，以復先秦以前經師古法。如據季札説《詩》以定《國風》爲二伯、八方伯、二卒正之類，楚莊引《武》詩，足見今《周頌》有闕佚。至於實録時事之條，則引周制以説之，以見其與經義不同也。

昭公篇

入問王疾，縊而弒之，遂殺其二子幕及平夏。

證曰：經書「楚子麇卒」，無變文，則圍之弒疑也。昭四年慶封言「弒其君兄之子麇」，蓋亦傳聞之語。圍所篡者幕，而素有無君之心，人多疑其弒麇，《穀梁》亦有「弒其君，弱其孤」之語。「弱其孤」者，謂廢幕而奪之位耳，亦未必殺之也。

按，王子圍之弒，《公羊》與《穀梁》、《史記》俱有明文，董子亦同。《左傳》言此事數見，皆在事實中，並非解經釋例，其必出於《國語》無疑。楚麇本先有疾，弒事曖昧，又以疾赴，故不能直加以弒，如鄭髡頑、陳溺、齊陽生是也。今因欲攻《左氏》，並《公羊傳》文亦不之信；若如所言，則許世子與陳侯溺一弒一不弒，《公羊傳》文何爲與經獨相反耶？夫傳必同經，乃唐宋以來陋儒之見。《考證》既言古學，則孔子筆削損益，當所素明，今亦據經以駁傳，然則三傳言弒而經不書弒者，皆在可駁之例矣。此爲大謬，無足深辨。

暨齊平，齊求之也。

證曰：此襲《公羊》會及暨例而附之。杜預誤合齊侯伐北燕爲一事，不知燕及齊平，所謂「外平不書」也；即燕、齊平，亦當書「北燕伯及齊侯盟」，如僖三十年衛人侵狄，秋衛人及狄盟矣。彼不隔年猶復出衛人書盟，以別内及外平之文，則此之内暨齊平甚明也。杜氏不惟不察作僞者之狡獪，又不達作僞者之文理。

按，「暨齊平」，《傳》意未詳，故漢師一用二傳説，一以爲魯與齊平。今不能攻《傳》，攻杜可耳。齊求之也，當止爲暨齊平。《傳》以下另起補完齊侯伐燕傳文，鈔録者誤合爲一耳。

陳災。

證曰：詳裨竈之言。《左氏》亦作「陳火」，作僞者欲比附其「天火曰災」之例而改之。

按，災、火二字最易混淆，至於存陳之説，則災火均得，不必定拘火字乃爲存陳而駁《左氏》也。二傳作陳火，以爲書以存陳，賈、服亦以爲陳已滅而書陳災，湣陳不與楚，故存陳而書之，陳尚爲國也。

宋、衛皆如是。

證曰：《左氏》此篇蓋得之鄭書。宋、衛以下緣經附飾之。

按，《左氏》、《國語》本爲緣經立説，於《鄭語》中兼及宋、衛，固其常也。必以言宋、衛爲附會，豈《鄭語》中遂不及外國事乎？

二至二分，日有食之，不爲災。

證曰：此非敬天命之言。

按，此《左氏》長義，爲二傳所無者。《春秋》書日食，惟於夏月言鼓用牲，餘皆不言。《詩·十月之交》：「朔日辛卯，日有食之，亦孔之醜」，皆以正陽之月爲重。是古有此説，二傳無之，今不得據《公羊》以攻《傳》，當據《傳》以補二傳之闕。

二師圍郊。癸卯，郊鄩潰。

證曰：晉人從王取郊，經不必書。書者，擅取天子邑也。

按，此史據事例，微文在「王使告間」一語，義正與《公羊》同。

食我，祁盈之黨也，而助亂。

證曰：以食我爲助亂，則受賂枉法者得志矣。

按，執祁盈者晉侯也，是非曲直尚未理明，而食我遂助家臣殺祁勝、鄔臧，非助亂乎？受賂枉亂，固有罪矣，擅殺罪人，亦法所必誅。且傳之言亂者，謂不治也，凡有兵戈之事，皆謂之亂。

齊豹爲衛司寇，守嗣大夫，作而不義，其書爲盜。

證曰：齊豹非大夫，故窮諸盜。僞傳又謂「求名不得」，亦非齊豹之倫。彼大夫相殺，臣子弑逆，豈盡如桓温之説「遺臭萬年，爲大丈夫者」邪？此等議論，似有理而大亂真，其不講於何氏之例王子札矣。

按，求名弗得，欲蓋彌章，乃《左氏》全經大例。求名弗得爲善事，欲蓋彌章爲惡事。善事以有名爲貴，所謂留芳百代也；惡事以無名爲貴，所謂遺臭萬年也。《傳》於諸侯不列數大夫稱人，皆以爲無功，不實其言，此善事不成無名之正例。至於齊豹之事，本不爲善，而又書盜，不稱人，不稱大夫，則又爲求名弗得之變例。謂爲大夫因作不義而書盜，惡事欲蓋彌章，至於書盜，則較三叛人名尤甚矣。《考證》不知傳意，正與傳反。

冬，十一月，晉魏舒、韓不信如京師。

證曰：此篇重定元年，僞者比附經文而失檢耳。

按，此傳所以起定元年文，事有終始，故文兩見之。

定公篇

秋，七月，壬申，姒氏卒。不稱夫人，不赴，且不祔也。

證曰：不稱夫人者，《春秋》以哀爲未踰年，假以見妾母不得稱夫人之例，本不必赴於異邦也。爲之築宫，使公子主其喪祭，正也。

按，此非通例，專對成風、敬嬴而言。經非夫人公母不書，彼二妾母，皆稱夫人、書薨、言葬小君，此獨不言，故據以爲問；非凡妾媵皆必書夫人，亦非本夫人因不成喪而降不稱夫人也。行禮隆殺，本無一定，傳多據儀注立説者，以魯秉周禮爲主，就當行典禮言之，非就人君私意隆殺之事。此爲《左氏》大例，不可以常文衍説之也。

雨，不克襄事，禮也。

證曰：即欲以「禮也」二字釋經，亦宜全録經文。作僞者至襄公以後，亦甚草草矣。

按，不全録經文，《傳》不止此，亦明其意而已，烏得以草草目之？

不稱小君，不成喪也。

證曰：不稱夫人，即不稱小君矣。曰「不成喪」，誣哀甚焉。自春秋諸侯皆以尊妾母爲孝，而不顧卑其先君，是傳所謂「野人曰：父母何算焉」者也。

按，非小君自不得稱小君。「不成喪」者，不成夫人之喪也。二傳已明此，故不用正説。「不成喪」，即指上「不赴」、「不祔」而言。

冬，城漆。書，不時告也。

證曰：農功既畢，而以君命葺城，何爲不時？亦何煩赴告？蓋經書城築有數義：重民力也，畏大國也，好土功也，久不葺，俟其圮而更爲之也。時與不時，當文自見，無煩數解也。

按，工作當於冬，當時則爲常事不書，書者，別有義。故傳有早遲緩速之説，如季孫欲速成，請緩爲之是也。此當時而書。不時告者，謂大夫以非時城之，至此乃告於君耳，非謂赴告也。《春秋》以經例爲主，不盡主史文，後人以赴告説之，非也。蓋《春秋譜牒》乃治《春秋》專書，若當時行事，則傳記子緯各有傳述，言之甚詳。《譜牒》詳其世系終始，行事但有綱目。此真正傳《春秋》之書，略人所詳，詳人所略，文字簡質，如是已足。若傳記所言，則據《譜牒》、綱目而衍成文章。如殺申生一事，傳記凡五六見，言皆不同，事亦不合。此類實繁，不能備舉。此皆借事各抒所聞見，事如題目，記述如文字，人各一篇，不能雷同。如崔杼、趙盾、世子申生、踐土盟之類。總之，今所傳者均非史。若周時其事皆怪力亂神，不可以示後人，如同姓爲婚，父納子妻，弑逐其君，桓公滅卅國，姑姊妹不嫁七人等，背禮傷教之言，乃爲真事，當時亦均視爲常事，並無非禮、失禮之説。孔子全行掩之，而雅言以《詩》、《書》、執禮，不得於孔子後仍守史文之説也。《春秋》、《國語》皆經也，惟《譜諜》乃史耳。董子云：「《春秋》有詭名、詭實之例。」當時所無之制，欲興之，則不能不詭其人；義所當詳之事，欲掩之，則不能不詭其實。《春秋》所見之監者，當其時並無其人其事。又凡所言夷狄，當指中國，並非真夷狄也。意不欲言則削之，如鄭厲公入櫟以後十數年不記鄭事，數經弑殺，經無其文是也。制所特起則筆之。如三國媵伯姬當時無此禮，親迎亦無詳録伯姬之類。《春秋》有筆削，凡涉筆削，皆不可以史説之。削者首尾不全，筆者當時並無其事。後人好以史説《春秋》，而無如《左氏》又非史，則杜氏乃得售其術。故凡大事，衆人所共知，史原事也；至於一切外間小事，魯國細事，不惟當時多無其事，即史有之，亦其細已甚，史不能詳。總之，孔子之修《春秋》，正如劉歆之改《周禮》，《周禮》爲劉氏之書，《春秋》亦爲孔子之書。《周禮》當復舊觀，《春秋》不可復言史法。如欲侈言史，則太史爲聖人矣；如不喜其□，則《通鑑綱目》真可以繼尼山之傳矣。

哀公篇

齊人歸讙及闡，季姬嬖故也。

證曰：季姬之事，《左氏》本文或有之，以此釋經，則出附會。蓋經例外取内邑，非内有大惡不書。滅郲而取讙，復郲而歸讙，假外警内之明文也。

按，《齊世家》：「季姬嬖，齊復歸魯侵地。」是與《左氏》同。

孔子與弔，適季氏。

證曰：昭公雖取同姓，於哀猶之適祖母也，即不成喪，夫子固必不弔於季氏，豈季氏得爲喪主乎？

按，經義已明，書此以譏季氏，即三易衰意，非謂季氏爲喪主也。

證續經之謬

按，本傳多言史例，後來學者皆苦之，蓋主之則背經，駁之則違傳。今立史例一門，以此爲《未修春秋》之法。隱元年七言不書例，獲麟以後再録史文，皆屬此例，以見經異於史。至傳中凡説言又法，皆史與經合者；其不言者，則不必合。如云「君舉必書」，凡傳言君舉而經無者，皆爲削，非公命而書，皆爲筆；有告而不書爲削，無告而書之爲筆，藉兹文正可以見筆削精意。故續經不必求與經義合也。

夏，四月，齊陳恒執其君，寘於舒州。六月，齊人弒其君壬於舒州。

證曰：經書晉州蒲先幽後弒，移十二月之庚申於正月下，謹嚴詳密如此。杜以彼處有閏十二月，庚申實在正月，知不然者。何邵公亦明術算，其所言可信也。且弒君之罪重矣，何暇詳其先幽後弒哉？執爲中國討罪之辭，豈可以臣下施之君上？既曰「陳恒」，又曰「齊人」，孔穎達引僞例曰「齊君無道」，以縱釋陳恒之罪，大違夫子請討之義。

按，晉欒書執厲公不書。凡以臣逐君者，皆以自奔爲文，不使臣加於君上，如以大國執小國君之辭。此與晉厲公事同，如孔子修之，但存弒文，則執可以削；即欲書之，亦但云齊侯出居於舒州，不使臣加於君。傳録此史文，見孔子修《春秋》加損正名例，舉此一隅，以待反三。

陳恒弒君，孔子請討，《論語》及《傳》皆言陳恒，經但稱人；經弒君不地，史文乃有地。皆以見經異於史之例。

庚戌，叔還卒。

證曰：左氏不載，作僞者見《左氏》固有不詳經事之體而著之。

按，此與經例同者，書之以見經有承用史文者，非悉有加損也。又此續史文以起經例，有目有傳，與前經傳相同，無可駁也。

有星孛。

證曰：經無此闕疑法。

按，經言星孛，必言所在，史官所無，則孔子考訂而補之。此爲筆例，舊史無文，而孔子添入者也。特一見史文記星之例，以起經中言所在者之爲筆例。劉歆説亦以爲官失之也。

成叛。

證曰：經無此書法。

按，此録史文，以見筆削精意。因其所修，知所不修，因其所不修，知其所修，特於正經之後續録史文，以見筆削之意，原不必求合於經。《左氏》亦非以史法立異。考傳例「君舉必書」，按此先師即經所不書之事以見史例也。一年之中，君舉與命使必成卷帙，孔子修之，則有終年不記魯一事者，司馬氏所謂「約其文辭，去其繁重」，董子云「覽其緒，屠其贅，是以人道浹，而王治立」是也。孔子修《春秋》，有損益舊史之例。二傳不言不書之事，不足以見筆削之迹，惟《公羊》言「《未修春秋》曰：雨星不及地尺而復，君子修之曰：星隕如雨」一條，然此足以見潤澤之迹，不足以見筆削之旨。本傳先師欲表張筆削大例，故傳中特標史法，知舊史之體例如是，則《春秋》損益史文之例乃可大顯。如「君舉必書」與「君命必書」，此史例也。凡魯君臣二百四十年中所有應行國家常典，與夫修内交外吉凶諸事，當日細書，必千萬倍於孔子之《春秋》，因此可以見《春秋》「常事不書」、「已見不書」諸削條，此一益也。且經書行事，有爲當日非君命與君舉，如大夫專政自舉之事，與夫公不視朔、大室屋壞、公不與盟之類，使非知史例不書，則無以見此類爲舊史所無，乃孔子之特筆也。故先師特標史法，使學者讀已修之《春秋》，以求不修之《春秋》也，而後聖人筆削之旨，乃可以大顯。此爲本傳之專長，二傳所未有者也。惜杜氏不知此意，好以史法參混經例，經、史不分，遂使本傳長義反足以爲本經之累，是巨謬也。今標明史法，又不使史法混淆經例，則史例爲本傳長義，有益而無弊，庶足以張本師苦心也。

晉侯伐鄭。

證曰：據《左氏》及晉、鄭《世家》，是時晉臣專兵，君若贅旒，安得自將伐鄭？於事實不合。

按，定公之時，政在陪臣，經書事多以公主之；所謂歸權於君，即張公室之意也。目晉侯，不必晉侯親行。

十有六年，春，王正月，己卯，衛世子蒯聵自戚入於衛。稱世子，以父臨之前已見義，此入可不言世子。言此，明《春秋》一見不再見之例，史文甚詳，孔子乃削之。衛侯輒來奔。二月，衛子還成出奔宋。此發人名字子大例。經衛無稱子大夫，惟宋、齊、魯有之。子還成與稱子例混，經不言之。夏，四月，己丑，孔丘卒。紀孔子卒，是弟子尊崇孔子，兼明修《春秋》之旨。

證曰：言納於戚，則入衛不書，如鄭突入櫟，不復書入鄭也。即書之，亦不當言自戚如衛，衎歸衛，不言自陳儀也。書輒來奔，則責以拒父，亦大失經意。子還成，即𤰝成，亦無此名字例。孔子生卒謹書於傳記，宜也，而附於經，則經爲夫子家乘矣。夫子作《春秋》，游、夏不能贊一詞，不識後有劉歆之徒狂悖如此，而賈逵、杜預誣及弟子，是深惑於左氏「親見聖人」之説也。

按，《年表》作「孔子卒」，則「丘」字當是傳寫之訛。

經爲孔子所編，故經終孔子。據《年表》亦記孔子卒，終於敬王，《左氏》原文本在，亦終於哀公之二十七年。考《年表》，獲麟後編録如初，則此續經之文亦史公所見，非歆手所羼，明矣。續經原不必與經合，劉駁不知傳意。

附證

悼之四年。

證曰：《魯世家》言悼公在位三十七年，獲麟後五十年矣。

按，全書編年紀事，此不編年，知非《左傳》之舊。蓋續經終於孔子卒，終孔子也。續傳終於哀公出，終哀公也。當爲後人所附，不惟非丘明原文，並非先師傳本所有，乃後人羼補，如《史記》有揚子雲語是也。説者據此定《左氏》爲六國時人，誤中之誤矣。

左傳經例長編

廖平　撰
楊世文　仇利萍　點校

校點説明

據廖宗澤《六譯先生年譜》：光緒二十四年戊戌（一八九八），張之洞延通經之士纂《經學明例》，門人廖平爲《左傳經例長編》，先撰數條以發其凡。而合川張森楷助之，先爲「史微篇」，略採《史記》十二紀、年表、世家各編，用《左氏》之文及其解經之説，以折劉逢禄《左氏春秋考證》之妄。其有乖違，特申長義，必不可通，亦從蓋闕。意在申《左》，而以史證之。《易例長編》則屬之宋育仁。《左傳經例長編》分正義、辨正、旁證、傳例、補例、存異、闕疑等欄目，條理清晰，意在會通三傳，揭示《左傳》經例，示治《春秋》之門逕。現存舊鈔本，藏中國國家圖書館，今據此整理。

目録

左傳經例長編

春，王周正月。

正義 劉氏《三統術》云「春，王正月」，《傳》曰：周正月「火出，於夏爲三月，商爲四月，周爲五月。夏數得天」，得四時之正也。三代各據一統，明三統常合，而迭爲首，登降三統之首，周還五行之道也。故三五相包而生。天統之正，始施於子半，日萌色赤。地統受之於丑初，日肇化而黃，至丑半，日牙化而白。人統受之於寅初，日孽成而黑，至寅半，日生成而青。天施復於子，地化自丑畢於辰，人生自寅成於申。故曆數三統，天以甲子，地以甲辰，人以甲申。孟、仲、季迭用事爲統首。三微之統既著，而五行自青始，其序亦如之。五行與三統相錯。《傳》曰「天有三辰，地有五行」，然則三統五星可知也。案：《漢書·律厤志》又云：「周師初發，以殷十一月戊子（亥月）。後三日，得周正月辛卯朔（子月）。明日壬辰，至戊午二十八日渡孟津，明日己未冬至（正月二十九日）。庚申二月朔（丑月）。四日癸亥，至牧野。」據此，知周自武王滅商之日即改月，而史就書爲春也。《集解》：「凡人君即位，欲其體元以居正，故不言一年一月。」案：此同《公羊》說。

辨正 《胡氏傳》說《春秋》以夏時冠周月。案：《傳》云「周正月」，則正月碻爲建子之月。經十二月皆依周正，而以十二月平分四時，則是時隨王正而變。蓋孔子改制，取夏之時，故《詩》、《書》所言正月，皆爲夏正。然《春秋》乃時王之制，國君之史，不能明白改易之，故正爲時王之正，而子、丑、寅三月爲三微月，皆可爲春，冬至爲子月，節牽牛，改指以此爲斷①，可以爲春時。至於秦正建亥，則不在三微月，不可爲春矣。

旁證《公羊傳》：「春者何？」據建子之月，疑不可爲春。「歲之始也。」冬至星躔牽牛，爲一歲之始，故子月可爲春。三正互更，皆在三微之月。《禮記》孟獻子曰：「正月日至，可以有事於上帝；七月日至，可以有事於祖。」此言冬至在周正之春正月，夏至在周正之秋七月也。《後漢書·陳寵傳》曰：「冬至之節，陽氣始萌，天以爲正，周以爲春。十二月陽氣上通，地以爲正，殷以爲春。十三月陽氣已至，天地已交，萬物皆出，蟄蟲始振，人以爲正，夏以爲春。三微成著，以通三統。」此劉歆說，足見周實以十一月爲春也。宋人謂三代改正朔不改時月，則是十一月本非春，聖人虛立「春」字於正月之上，則經有不書月而書時者，又誠有事與時差兩月之疑矣。或又拘夏時周正之說，則正月、二月須書冬，而三月乃可書春耳。案：春王正月，三《傳》不明言何時，《左氏》特著周於正月之上，明周正月者，示非夏、殷之正，乃周之建子月也。子月爲春者，時隨王政而正。

傳不書即位，攝也。《王莽傳》引《春秋傳》曰：「不書即位，攝也。」《公羊傳》：「宋繆公吾立乎？此攝也。終致國乎與夷。」與此「攝」字同意，即二傳讓桓之說也。

---

① 此句疑有誤。

正義《魯世家》：魯人共令息攝政，不言即位。案：史與《傳》釋經之文同，此左氏先師説也。近人以解經、釋例出於劉歆，誤矣。潁氏説十二公皆書即位，孔子修之，乃有不書。案《孔疏》：「舊説賈、服之徒以爲四公皆實即位，孔子修之，乃有不書。」《傳》言書、不書，皆釋孔子筆削之旨，不謂史法。潁氏以不書爲經不書，是也。賈氏説不書隱即位，所以惡桓之篡。案賈説同二《傳》。鄭君説《春秋》辭同事異者甚多，隱去即位以見讓，莊去即位爲繼弑。案：鄭君有《左傳注》，故説《春秋》多用《左氏》説。今與賈同，是《左氏》本同二傳。

旁證《公羊》：「公何以不言即位？成公意也。何成公之意乎？公將平國而反之桓。」《穀梁》：「公何以不言即位？成公志也。焉成之？言君之不取爲公也。君之不取爲公，何也？將以讓桓也。隱不正而成之，何也？將以惡桓也。」案：此爲賈、鄭所本。

辨正《集解》：「假攝君位，不修即位之禮，故史不書于策，傳所以見異于常。又隱雖不即位，然攝行君事，故亦朝廟告朔也。」《釋例》：「遭喪繼立者，每新年正月必改元正位，百官以序，故國史皆書即位于策以表之。隱既繼室之子，于第應立，而隱終有讓國授桓之心，所以不行即位之禮也。隱、莊、閔、僖雖居君位，皆有故而不修即位之禮，或讓而不爲，或痛而不忍，或亂而不得，禮廢事異，國史固無所書，非行其禮而不書于文也。」案：此杜氏誤據史法以説經之失也。《傳》中有史法一例，但可以説不見經之事與經、史相同之條，至於經文，當全以經例法之，不可參用史法。杜氏據「君舉必書」一語爲通例，謂實不即位，乃不書即位，然于別條又存常事不書之例，是其誤矣。且以情理而論，《春秋》十二公、二百四十二年之中，魯君臣僅七行即位之禮，雖怠荒，不應至是。又經書公四不視朔，則以前皆視朔可知，而經則從不一書視朔，不得謂書四不視朔之前，魯君全不一修視朔之禮。視朔每月一次，一年應書十二次。國君每逢大典禮，必即位受朝，亦如視朔。魯君行此禮不知凡數十百千次，經若君舉必書，則經但書此事，二百四十年中文已不止數萬，故凡常事史必詳悉詳書之，至經則一概從削。凡經中魯公共有數十年不舉一事，此舉經削之，非魯君卧治不舉一事。且經于公不舉，如不視朔之事乃反書之，則非獨舉乃書、不舉不書也。故凡晉以後史文之説皆所不取。

傳例　常事不書。案：即位史書公舉者多矣，有所見經乃書之，故二百四十二年中，僅七書其事，則凡書皆有所見，以爲史法，則行禮書，不行禮不書，全爲魯史之文，無關於孔子筆削之旨矣。

補例　筆削例。案：禮，殯而即位。人君授受，皆于尸柩之前。定公于喪至六日書即位，顧命于喪次即位。本傳諸侯每言于喪次即位，此一定之禮也。《春秋》不於殯時書即位，而必踰年乃書者，專以明一年二君之義，後君不可分先君之年以爲年也。舊新之交，皆以正月元旦爲斷，故特存定公六月即位，以明其實，而常書正月，以見正始正終之義。實則禮三年居廬，聽於冢宰，踰年元旦在喪中，未必忍臨群臣而受其朝賀，則是嗣君于元旦不皆即位。但經既不書喪次之即位，則不得不于此書之，使欲以即位見也。雖不即位，不能不移去年之即位于此，使欲不以即位見也。雖實行其禮，史親書之，經亦削而不録，或筆或削，全由孔子，不拘史文，此史公所謂「筆則筆，削則削」也。

三月，公及邾儀父盟于蔑。案：周之三月，夏正月也。經于周三月始紀事，終于哀十四年春狩，此用夏正之義也。孔子用夏正，但能微文示義，不能直改時王之正也。邾子克也，未王命，故不書爵，曰儀父，貴之也。案：此與倪黎來相比，因其爲方三十里附庸之國，故字之，非爲善其與隱盟而進之稱字也。説詳辨正。

正義 劉、賈、許、潁皆以經諸「及」字爲義。案：此言及内外例，由内及外也。

旁證 《穀梁》：「及者何？内爲志焉爾。儀，字也，父猶傅也，男子之美稱也。其不言邾子何也？邾之上古微，未受爵命于周也。」《公羊》：「及，我欲之暨不得已也。」案：二傳説與《傳》同。

補例 董子説，附庸字者方三十里，名者方二十里，人氏者方十里。案：此初見稱字，後稱子；倪黎來初見稱名，後稱小邾。此經以邾爲方三十里附庸，倪爲稱名方二十里附庸，邾後稱子，敘滕、薛上，有不氏大夫。此《春秋》進之爲卒正也。小邾則終《春秋》爲附庸。《傳》曰「貴」者，以較黎來爲貴耳，非特進之也。《釋例》：「要盟多書日。」案：公盟重事，文宜詳備，則例書日，《穀梁》云「國之大事日」是也。小事則簡畧不具日月，行文之體例應如此。公盟不日者，《穀梁》以爲渝盟，是也。

辨正 賈、服以爲儀父嘉隱公有至孝謙讓之意，而與結好，故貴而字之，善其慕義説讓。案：《春秋》名、字、人、氏皆以決疑嫌、明貴賤，一定不移，不以爲褒貶；凡託于褒貶者，皆别有所見，不與正文相混。國君如楚初稱荆，次稱人、稱子，則爲褒進之，明係楚人，而稱人則爲貶之，以其爲夷狄，不見本爵，故可以言進退。若齊、晉稱侯，貶之或可稱名、不氏，欲進之，則斷無稱字之例。則以《春秋》以名、字定尊卑，而又别有褒貶之法，必進退之文與貴賤本稱截然不相混，乃足以見義。若一名字之例可以指爲尊卑，本稱又可以託爲褒貶異號者，《春秋》從無此例也。賈、服之説與何注《公羊》以爲王魯因褒儀父之説同誤。《集解》：「附庸之君，未王命例稱名，能自通于大國，繼好息民，故書字貴之。」案：後邾爲卒正倪，終《春秋》爲附庸，是附庸中自有等級，董子與

《尚書大傳》以爲有三等，是也。杜以附庸例稱名，不知尚未稱人氏之例，誤與賈、服同。賈氏曰：「北杏之會，已受王命。」《集解》：「王未賜命以爲諸侯，其後儀父服事齊桓以獎王室，王命以爲邾子，故莊十六年經書邾子克卒。」案：王命邾子事，傳無明文。孟子云：「《春秋》天子之事。」先師説皆以《春秋》進退諸侯，孔子以十九國定二伯、方伯、卒正之制，不必當時事實。杜氏於《春秋》爵號同異，或云時王進之，或云時王黜之，別無明據，望文生義，不合經意。今凡空言時王進退之例皆不取。

夏，四月，費伯帥師城郎。按經例，內大夫無稱字之例。費爲邑名，費下稱伯，此或如郕伯、郜子魯取其國，以寓公臣于魯也。

不書，非公命也。按史例，君舉必書，非君命則不書。經例則常事不書，見者不復見，損益史文，是爲筆削，則不拘史文，更無論君命矣。

史例　君舉必書。按，此先師即經、史同不書之事以見史例也。一年之中，君舉與命史書，必成卷帙，孔子修之，則有終年不記魯一事者，司馬氏所謂「約其文辭，去其繁重」。董子云：「覽其緒，屠其贅，是以人道洽而王法立。」是也。孔子脩《春秋》，有損益舊史之例。二傳不言不書之事，不足以見筆削之迹，惟《公羊》言「《不修春秋》曰：『星隕不及地尺而復。』君子脩之曰『星隕如雨』」一條，然此足以見潤澤之迹，不足以明筆削之旨。本《傳》先師欲表章筆削大例，故《傳》中特標史法，知舊史之體例如是，則《春秋》損益史文之例乃大可顯。如君舉必書與君命必書，此史例也。凡魯君臣二百四十年中所有應行國家常典與夫修內交外吉凶諸事，當日細書，必千萬倍于孔子之《春秋》，因此可以見《春秋》常事不書，已見不書諸削例，此一益也。且經書行事，有爲當日非君命與君舉，如大夫專政自舉之事，與夫公不視朔、大室屋壞、公不與盟之類，使非知史例不書，則無以見此類爲舊史所無，乃孔子之特筆也。故先師特標史法，使學者讀已修之《春秋》，以求不修之《春秋》，而後聖人筆削之旨乃可以大顯。此爲本傳之專長，二傳所未有者也。惜杜氏不知此意，好以史法參混經例，經、史不分，遂使本傳長義反足以爲本經之累，是巨謬也。今標明史法，又不使史法混殽經例，則史例爲本傳長義，有益而無弊，庶足以張本師苦心也。

辨正 《集解》傳曰：「君舉必書，然則史之策書皆君命也。今不書于經，亦因魯史之舊法，故魯事傳釋不書。他皆倣此。」按，《傳》于隱元年六言史法非公命、不告、公弗臨、不見公不書之例，以下終哀公，言史例不書者不過十餘條，此明于開宗舉史法以示例，使明筆削之旨，後遂畧而不言，故全書言史只數十條也。杜氏乃以此爲通例，幾若《春秋》于舊史全無損益，凡《春秋》所無，史皆不書，《春秋》所有，皆史所録，則是直鈔史文，全無筆削之可言矣。

夏，五月，鄭伯克段于鄢。案：《世家》以段爲出奔，與《傳》同，詳録《傳》下。

書曰：「鄭伯克段于鄢。」段不弟，故不言弟，如二君，故曰「克」。稱鄭伯，譏失教也，謂之鄭志。不言出奔，難之也。案：難其出者，獲詞也。大夫生死皆曰獲。

傳例 得儁曰克。「儁」當爲「獲」字滅文。定九年《傳》書曰：「得器用也。」凡獲器用曰得，得用焉曰獲。以得、獲二字對文相别。考經文，凡獲器用不能自舉者曰得，得寶玉大弓是也。得活物能自至者曰獲，如獲大夫與獲麐是也。得、獲之分以此，而「克」其總名，兼包二義。如克邑，不用師徒曰取，與「克其三都」皆以得地爲克。此言「克段」，與晉人克欒盈同。又以殺大夫爲克也。獲者，大夫生死皆曰獲。此不言「獲段」而言「克段」者，爲既獲段，又得鄢，人與地兼得，故以得、獲之總名言之曰「克」也。《傳》言克爲殺、爲取者多，經例「克」爲一見例。

正義《年表》：「段作亂奔。」《鄭世家》：「大叔出奔共。」潁氏說鄭段去弟，惟以名稱，故謂之貶。傳例，凡稱弟皆母弟也。段不稱弟，並不稱公子，故謂之貶，同於微者不氏。此用二《傳》說。服曰：「公本欲養成其惡而加誅，使不得生出，此鄭伯之志意也。」《集解》：「不稱國討而言鄭伯，譏失教也。段不弟，故不言弟，明鄭伯雖失教，而段亦凶逆。」案：此說本《穀梁》。又：「《傳》言夫子作《春秋》，改舊史以明義，不早爲之所而養成其惡，故曰失教。段實出奔，而以克爲文，明鄭伯志在于殺段，難其出奔。」案：以克爲殺，說同二《傳》。《釋例》：「段去弟，身爲謀首也。」

辨正《集解》：「以君討而用二君之例者，言強大儁傑，據大都以耦國，所謂得儁曰克也。」案：杜不知儁爲誤字，望文生義，訓以「儁傑」釋之，非也。凡例皆常見之字，不應此例獨用一僻字。

存異《公羊》：「克之者何？殺之也。」《穀梁》：「克者何？能也。何能也？能殺也。」案：經文「克」字凡數見，皆作「能」字解，如「不克葬」、「弗克納」是也。「克」下別繫葬、納之文，此「克」不爲事實，當以「能」字說。至于「克段」克字，其下不別繫字，當別爲一例。本《傳》傳中言「克」字爲戰勝攻取之名者毋慮數十百見，本《傳》于此經「克」別標一例是也。《公》、《穀》先師以諸「克」皆作「能」字解，遂不爲本經一見「能」標例。以「能」字解之，因「能」無所繫，再以「殺」字實之。據經，殺世子、母弟目君，本《傳》不言出奔，難之實亦以「克」爲「殺」，雖未殺而以殺科之也。然此「克」字本傳及後世皆用爲攻取之名，因一見不爲標例，此闕疑，當以《左》義補之，故別存其說。

旁證《穀梁》：「段，弟也，而弗謂弟；公，子也，而弗謂公子，貶之也。段失子弟之道也，賤段而甚鄭伯也。何甚乎鄭伯？甚鄭伯之處心積慮成于殺也。」《公羊》：「殺之則何爲謂之克？大鄭伯之惡也。」董子：「大夫出奔者多矣，母弟出奔，獨大惡之。」案：二《傳》説全通本《傳》，惟二《傳》後師以段爲實殺，與本《傳》異。考《左氏》、《史記》言段出奔事甚明，不應先師誤以爲實殺。《公羊》于克段有大惡之文，秦鍼傳無之。董子云「母弟出奔大惡」，是董子以段爲出奔，未嘗殺也。以此推之，則《穀梁》之「甚鄭伯處心積慮成于殺」，亦謂有殺之心，以殺科鄭伯耳，非鄭伯實殺之證也。

《釋例》「得獲例」曰：「獲，得也；得，亦獲也。實同而文異，故假其異文以别事。」此得、獲二字連文爲《左氏》舊例之證。

秋，七月，天王使宰咺來歸惠公仲子之賵。

緩，《穀梁》：「其志不及事也。」案：以惠公與仲子皆已葬，不單指惠公。且子氏未薨，言子氏，别于惠公。未薨，謂經不書薨也。七月賵不及時，則仲子葬當與惠公同在六月以前，則仲子之卒當在正、二月之閒，已入春秋，而經不書也。仲子，魯以爲夫人，而實妾母，子又未立，故不得書于經。經未薨卒之人，而天王賵之，是失礼也。故名。據宰渠伯糾氏字與名同見，此不氏，貶之，爲不及事，而兼有賵妾之失也。天子七月而葬，同軌畢至；諸侯五月，同盟至；大夫三月，同位至；士踰月，外姻至。贈死不及尸，弔生不及哀。案：以上《傳》皆譏其緩，無未薨已賵之説。豫凶事，非禮也。《荀子》：「送死不及尸柩，弔生不及悲哀，非礼也。故吉行五十里，奔喪百里，贈襚及事，礼之大者也。」案：豫謂猶豫，即緩也。吉行五十里，奔喪宜急，説葬賵襚，及事謂之時。今于賵緩行如吉礼，賵至已葬，故譏之。

正義 程子曰：「夫婦，人倫之本，最當先正。春秋之時，嫡妾僭亂，聖人尤謹其名分。仲子繫惠公而言，故正其名，不曰夫人，曰惠公仲子，謂惠公之仲子，妾稱也。以夫人之禮賵人之妾，亂倫之甚。《春秋》之始，天王之義未見，故不可去天而名咺，以見其不王。」案：以仲子謂惠公妾，與《傳》同。以咺爲貶，亦用《傳》說。陳氏傅良曰：「隱將讓桓，以夫人禮赴于京師，歸賵，蓋命之也。其曰惠公仲子者，修《春秋》之辭也。」此亦與仲子未薨意相合。

辨正 《集解》：「子氏，仲子也。薨在二年，仲子在而來賵，故曰豫凶事。」王氏克曰：「以子氏爲仲子，因以爲此時仲子尚在耳。天下有人未死而先歸賵者乎？」啖氏助曰：「不辨菽麥者，猶不當爾。」案：此杜氏誤說，後人遂歸咎《左傳》，過矣。

傳例 《傳》：「仲子生而有文在其手曰：『爲魯夫人。』故仲子歸於我，生桓公。」案：《傳》明以仲子爲桓母，元年已葬，則二年卒之仲子當爲隱妻。又惠公仲子妾以夫氏，據程子說，與《傳》同，然則《傳》謂單賵仲子，不如《公羊》兼賵惠公及仲子也。不爲災，亦不書。

紀子帛、莒子盟于密。按，帛當爲伯，古今字也。三《傳》異文亡慮于百，至于爵、號、名、字，則全經無一字異同。帛，二傳作「伯」，文甚明。且子伯非爵，爲經大例，杜氏説乖謬，故仍依今文讀之也。

冬，紀子帛、莒子盟于密，魯故也。按，紀、莒爲魯卒正，有隙。魯、紀新爲昏，魯以方伯爲紀、莒平之而盟。外盟不書，爲魯平之乃書。

傳例 伯、子、男一等。按，經文鄭以下敘許男、曹伯、莒子、邾子、滕子、薛伯、杞伯。伯、子、男三號同爲一等，大夫會許以下同稱人。《傳》于大夫會許以上稱名、氏，許以稱人，言大夫而不名。又《傳》云：「卿可以會伯、子、男，不可以會公、侯。公、侯在喪稱子，而不言伯、子、男。」又云：「伯會合諸侯，則侯帥伯、子、男以見于伯。」此經傳伯、子、男同爲一等，與《公羊》「小國稱伯、子、男」，伯、子、男一也，同爲《春秋》卒正同等異號之例也。

補例 侯國乃見經，子伯非爵，爲號。諸侯本爵侯，與子伯託號互見。伯、子、男本爲爵，《春秋》見經諸侯本爵皆侯，故經稱諸侯。凡伯、子、男實爵之小國，通不見經，故經于諸侯之中分爲四等，同爲一等，爵不足以相別異，故假伯、子、男爲託號以別異之。稱伯、子、男而不嫌爲七十里、五十里之小國者，以一州有三十侯國，經惟書方伯、卒正、連帥，皆侯國當之，故伯、子、男三錫以下之國通不見經，師説三命以上乃書于經是也。如伯、子、男爲實爵，則許男當居末，不應在曹伯上，而稱子之國又不可以在伯上，此百里侯國乃書于經，子伯非爵，爲託號之説也。《春秋》于一等侯爵中分出大國、次國、小國，統稱可曰諸侯，而分録同見，則當別異，故假子伯爲小國之號，相嫌之際，則言託號，《公羊》云「貴賤相嫌則異號」是也。不嫌則不見異號。滕侯、薛侯來朝，《公羊傳》曰：「何以稱侯？曰不嫌也。」是也。經爲通稱侯不足以明尊卑，故以子伯爲異號，又以統稱子伯，不一見子伯，則使人疑諸國本爵爲伯、子、男，不足以見諸國皆方伯、卒正有功爵受錫命之大國，較本封但只百里之侯尤大，則「咸建五長」之制度不明。故相嫌則言異號，不嫌則閒出本爵。如滕、薛本侯國爲卒正者，經統稱滕子、薛伯，唯于其朝卒稱侯，以其不嫌，故一見之也。杞本爲公，而經或稱子，又以見子伯同爲異號，《公羊》所謂「伯、子、男一也，辭無所貶」是也。而師説以爲子貶者，誤也。滕侯、薛侯一稱侯，而下以子伯二號同繫之，借以明子伯同稱，子在伯先，實爵伯貴于子，託號子貴于伯，故天子卿稱子，大夫乃稱伯也。滕、薛一言侯，下常以子伯連文。紀下稱侯，而此以子伯並繫，皆爲一見例，特筆以留子伯非爵、子貴于伯之踪跡，此爲《春秋》名號大例，全經之要務，故急闢舊誤以張之也。

辨正 《集解》：「子帛，裂繻字也。比之内大夫，而在莒子上，稱字以嘉之也。稱字例在閔元年。」《釋例》：「帛，卿也。依魯大夫之比，列于莒上，故《傳》曰『魯故』也。」按，杜氏以子帛爲裂繻字，望文生訓，似乎巧合，求之經例，則成巨謬。《春秋》名分之書，以大夫敘諸侯之上，此萬不能通者。杜氏明知其誤，見内大夫常敘諸侯上，以爲比之内大夫。考内大夫會外諸侯皆有「會」、「及」字以别之。仲孫蔑、衛孫林父會吴于善稻，此欲外吴，故内衛，衛大夫與内比，吴雖稱國，猶有「會」字。若累數不言「會」、「及」，則無内外之可言。且紀朝魯之小國，與莒、邾比，莒、邾無大夫，三叛稱賤，而必書。經例，非天子大夫不字。儀父附庸君，稱字，《傳》猶以爲貴之。小國大夫例不氏，斷無稱字之理。《春秋》即以名號定諸侯大夫尊卑，不能如凌越無紀律。且杜氏又不知字例，凡《春秋》子伯爲號字之通稱，凡字例皆以伯仲，或言父，無混稱子爲字者。以子又爲一例，一蒙混，則文例不明也。閔元年高子、季子嘉之不名，此大國與内臣例，豈得以説小國大夫？爲此條舊無子伯並見之説，二《傳》皆闕之，故杜説雖誤，或以備一解，非似杜誤不如闕之爲愈。程子云：「當云紀侯、某伯、莒子盟于籛（密）。」吴氏澄以子、伯爲侯字之誤。按，爵號字，三《傳》通無異文。子、伯，二《傳》經文師説甚明，不能謂有脱文以爲一字。

存異　《公羊》：「紀子伯者何？無聞焉爾。」《穀梁》：「或曰紀子伯、莒子而與之盟，或曰年同爵同，故莒子以伯先也。」按，子、伯並見之例，二《傳》已不甚顯，故他條雖明，而此條則闕之。

闕疑　《集解序》：「古今言《左氏春秋》者多矣，今其遺文可見者十數家，於丘明之傳有所不通，皆没而不説。」按，劉、賈、許、潁、服諸家於《左傳》多闕疑，故犯難立異之條，先師遺説皆無所存，足見漢師謹嚴，心知其難，不敢創立異説。至于杜氏，則肆無忌憚，裂經駮傳，殊無疑難矣。

夏，四月，辛卯，君氏卒。案：君、尹古今字。據五年《傳》，《左氏經》一本作「尹」。

夏，君氏卒，聲子也。案：據姒氏卒爲妾母。不赴于諸侯，案：外不賵賻，以爲不赴之證。不反哭于寢，不祔于姑，不曰薨，不稱夫人。案：襄四年姒氏卒，《傳》：「不稱夫人，不赴，且不祔也。」爲此所本。故不言葬，案：哀十二年孟子卒，《傳》：「死不赴，故不稱夫人，不反哭，故不言葬小君。」爲此所本。不書姓。案：孟子卒，《傳》：「昭公娶于吳，故不書姓。」爲此所本。爲君，故曰君氏。案：襄二十六年，向戌稱「君夫人氏」，去「夫人」即爲「君氏」，爲此所本。此係後師用襄四年姒氏《傳》、哀十二年孟子《傳》、襄二十六年向戌《傳》，三《傳》舊雜成此說，三例本經各有本意，今合以說君氏也。

闕疑《集解序》：「古今言《左氏春秋》數十家，于丘明之傳有所不通，皆没而不說。」案：《左氏》異于二《傳》，難通之條，漢師皆闕而不說，以其義不可得聞，于理難通，故甯缺之不說，此「不知蓋闕」之義也。杜氏乃不顧心安，于漢師所闕皆爲立說，違經背理，不顧求安，此大誤也。蓋《左氏》說經與二《傳》今本同爲師說，師不一家，傳亦非一時所成，其中得經意而精審者固屬其常，至于後師補益，閒乖經義，三《傳》所同也。如祭伯來監者也，《公羊》以爲奔，《穀梁》以爲朝，皆失之。祭仲不名，天子大夫也，而《公羊》以爲賢之。北燕伯即欵也，而《公羊》以爲公子陽生。凡在瑕纇，三《傳》皆所不免，本傳難安之條，心知其誤，存而不論可也；若強爲之說，不顧義理，則是以經爲戲侮聖人之言矣。今於此類，一仍闕義，不敢強說。

辨正《集解》：「夫人喪禮有三：薨則赴于同盟之國，一也；既葬，日中自墓反，虞于正寢，所謂反哭于寢，二也；卒哭而祔于祖姑，三也。若此書曰『夫人某氏薨』、『葬我小君某氏』，此備禮之文也。其或不赴、不祔，則爲不成喪，故死不稱夫人，薨、葬不言『葬我小君某氏』，反哭則書葬，不反哭則不書葬。今聲子三禮皆闕，《釋例》論之詳矣。」案：《傳》原文各有本意，若如杜解，則其謬甚鉅。《春秋》名分之書，是夫人則爲夫人，稱夫人則葬稱小君，一定之例也。不能因當時隆殺其禮節，而遂變易名稱。果夫人也，雖姒氏薨，《傳》有不殯于廟之文，而經稱夫人，言薨言葬。哀姜殺于齊侯，禮文不備，然經書夫人，稱薨，書葬，稱小君。且杜氏大指以三禮分屬三事，赴則稱夫人，反哭則書葬，一切皆歸本於禮節。竊以嬖人寵妾，衰世過情，儀文多隆冢嫡，不拘名分，而一任時君之溺情過禮，則《春秋》以正適庶之防者，或反乃自潰其藩籬也。今據筆削例，一由孔子損益，不拘時君禮文而定名稱，庶乎可以絶賤僻覬覦非分之源也。又不書姓，辟正夫人也。案不言薨，即辟正夫人。且姒氏妾母亦稱姓氏，上必舉姓，辟夫人，不必不姓，隱見爲君，故特書于經，稱曰君氏，以別凡妾媵。案氏上繫君，不辭，君不辭之甚。經書卒，即是貴之。如定十五年書姒氏卒，即爲哀公故，特書之，未嘗不可以別于凡妾媵。然必氏姓，不稱君氏也。夫人書薨，妾母書卒，已見尊卑。言卒即以辟正夫人。凡妾媵不見經，不必以不姓別異之也。

存異　隱五年《傳》：「曲沃莊伯以鄭人、邢人伐翼，王使尹氏、武氏助曲沃。」案：三年《經》尹氏、武氏連文，五年《傳》又以尹氏、武氏連文。五年傳之尹氏、武氏，當即三年經之尹氏、武氏，故疑古經本作尹，作君氏解者後師説也。外大夫不卒，天子卿尊同諸侯，故時卒之。獨卒尹氏者，後有争立之患，譏世卿以爲其父已卒，則其子不可使世也。下言武氏子求賻，言武氏亦譏世卿，譏尹父已卒而其子嗣之，如武氏子，故相比見義，再稱氏，皆譏世卿也。《五經異義》：「《公羊》、《穀梁》説卿大夫世位，則權并一姓，妨賢塞路，專政犯君，故經譏周尹氏、齊崔氏是也。古《春秋左氏》説卿大夫皆得世禄，不得世位。父爲大夫死，子得食其故采地，而有賢才，則復升其故父位。」案：此古今學同，皆以爲譏世卿不得世位也。《孟子》：「文王之治岐也，仕者世禄。」《公羊》云：「善善及其子孫。」《尚書大傳》：「封國皆有采邑，滅國不奪其采。」此皆世禄之説，與古《春秋》同者也。《左氏》有「不世位」之説，當如《公》、《穀》同，見于尹、崔條下，故知《左氏》舊本作尹，與二《傳》同也。

旁證《公羊》：「尹氏者何？天子之大夫也。其稱尹氏何？貶。曷爲貶？譏世卿。世卿，非禮也。」《穀梁》：「尹氏者何？天子之大夫也。」齊氏履謙曰：「《詩》有仍叔，《春秋》亦有仍叔；《詩》有家父，《春秋》亦有家父；《詩》有尹氏，《春秋》凡兩書尹氏。」汪氏克寬曰：「尹氏，《傳》五年王使尹氏助曲沃，僖二十八年命尹氏策命晉侯爲侯伯，文十四年使尹氏訟周公于晉，皆稱尹氏。惟尹、武公兩伐鄭書子，其餘經傳所記悉曰尹氏。」

公子益師卒。

眾父卒，公不與小斂，故不書日。

正義《釋例》：「凡日月者，所有紀遠近、明先後，蓋記事之常録，各隨事而存。」案《春秋》朝、聘、侵、伐、執殺大夫、土功之屬，或時或月，皆不書日，要盟、戰敗、薨、卒葬之屬，亦不皆同，然已頗多書日。按，日月例之説，杜氏深得其要。聖人假日月爲例，不過詳畧之義，又本記録之常辭。自何君説日月例過于破碎，失其本旨；賈、服之説又多失實，故使人駭爲非常之論耳。

《集解》：「卿佐之喪，獨託日以見義者，事之得失，未足以褒貶人君，然亦非臣子之罪，無辭可以寄文，故特假日以見義。」

補例　卒多書日。按，大夫例日；不日，經例惡之也。賈、服皆用日月例，而傳中不詳者，以其説詳于二《傳》。《左氏》弟子專以事實爲主，以補二《傳》之闕，故與諸侯書卒葬之類同爲要例。皆不詳者，以別詳于二《傳》，故畧之。然經之大夫卒，日、不日以美惡。《春秋》藉此以明美惡，其例甚繁，要皆合于著録之體，有當于人心，全爲孔子筆削，不關當時行事。以行事而書日、不書日，此史法也。

史例　公不與小斂，故不書日。按，日月之例，二《傳》專長，故本傳畧之。而一言史法，以明其史書日、不日尤有例，則經之日、不日有例可知。其例頗煩賾，詳言則苦于煩，不言則嫌其畧，故爲此舉一示百之法以明之。確知此爲史例，非經例者，據公行事而不日，此史臣當時著録之法。若孔子脩《春秋》，史本有日，孔子不能追考其事，以爲未與小斂而去之。又經中凡公孫敖卒于齊、仲遂卒于垂、季平子卒于房，與公子牙卒公，不必皆與小斂，而書日，以此知《傳》乃説史例，經若不能自起意，惟隨時君行事爲俯仰，則是史起居實録之作，非爲萬世立法，因時事寓王心之《春秋》矣。

辨正　《春秋》不以日月爲例。《釋例》：「自文公以上書日者二百四十九，宣公已下亦俱六公書日者四百三十二，計年數畧同，而日數加倍，此則久遠遺落，不與近同也。承他國之告，既有詳畧，且魯國故典，亦又參差，去其日月，則或害事之先後，備其日月，則古史有所不載，故《春秋》皆不以日月爲例。」又云：「丘明之《傳》，月無徵文，日之爲例者，二事而已。」諸儒溺于《公羊》、《穀梁》之説，横爲《左氏》造日月褒貶之例。經傳久遠，本有其異義者猶尚難通，況以他書驅合《左氏》？引二條之例以施諸日，無例之月，妄以生義，此所以乖誤而謬戾也。」按，杜氏自云「日月有例」，又云「日月不爲例」；自云「《傳》有明文二條」，又譏漢師之推補。觀《釋例》所言，杜未嘗不知經日月有例，《傳》日月有明文，特以其事繁博，于《左氏》已苦難通，再添此巨門，更爲繁亂，駁而棄之，可省無數轇轕。此畏難而不敢講，非以經無其例、《傳》無其文，別有明據，真知灼見，以爲《左氏》日月不爲例也。蓋《傳》言其例，只三數條，漢師誤推，其説多滯，若取用二《傳》，又嫌非本《傳》所有。杜氏之棄日月例，誠出于不得已。觀所論述，不待辯駁自明。惟宣公以前日少，以後日多，後日不信日日月例者喜言其説。杜氏既以爲用舊史，雖隱、桓之世，史官自録當時之事，豈有日月不詳之理？若以史文自由脱滅，則一國史書，收藏必謹，亦斷不至是。且經無日月之條，《傳》中多詳日月，並其前後日月亦甚備。《傳》尤有日月，則孔子當日所見史文，非脱奪可知。考《春秋》宣以後乃正記小國夷狄卒，卒則書日，只此一門，其記日宜多于文以前。又記内大夫卒甚詳，故多日也。若云近詳遠畧，則二《傳》同有此説，以此爲史文脱滅，則非也。

存異 賈氏云：「不與大斂，則不書卒。」杜氏至于但臨大斂而不臨其喪，亦同不書日。按，此説賈、杜皆誤。《春秋》筆削，孔子自主，豈能追論時君行事？敖、遂、意如卒于外，君不必臨大斂，而經書之；翬卒，君未必不與斂，而經不書。《傳》文不與小斂不書日，此史法，不可以説經，更不可推説別條。賈、杜不知其意，妄欲推補其例以説經，以爲不書卒，固屬誤説，以爲不書日，亦同賈誤，皆無稽之談，全無當于經旨者也。

八月，紀人伐夷。

夷不告，故不書。按，解經釋例之文皆出於《説》，元年詳録不書之文以示例也。

史例 班書《五行志》引「昭六年鄭災」説曰：「不書於經，時不告魯也。」此先師據史例以説不見經之事也。按，《左氏》本不傳《春秋》，解經釋例之文皆出於《左氏》弟子從《傳》文推考義例，別爲《左氏説》，舊本別行，劉歆乃以與《傳》文合而爲一。今《五行志》引「説曰」文例與《傳》同，知《傳》文「夷不告，故不書」亦《左氏説》中文也。《春秋》大例，以十九國爲主，非十九國不專記事。紀、夷不在十九國中，使夷告，史書其事，經亦必削之不書。師説詳此，倚明史例不以十九國爲斷，凡天下諸侯有告必書，而經以十九國爲斷，除十九國外，有事雖告不書也。

旁證 《公羊》：「我有往則書。」又云：「卒赴而葬不告。」按，赴告之例，《公羊》亦有其説，特在十九國中乃可，此外雖告不書也。又《公羊》爲特例，《左氏》史法則以爲通例也。

有蜚。

不爲災，亦不書。按，經與史同，亦爲成災乃書之，此爲經、史所同。今以爲經例，與赴告專爲史例者不同。

傳例 班書《五行志》「僖二十九年大雨雹」説曰：「凡物不爲災不書，書大，言爲災也。」按，此説與二《傳》同，是爲經例。《傳》文與説同，是此《傳》文亦出於《説》，今故以解經釋例之文統歸於師説，爲《左氏説》中語，劉歆乃以附入傳中，本傳所謂歆「引傳解經，由是章句理解備①焉」。博士謂《左氏》不傳《春秋》，胥君安謂《左氏》不祖孔子，《史記》稱《左氏春秋》爲《國語》，諸説皆通，而劉申綬、龔定庵以解經出於劉歆附益之説，不辨自明矣。

① 理解：《漢書·楚元王傳》作「義理」。

春秋圖表

廖平 撰

邱進之 點校

校點説明

《春秋圖表》成於光緒十八年（一八九二），光緒十九年（一八九三）由尊經書局刊刻，光緒二十七年（一九〇一）再次修訂，將舊作《王制圖表》、《春秋圖表》兩圖表加以修補，統名《春秋圖表》，重刻於安岳。全書分上下卷，上卷九圖、七表、一考，下卷十六表、一考，書前附陳鼎勳《春秋圖表序》。該書爲廖平治《春秋》三傳之精華所在，廖氏初治《穀梁》，以《穀梁古義疏》名世，張預《穀梁春秋經傳古義疏敍》嘗言「（《古義疏》）綴以表，旁及三傳異同」，「終之以諸國地邑山水圖」。光緒二十六年（一九〇〇）湖南周文焕刊《穀梁古義疏》時，曾重刊《春秋圖表》首卷。雖今本《穀梁春秋經傳古義疏》未存附表，然由是書可觀廖氏治《春秋》之徑路。廖氏有云「《春秋》義例，有必須圖表方能明悉者」。是編詳考諸侯移封，牽涉二伯、方伯、卒正、連帥、屬長、附庸，通貫尊卑儀制，發明《春秋》義例，求之經文，通考三傳，絲絲入彀。陳鼎勳贊曰：「學者苟於此循序漸進，將由經學通中學，由中學通西學，體用兼賅，内外一貫。」主要版本有光緒十九年（一八九三）尊經書局刊《四益館經學叢書》本、光緒二十七年（一九〇一）尊經書局修訂本、民國十年（一九二一）四川存古書局《六譯館叢書》印本。茲據《四益館經學叢書》本整理。

目録

春秋圖表敘

今天下西學熾矣！朝廷日思破除陳法，以求通知時事之士，士亦惷惷焉多以西學爲學矣，顧欲學西學不先通中學，通中學不先通經，不先通圖表，則顛倒失次，王仲任所謂「知今不知古，謂之聾瞽」而已。廖季平廣文，蜀中經師也，余在粤蚤耳其名，去冬始見于安岳鳳山書院。廣文學兼中外，撰述灝博，嘗作《王制》、《春秋》兩圖表，刊于《四益館經學叢書》；邇來《穀梁古義疏》出，四方學者争先快覩，第圖表未克附見，且中閒有未定之説。今年掌教，暇取二書復加修補，統名曰《春秋圖表》。或謂：經皆聖人手訂，資圖表者奚翅一《春秋》？不知扶三綱而敘九法，明天理而正人心，五經如法律，《春秋》則斷例也；五經如藥方，《春秋》則治病也。五經皆以政治，《春秋》獨以撥亂，故有五始、三科、九旨、七等、六輔、二類、七缺，自學《春秋》者莫識其微言隱義，于是詭類舛錯，或曲學阿世，或作頌權門，或謂孔子改制，以《春秋》當新王，或謂聖人據事直書，善惡自見，安得許多義例？齗齗聚訟，人自爲師，經生家幾無從折衷一是。兹編圖十、表二十四、考一，精詳絶特，言前人所未言，剙獲者疑爲别有授受，實則以經説經，引《春秋》大義，與群經互相發明。夫形而上者謂之道，形而下者謂之器。不觀西人制器乎？當其始，閫奥未洩，頭緒紛如，幾以爲無可措手也；洎繪圖貼説，建表開方，何者小以基大，何者一以反三，何者推陳出新，何者絶長補短，頭頭是道，井井有條，不禁令閲者神智頓生，相悦以解。蓋中學、西學源流雖殊，其以圖表爲引人之初、取徑之捷者，西人未嘗不先得我心也。《易》曰「通其變，使民不倦」，《莊子》曰「目擊而道存」。學者苟于此循序漸進，將由經學通中學，由中學通西學，體用兼賅，内外一貫；他日本其得力，見諸施行，必能裨益時勢，備國家珠槃玉敦之使者。是《春秋圖表》一書，非特經學津逮，抑亦西學階梯也。余故趣廣文亟付剞劂，以爲學西學不學中學者發其聾，啟其瞽焉。光緒二十有七年，歲在重光赤奮若相月，知安岳縣事嶺南陳鼎勳梓樵甫譔。

春秋圖表卷上

春秋禹貢九州推廣爲八十一州即全球大九州圖

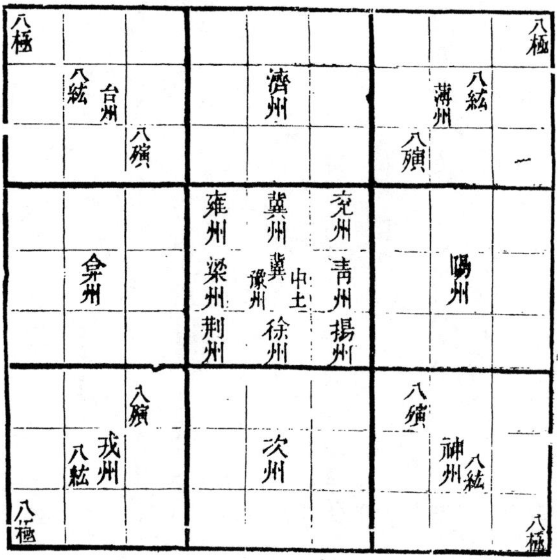

每小格方三千里，即《春秋》、《禹貢》之九州。每大格方九千里爲一州，共計九州，方二萬七千里，《周禮》謂之九夏，《莊子》謂之九洛。

《貢》之冀州不言疆域，有以方三千里爲一州之意。九河千里一曲，《爾雅》說。有以方九千里爲一州之意。全球大九州皆由禹州推廣之。

《騶衍附傳》：儒者指小統之儒言。所謂中國者，於天下全地球乃爲天下。乃八十一分共方二萬七千里。居其一分耳。一分方三千里。中國由中國推之。名曰赤縣神州。《河圖括地象》云：地中央曰昆侖，其東南萬五千里曰神州，爲四帝均分三萬里之制。《淮南》：神州在東南，乃大九州之一，爲方九千里。此赤縣神州則最小者。赤縣神州縣讀作懸，神州即《周禮》地中，當赤道懸繫之下。內自有九州，京師畿輔，《周禮》謂之侯甸。禹之序九州是也。此方三千里之九州。不得爲州數。即八十一分之一，非九分之一。中國外由內及外。如赤縣神州者九，乃所謂九州也。以方三千里爲一州，則九州方千里。於是有裨海環之，今地球圖所謂海股。人民禽獸莫能相通地勢遼遠，交通斷絶。者，如一區中者，乃爲一州。以方九千里爲一州。如此者九，九州方二萬七千里。乃有大瀛海環其外。《禹貢》「四海會同」。

按：騶子齊人，深得孔門經説。先以《春秋》、《王制》方三千里九州即《禹貢》九州。立之基礎，推而大之，如此者九。乃以方九千里爲一州，即《周禮》九服之地。又如此者九，則以方二萬七千里爲九州。《山經》、《管子》、《吕覽》、《淮南》、《河圖》、《廣雅》謂四海之内東西二萬八千里，南北二萬六千里者，與此大略相符。《尚書》「四表」、《周禮》「土圭」注謂之三萬里者，緯説亦同。則統舉成數，爲《帝典》萬邦。萬里爲一州。《周禮》、《板》詩十五畿，每畿千里。《禮記》三五盈闕之大輿也。顧騶子驗小於《禹貢》，推大於全球，至於無垠，而每州寂然無稱也，惟《淮南》乃有以名之。

《淮南·墬形訓》：何謂九州？東南神州以神州起，與騶子相似，而大小不同。曰農土，正南次州曰沃土，西南戎州曰滔土，滔，大也。正西弇州曰并土，正中冀州與《貢》同名。曰中土，以《貢》冀州居中，由《貢》以推與騶子同意。西北台州曰肥土，正北濟州曰成土，東北薄州曰隱土，正東陽州曰申土。地球圓轉，東西無定，故以西方之申爲正東。

按：《淮南》以冀爲中土，乃《貢》之第一州，是以《禹貢》方三千里之九州居中也。此方三千里，不過如《書經》、《周禮》之侯甸，爲王畿，爲官府，騶子謂禹九州不得爲州數是也。如禹州者九，方九千里。乃爲一州，至於九州，則方二萬七千里，爲方三千里者八十一。故《淮南》謂九州之大，純方千里，八殥、八紘、八極亦方千里。《淮南》概以千里計算，如八殥必八千里，八紘亦八千里，八極亦八千里，共計二萬四千里，加中心九州方三千里，則二萬七千里，故曰九州之大統方千里。蓋經中疆域，本有由小推大之例。《貢》於冀州不舉水地，緯以導山上應天星，《春秋緯·文耀鉤》。以統王，如皇以王爲卿士。一帝八王，四帝三十二王。編年以紀歲，如《範》以歲爲一皇。《爾雅》九河，千里一曲，即以寓九千里一州之意。《周禮》大行人。六服外爲要，要包蠻夷鎮。即以備十五服萬五千里之推。《莊子》《天下篇》。謂禹通四夷九州，雜天下之川。《大戴》《五帝德》。謂禹平九州，戴九天。《列子》謂四海、四極，猶之齊州。孔經以後，先師舊説，其推廣經義以立言，包舉全球以攄論者，載籍極博，可考信也。兩漢以下，海道未通，儒者説經，縮小於中國一隅，時地限之，不足爲怪。今則地球圖出，以《淮南》九州證之，中國如冀州，北美如陽州，南美如神州，澳洲如次州，阿非利加洲從大沙漠劃分爲二。如戎州、弇州，歐洲如台州，露西如濟州，坎拿大如薄州。由中國以推海外，則地之九州，上應天之九野，即分野之説，亦易研求也。

六經以《春秋》爲始基。莊、僖以前，但詳内五州，不及南方諸夏四州。經義用夏蠻夷，乃成九州方三千里之制。王化自近而遠，先治小九州，然後推之。《尚書》謨、貢始言五服五千里，又以五千里爲一州，則萬五千里爲一帝之九州，四帝四鄰，共三萬里。《春秋》就一王之小統立法，以爲大統規模，積方三千里之盈數，則爲三萬里。以方三千里起算，至於九九八十一，則爲二萬七千里。學者須識經義宏濶，俟後施行，具此思想，以讀群經，庶眼光四射，鉅細不遺，隨宜因應，分别皇、帝、王、伯四等疆域，不至以一孔之見，轇轕於心，則通經致用，此其嚆矢也。今弁此圖於首，亦如《近思録》之首《太極》，以示學人之旨歸焉。

大九州十五服合爲三十輻圖

陽州

台州	濟州	薄州
弇州	冀州	內九州，《春秋》以之。 兖青徐揚 冀豫荆 雍梁 《禹貢》五服，《尚書》以之。 每方千里
戎州	次州	神州

每方三千里

《詩》言大九州五極，三五十五服，共爲一萬五千里開方。《大行人》之九州，鄒衍所謂九九八十一州，爲全圖，《禹貢》五服五千里，則爲全圖中九分之一，合《禹貢》五千里，乃爲大九州之一。《尚書》以之，此《尚書》疆宇僅得《詩》九分之一之説也。至于《春秋》，則僅及禹九州，不及要、荒；横竪三千里，又僅《禹貢》之小半。蓋禹内九州要荒，雖東邊海，尚有十二州，以九州較十二州，尚少四分之一。此各經疆宇小莫小于《春秋》之説也。《春秋》就九州立説，由小推大，則每方千里抵《詩》之方五千里，因此以見六經以《春秋》爲始基，王化自近而遠，先治九州，然後推之《禹貢》《尚書》之五服，又由《尚書》以推《詩》之大九州三十輻。三十輻共方千里者二百二十五，春秋只得九州，是僅得大九州二十五分之一分。《春秋》就小者立法，以爲大統規模。且莊、僖前《春秋》但詳内五州，不及南方諸夏四州，用夏變夷，乃成九州方千里之制。此諸經以《春秋》爲始基之説。然學者須畧識大統規模，亦如《近思録》之首《太極》性道之説，以示學人之總歸焉。

禹貢五服五千内九州外十二州圖

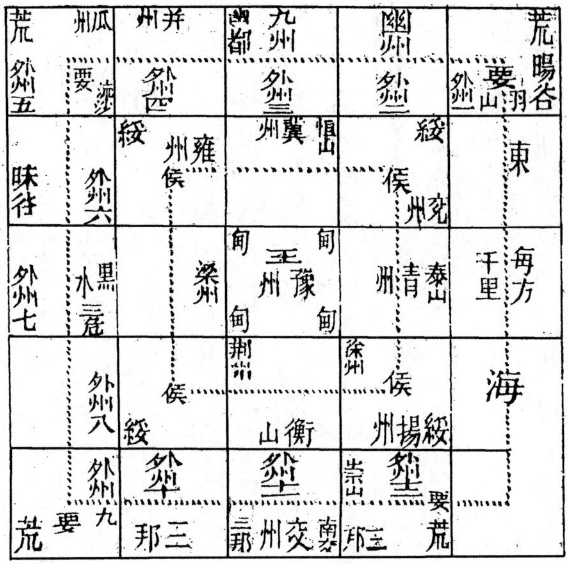

東皆海，不置外州，故甸、侯、綏三服九州，要、荒十二州。

瓜州、九州，文見《左傳》。并州，見揚雄《箴》。

甸、侯、綏三服，爲《春秋》之制。

《王制》：「千里之内曰甸，《禹貢》：「五百里甸服。」千里之外曰采、《禹貢》：「五百里侯服」，「五百里綏服」。采與綏同字。曰流。」《禹貢》：「五百里荒服」，「五百里要服」。又云荒服「三百里蠻，二百里流」。又曰：「自恒山至于南河，千里而近。自南河至于江，千里而近。言千里近，則江當爲漢，由河至江，千有餘里矣。自江至于衡山，千里而遥。自江至衡山千有餘里，此論九州三千里由北至南分三段，大界各千里。自東河至于東海，千里而遥。自東河至于西河，千里而近。自西河至于流沙，千里而遥。此由東至西三千里，爲三州界。西不盡流沙，南不盡衡山，東不盡東海，北不盡恒山。」此言以千里爲計，恒、衡、東海、流沙皆在三千里外，然九州以之立界者，截長補短，以名山大川分界也。《禹貢》：五百里甸服，五百里侯服，五百里綏服，五百里要服，五百里荒服。共五千里。《謨》曰：「弼成五服，至于五千。」《典》曰：「肇十有二州」，「咨十有二牧」。《謨》曰：「州十有二師。」

按，西漢以上，言九州者皆同《禹貢》，言服者皆五服五千里。《周官》大統海外之書，乃爲九服萬里，爲大九州。又，《尚書》「十有二州」，乃九州外之要荒州名。典之幽州，一見其名，傳籍之九州、交州、瓜州、并州，皆其佚名。舊説誤以爲禹改十二州爲九州，不知經言「肇十二州」、「十有二師」，皆在水土已平之後。《禹貢》八州，兼言外州山水夷國，舊説誤以爲專指九州。是要、荒二服千里，但詳其名，而無一語及之，未免過于簡畧，故特立此圖以明之。

《職方》之無徐、梁，加幽、并，乃錯舉内外例，内九州見七，外十二州見二。或乃悮以爲周無徐、梁，不知諸經皆有徐、梁明文，信如其説，不合畫井分疆之制。《爾雅》九州原文本同《禹貢》，末之幽、營亦同此例。故上七州皆以地名山水，末乃言燕曰幽、齊曰營，與上文不一律。或以《爾雅》爲殷、《職方》爲周，以爲三代沿革之説，不知經傳九州初無沿革之異。《詩》、《書》、《春秋》皆詳徐、梁二州，則不得謂周無徐、梁也。

《尚書》、《春秋》皆用東西通畿之制，以雍八百里爲西京，冀、豫之間圈出六百里爲東都，故《國語》以豫州爲南方，此乃王化由北而南，就内五州分東西南北，分陝而治之事也。《王制》四岳中分天下，用嵩爲中嶽，此乃《春秋》化成九州以後之制，經與時事不同之證也。堯、舜雖都在冀州，而巡狩南岳，至衡山，則經文仍以豫爲中。王者居中治四方，是亦用通畿之制。以冀八百里爲北京，而豫州圈出六百里爲東都，如周東西通畿之制也。

《禹貢》八州除豫中州。兼言要荒，地圖山川，凡經所言蔡、夷皆外州。蔡服、夷服之部落，舊説誤以爲專在侯、綏，大誤。一岳三外州，故荆州云「三邦底貢」。明制：遼海一帶郡縣不隸于直隸，而隸于青州、山東，此經意之偶存者。泰山東岳，邊海，無外州，而以遼海東三省等地屬之。截長補短，以相駕馭，不必盡拘也。

九州本畫井之制，一家爲一州，而地有瘠肥不同，又以名山大川爲界，截長補短，故西方只立雍、梁二州，而東方立兖、青、徐、揚四州，以東多膏腴，西多磽薄也。六經惟《春秋》疆域最小，就四州分中外，以《易》八卦方位配八州。乾坎艮震四州爲中國，巽離坤兑四州爲夷狄，以在陰位也。四州皆在南方，統稱爲諸夏，要荒乃真爲夷狄。夏爲南方，四州在南，故名諸夏，非内四州爲諸夏，傳借用其説耳。

《周禮》九畿以方萬里分十服，王畿至鎮服爲方九千里，即鄒衍之九九八十一州。《大行人》以蕃服爲在九州之外，即謂大九州、海外九州。大統之治，以《春秋》爲始基，由小以推大，故並詳其説于此。

畿内九十三國表 諸侯大國、次國、小國，卿、大夫、上士、中士。

百里國九	三公三，上田。 上卿三，中田。 中卿三，下田。	《王制》「天子之公受地視侯」，謂三公受上田百里者三。《孟子》「天子之卿受地視侯」，謂上卿、中卿受中田、下田各百里，合得百里者九。
七十里國二十一	下卿三，上田。 上大夫九，中田。 中大夫九，下田。	《王制》「天子之卿受地視伯」，謂下卿受上田七十里者三，不數上卿、中卿。《孟子》「天子之大夫受地視伯」，謂上大夫、中大夫受中田、下田各七十里，九合，得七十里者十八。
五十里國六十三	下大夫九，上田。 上士二十七，中田。 中士二十七，下田。	《王制》「天子之大夫受地視子男」，謂下大夫受上田五十里者九，不數上大夫、中大夫。《孟子》「天子之士受地視子男」，謂上士、中士受中田、下田各五十里者五十四，合得五十里者六十三。
不封	下士二十七。	《王制》「天子之元士視附庸」，謂二十七下士不封國，食閒田方三十里者二十七。天子三公、九卿、二十七大夫、八十一元士，共百二十人，封九十三國。于百二十人中除二十七下士不封，合得九十三國。

按，《周禮》不詳畿内封國數目，鄭注引《王制》爲據，定爲九十三，則是君地加八倍，臣亦照加八倍，而數目不改。故由小推大，《春秋》可爲諸經始基，猶《詩》以「二南」爲始基。「二南」爲二公周、召，春秋亦爲二伯桓、文，此《春秋》所以爲大統之始基也。

按，《王制》與《孟子》畿内封國各言一端，參差見例。漢唐以下諸儒皆以《孟子》與《王制》不合，指爲異義。鄭康成誤讀「元士不與」一語，遂除去八十一元士不封，别造五十四人以補其缺；牽合謬誤，疑竇百出。今以《孟子》、《王制》參互考之，因其異文，乃得分上卿、中卿配公，上大夫、中大夫配下卿，上士、中士配下大夫；二者交相爲用，互證乃明。苟各缺一説，皆不能通。足見考核禮制，當于異中求同，不可因其文字偶異，遂斥爲異説，而不考其會通也。

考《孟子》、《王制》皆云上農夫食九人，中農夫食七人，下農夫食五人。田有上中下，故所入有多寡。中卿下卿受田與三公同，疑于尊卑無别。然以五九相較，則五不過得九之半。三公封上田，上卿封中田，下卿封下田，名雖同爲百里，其中實有等差多少之不同，則不得疑其厚薄無别也。以下仿此。

《王制》、《孟子》與《左氏春秋》言公、卿、大夫、士分上、中、下，位禄差等甚悉，大畧下卿得上卿之半，下大夫得上大夫之半，下士得上士之半。故大國君食二千八百八十人，小國君則食一千四百四十人；次國位禄從中等，小國位禄從下等。諸侯三等之分，與王、臣、公、卿大夫士上、中、下之分相同。故鄭伯稱伯，如天子大夫，而祭仲稱字，亦天子大夫。以大夫臣大夫，幾于無別。蓋鄭伯爲方伯之下等，實大夫之上等，祭伯以下大夫監于上大夫，故不嫌也。又，傳有加一等加二等、用平禮用夷禮之説，蓋九錫爲二伯，七錫爲方伯，五錫爲卒正，三錫爲連帥，一錫爲屬長。疊殺以兩，有單數而無雙數。蓋八錫、六錫、四錫、二錫即爲黜陟加減升降之法，八錫、六錫、四錫、二錫之人，上可以同于九、七、五三錫，下亦可同于七、五、三、一錫，如今加銜借署之制。故鄭伯傳累以伯、子、男爲説，等于小國，而經例言使、言聘、言監，大夫言湯沐邑、記災，皆同方伯之制。蓋以其爲小國上等而攝行方伯事者，故經文序常在諸侯之下，而傳以王爵爲言。如晉初稱叔父，而後爲二伯；邾初稱字，而後爲卒正也。

上中下有就一等之中分者，如上卿、中卿、下卿是也；有三等同爲士，而以上中下分其掌屬者，如諸侯之上士、中士、下士是也。天子元士八十一，不以上中下爲名，就八十一人分爲三等，則上中下士各二十七人。至于諸侯臣有五等，但有卿、大夫、士三等，名目不足用，則三等同名爲士，以上中下别其尊卑；上士如天子大夫，中士如天子下士，下士如天子庶人在官之士。此諸侯上士、中士、下士與天子元士之上中下名同而實異也。

由《春秋》以推大統，加八倍即得。如《春秋》一牧治方千里，大統則爲千里者九；

《春秋》王畿方千里，大統則加八倍，爲方千里者九。又如《王制》大國之君食二千八百八十人，大統則食二萬五千九百二十人；小國食一千四百四十人，大統則食一萬二千九百六十人。故别爲《加八表》一卷，以見由小推大之例。故《周禮》言公封方五百里，侯方四百里，伯方三百里，子方二百里，男方百里，地廣則大，大①統計諸侯乃爲一千七百七十三國，小大雖殊，而多少不改。至于附庸，則三十里、二十里、十里亦照八倍相加，詳《加八表》中。

① 此「大」字原無，據文意擬補。

州方千里封三等國表

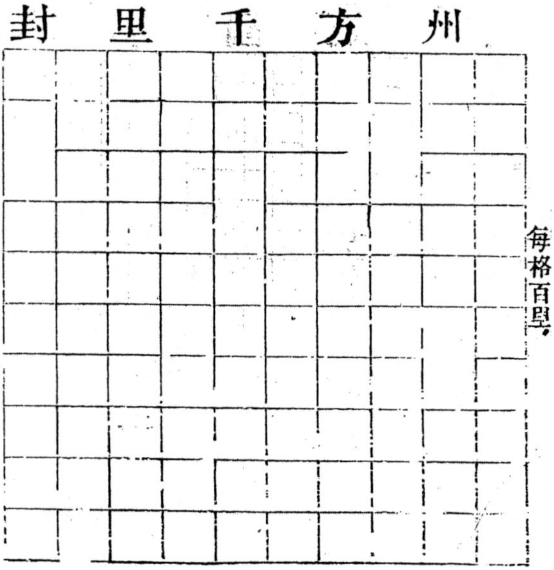

方千里爲方百里者百，積百萬里。

三等國之圖

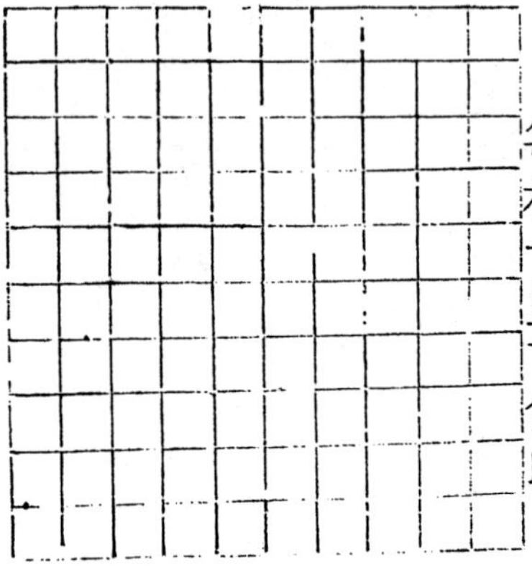

每格十里，下仿此。

方百里爲方十里者百，積一萬里。

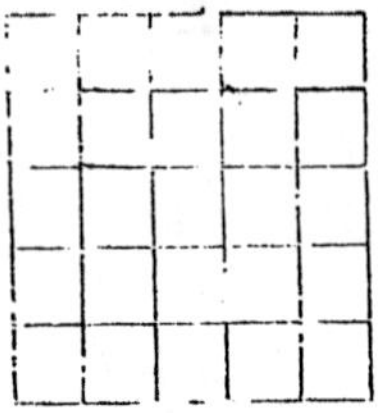

方五十里爲方十里者二十五，積二千五百里。

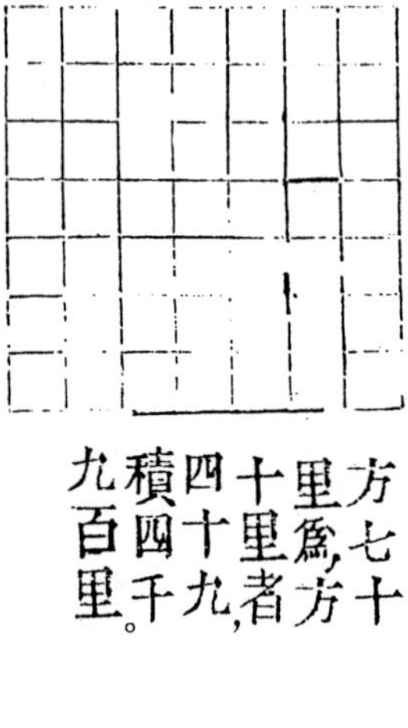

方七十里爲方十里者四十九，積四千九百里。

合計百里國三十，積三十萬里；七十里之國六十，積二十九萬四千里；五十里之國百二十，亦積三十萬里。共積八十九萬四千里，以減百萬里，餘十萬零六千里，舉成數爲九十萬里，餘十萬里爲閒田。

按，州方千里，爲方百里者百，封百里之國三十，七十里之國六十，五十里國百二十。三十方百里，得方百里者三十；七十里得百里之半；七七四十九，合兩七十里爲九十八，餘二里。六十國得方百里者三十；六十國止得方百里二十九，方十里者四十；云三十者，舉成數也。五五二十五。得方百里四分之一；二百一十國亦得百里者三十。是三等國各得方百里者三十，三三而九，餘方百里者十，以爲閒田，出車千乘。

一州封建二百一十國牧正帥長之圖

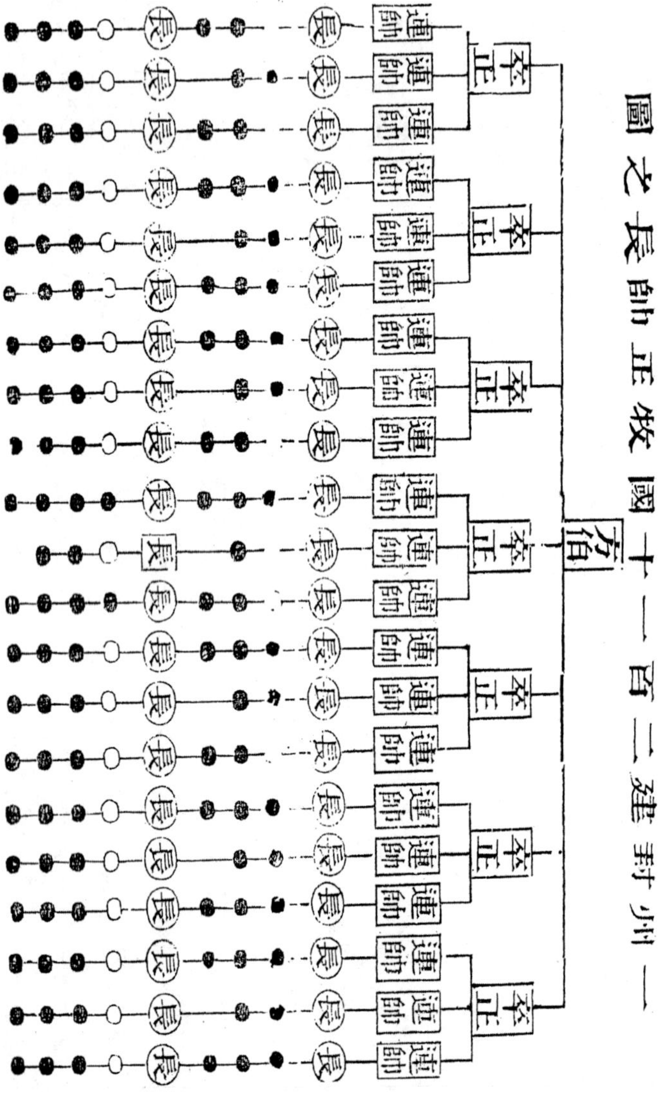

□方爲百里國，圓○爲方七十里國，●點爲方五十里國。一州百里之國三十，七十里之國六十，五十里之國百二十。一方伯，七卒正，二十一帥，四十二長，八州八伯，五十六卒正，一百六十八帥，三百三十六長，天下諸侯皆在是。

王制附庸考

《王制》：州方千里，封建二百一十國，其餘方百里者十，方十里者六十，名山大澤不以封，其餘以爲附庸閒田。除方十里者奇零不計外，實以方百里者十封附庸也。又曰：不能五十里者不合《孟子》作「達」。于天子，附于諸侯，曰附庸。則附庸小于五十里可知。《春秋緯·元命苞》曰：「王者封國，上應列宿之位，其餘小國不中星辰者以爲附庸。庸者通也，官小德微，附于大國，以名①通，若畢星之有附耳然，故曰附庸。」可見附庸之制與封國相同。《董子·爵國篇》：「附庸字者地方三十里，名者地方二十里，人氏者地方十五里。」按，方二十里得方三十里之半弱，方十五里得方二十里之半强，此附庸三等受地之制也。其數之多寡則無從起例，故前刊圖表僅以一州六十附庸言之。後考《王莽傳》云：「諸侯之員千有八百，附城之數亦如之。」乃得其起例數目。按《王制》，州建二百一十國，分三等，附庸亦以二百一十分三等，兩兩相比附，以三十里者附于百里國，以二十里者附于七十里國，以十五里者附于五十里國。每州二百一十國，則有二百一十附庸。《書大傳》：「古者諸侯始受封，有采地，百里諸侯以三

① 名：原脱，據《公羊傳·隱公元年》何注補。

十里，七十里諸侯以二十里，五十里諸侯以十五里。」即附庸之説也。真義久湮，致傳説誤爲采地。今據前列一州二百一十國牧正帥長之國全數整排，去其職銜，留其空缺，即爲附庸。蓋義屬新刱，不得不如此詳備。

一州二百一十國附庸之圖

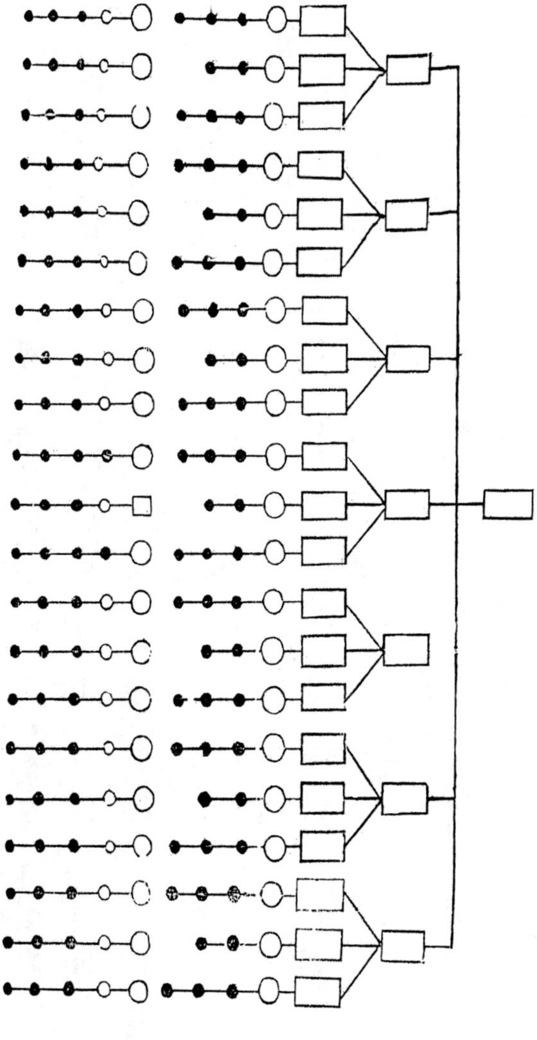

□長方爲方三十里附庸，○圓爲方二十里附庸，●點爲方十五里附庸，與牧正帥長數目相符，各分三等。再以每州所餘閒田方百者十十減其一。封三等附庸，亦以三分之，大者三十，得方百里之地三；次者六十，得方百里之地三；小者百二十，所得之地亦與上二等同。列表如左。

一州二百一十附庸三等表

字者	名者	人氏者
地方三十里	地方二十里	地方十五里
附庸三十國	附庸六十國	附庸百二十國
得方百里者三	得方百里者三	得方百里者三

附庸三十，各得地方三十里。按方百里爲方十里者百，方三十里得方十里者九。以方百里者三封三十附庸，共得方十里者二百七十，爲方百里者二，方十里者七十，其餘方十里者三十。	附庸六十，各得地方二十里。按，方百里者爲方十里者百，方二十里得方十里者四。以方百里者三封六十附庸，共得方十里者二百四十，爲方百里者二，方十里者四十，其餘方十里者六。	附庸百二十，各得地方十五里。按，方百里爲方十里者百，方十里爲方一里者百，方十五里得方十里者二，方一里者二十五。以方百里者三封百二十附庸，共得方十里者二百四十。方一里者三千，爲方十里者三十，爲方百里者二，方十里者七十，其餘方十里者三十。

以每州閒田方百里者十封三等附庸二百一十國，合計所得之地方百里者六，方十里者百八十，爲方百里者七，方十里者八十；其餘方百里者二，方十里者二十，是爲名山大澤不以封之地。

考《王莽傳》：「州從《禹貢》爲九，爵從周氏有五，諸侯之員千有八百，《王制》九州千七百七十三國，言千八百者，舉總數也。附城即附庸。之數亦如之，以俟有功。」《王制》：「諸侯有功，取于閒田以禄之。」又曰：「附城大者食邑九成，《刑法志》：「地方一里爲井，井十爲通，通十爲成，成方十里。」衆户九百，土方三十里。自九以下，降殺以兩，方二十里，得三十里之半弱；方十五里，得二十里之半强。至于一成。方十里。五差方十里加五，爲方十五里。備具，合當一則。今已受茅土者，凡七百九十六人，附城者千五百一十一人。」是莽時遵行經制，附庸之數多于諸侯，雖未及《王制》千七百餘之數，而大綱已具，細目可以漸增。此經義之明證也。

附庸之說，傳、記、子、緯及史但言其制，而卻少實徵；今考之《春秋》，東鱗西爪，尚有可據之處。

春秋附庸字名人氏表

字	名	人氏
邾儀父　隱元年。	郳黎來　莊五年。	牟人、葛人　桓十五年來朝。
蕭叔　莊廿二年。	介葛盧　僖廿九年，卅年稱介人。	英氏　僖十七年。
		潞氏　宣十五年。
		甲氏　宣十六年。

《董子》字、名、人氏三等附庸，別經無可印證，惟見于《春秋》，稱字、名、人氏者，有九小國焉；六在內，三在外，詳內而略外也。邾稱字，後升爲卒正；即邾子。郳始以名通，後稱小邾子，以別于邾，明其爲附庸也；蕭、介後升爲連帥，牟、葛亦升爲連帥，來朝稱人，明其初爲附庸也。英、潞、甲三氏爲外附庸，晉冀州二，揚州一，英、甲始終無異稱，惟潞氏連文稱潞子，以起先爲附庸後爲卒正、選舉遷陞之例。故英、甲稱氏，又可以備卒正。

大國卿大夫士食禄表

姑就大國一卿三大夫九上士二十七中士八十一下士以示例，餘可類推。

上卿

大國千乘，指方伯以上而言，封地三百一十六里，非謂百里之國。天子之公爲二伯，爵雖尊，地不過千乘。《孟子》萬乘之國、千乘之家，則二伯之實封仍同方伯，一在內一

上大夫

司馬之屬，司寇是也。中大夫當爲司士，下大夫之名未詳。小國之上卿同此。次國之中卿同此。

上上士

次國之中大夫同此。小國之上大夫同此。

中上士

次國上中士同此。小國上上士同此。

中中士

中下士

下上士　**下中士**　**下下士**

下上士　**下中士**　**下下士**

下上士　**下中士**　**下下士**

在外，如今大學養廉原不加於督撫是也。次國得大國三分之二，卒正是也。小國得大國之半，次國三分之二，連帥以下是也。諸侯可以類推，故舉大國以示例。上卿司馬也，三卿自分上中下，中司空，下司徒①。

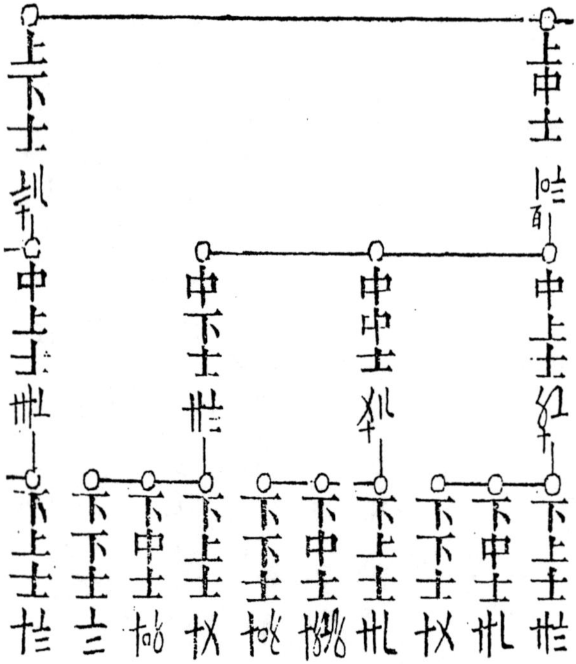

① 徒：原誤作「徙」，今改。

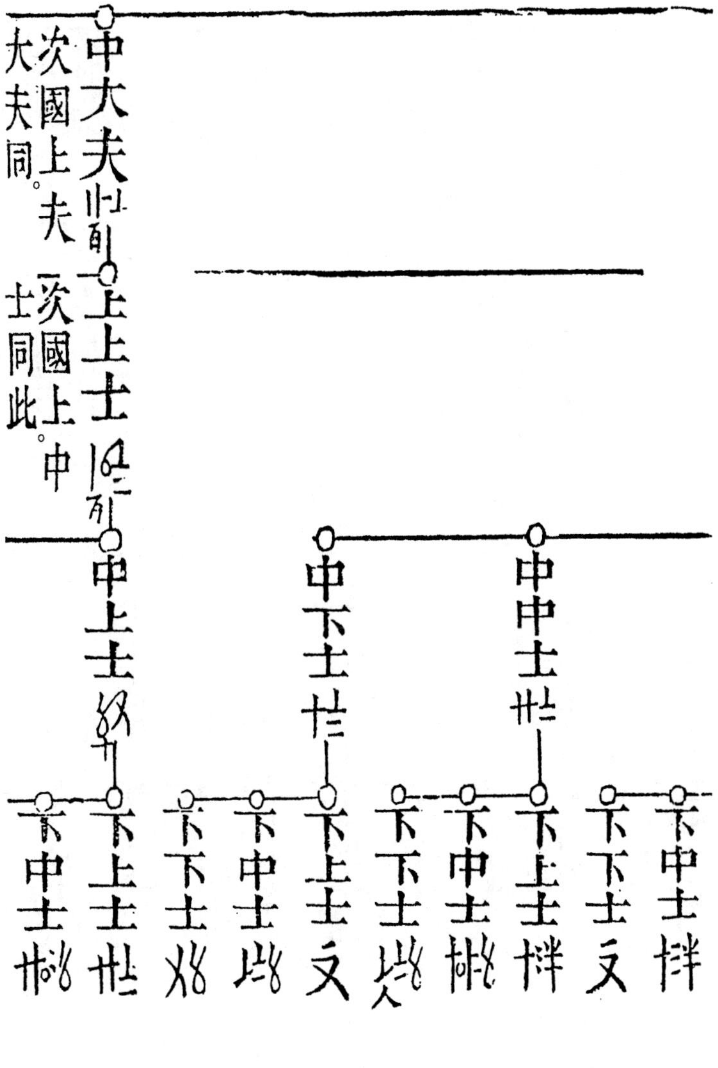
中大夫
次國上大夫同。
上上士
次國上中士同此。
中上士
中下士
中中士
下中士
下上士
下下士
下中士
下上士
下下士
下中士
下上士
下下士
下中士

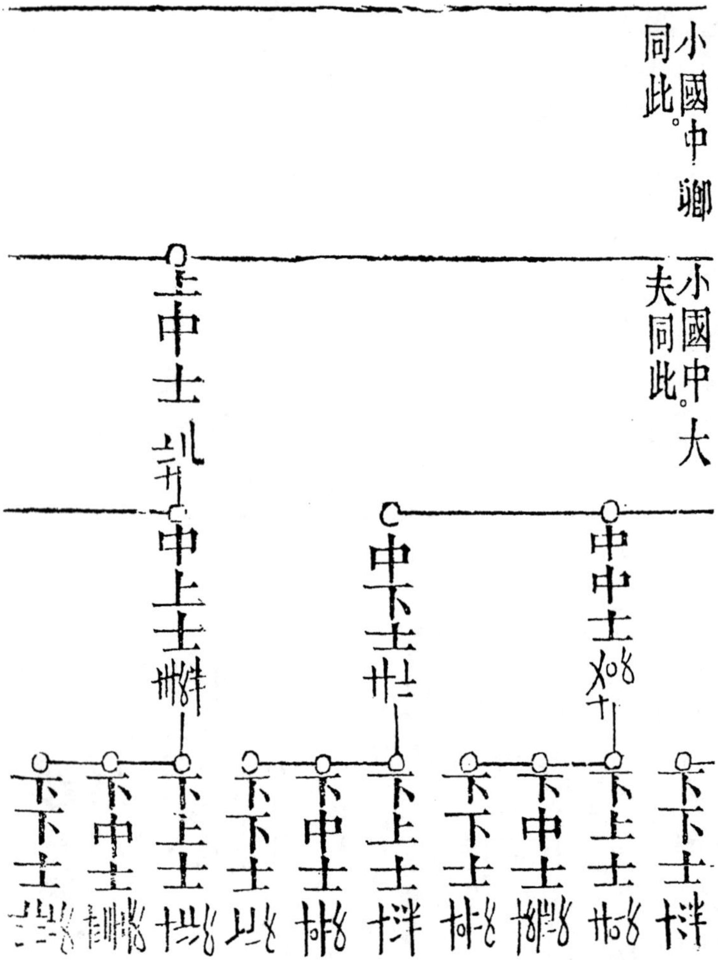
小國中卿同此。
小國中大夫同此。
上中士
中上士
中下士
中中士
下上士
下中士
下下士

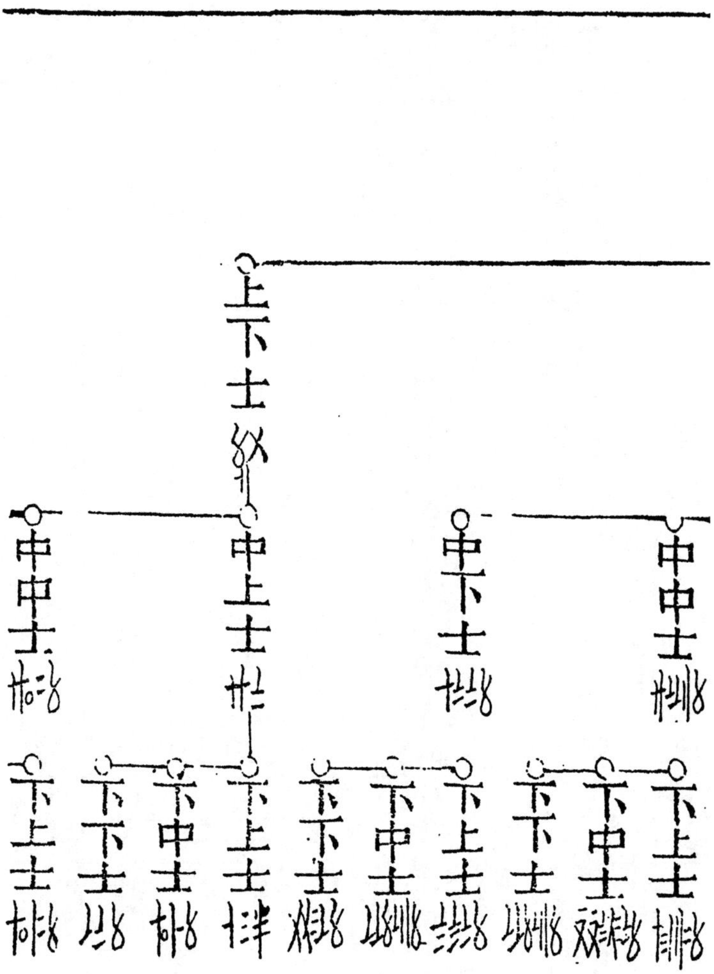
上下士
中中士
中上士
中中士
中下士
下上士
下下士
下中士
下上士
下下士
下中士
下上士
下下士
下中士
下上士

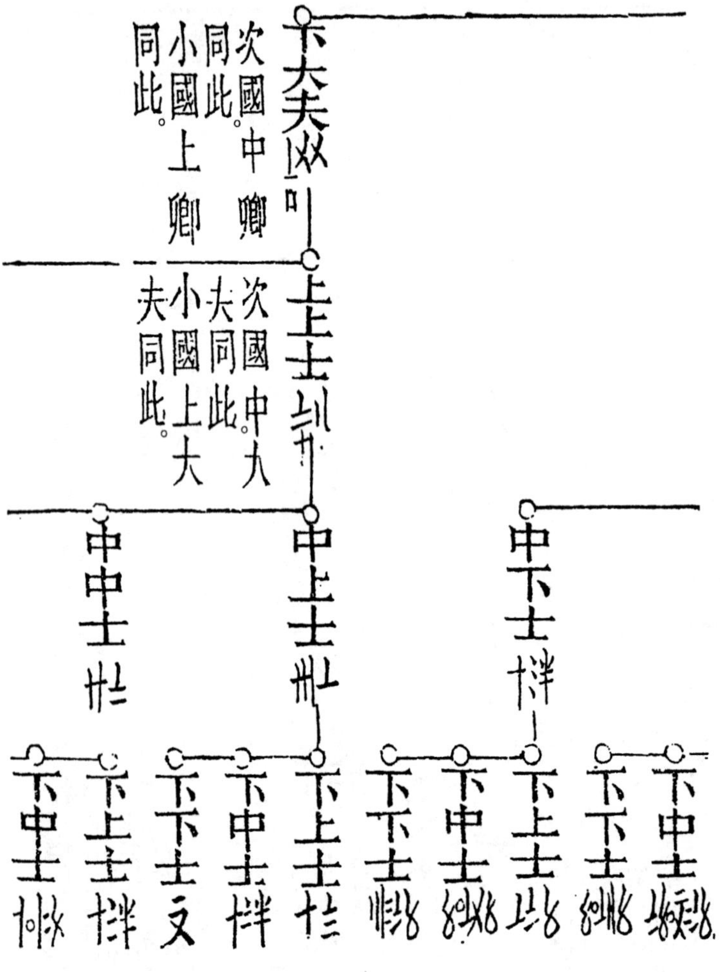
下大夫
次國中卿同此。
小國上卿同此。
上上士
次國中大夫同此。
小國上大夫同此。
中下士
中上士
中中士
下中士
下下士
下上士
下中士
下下士
下上士
下中士
下下士
下上士
下中士

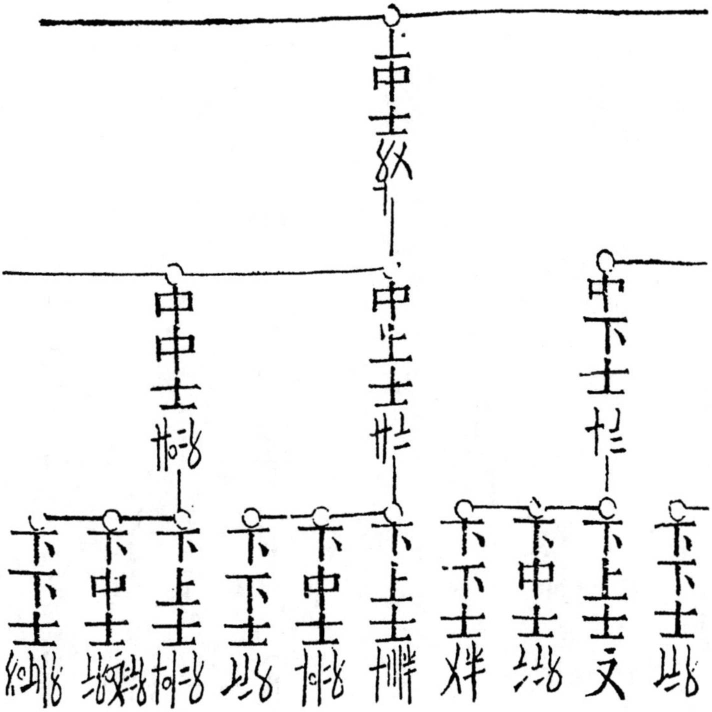

上下士
中下士
中上士
中中士
中下士
下上士
下中士
下下士
下上士
下中士
下下士
下上士
下中士
下下士
下上士

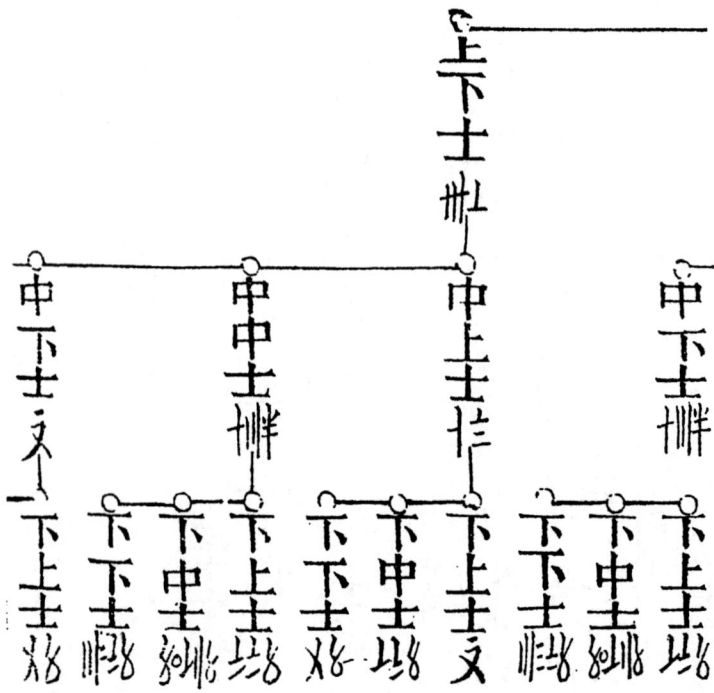

○下中士[illegible]
○下下士[illegible]

國里口軍表

節録《董子·爵國篇》原文。

方里一井，井九百畝，方里八家，家①百畝，以食五口。上農食九口，次八人，次七人，次六人，次五人；多寡相補，率百畝而三口，方里而二十四口。方里者十，得二百四十口。方十里爲方里②者百，得二千四百口。方百里爲方里者萬，得二十四萬口。法三分而除其一，城池郭邑、屋室、閭巷、街、路、市、官③府、園囿、萎圈④、臺沼、椽采，得良田方十里者六十六，與方里⑤者六十六，定率得十六萬口。

① 家：原脱，據四庫本《春秋繁露》補。
② 方里：原作「方百里」，衍「百」字，今删。
③ 官：原作「宫」，據《新編諸子集成》本《春秋繁露義證》改。
④ 圈：原作「圈」，據右引改。
⑤ 方里：原作「方十里」，據右引改。

天子方千里，三分除其一，定得田方百里者六十六，與方十里者六十六，定率得千六百萬口。九分之，各得百七十七萬七千七百七十七口，爲京口軍九，三京口軍以奉王家。按，以開方計之，除方百里者六十六，實得餘下方百里者一。再以開方計之，除方十里者六十六，實餘下方十里者一。再以開方計之，除方里者六十六。今原文不言方里六十六者，舉大數也。

公侯方百里，三分除一，定得田方十里者六十六，與方里六十六，定率得十六萬口。三分之，爲大國口軍三。按，定率得一十五萬九千九百八十四口。三分之，每五萬三千三百二十八口。

伯方七十里，七七四十九，三分除其一，定得田方十里者二十八，與方里者六十六，定率得十萬九千二百一十二口，爲次國口軍三。按，以開方計之，得方十里者三十二，餘下方十里者一①。再以開方計之，定得方里者六十六，統計得田方里者三千二百六十六，定率得七萬八千三百八十四口。三分之，得二萬六千一百二十八口。原文蓋誤，「十」字亦衍，今改正。

子男方五十里，五五二十五，爲方十里者十六，定率得四萬口，爲小國口軍三。按，以開方計之，得方十里者十六，餘下方十里者一。再以開方計，得方里者六十六，統計得田方里者一千六百六十六，定率得三萬九千九百八十四口。三分之，爲一萬三千三百二十八口。原文方十里者六十六，「六」字衍，今改正「四萬」句，蓋舉大數。

① 此「一」字原脱，據文意擬補。

言統計實得田方里者六十六萬六千六百六十六，定率得千五百九十九萬九千九百八十四口。九分之，得一百七十七萬七千七百七十六人。	附庸字者方三十里，三三而九，三分而除其一，定得田方十里者六十，定率得一萬四千四百口，爲口師三。按，以開方計之，三三而九，三分而除其一，定得田方十里者六，定率得一萬四千四百口。三分之，爲四千八百口。原文「十」字衍，今改正。
	附庸名者方二十里，四分除其一，定得四方十里者三，定率得七千二百口。
	附庸人氏者方十五里，下四半三半二十五，三分除其一，定率田方十里者一，與方里者五十，定率得三千六百口。

按，丁口出于田賦，其多寡之數本可推算而知。五十里小國，共得三萬九千九百餘人，出三軍，每軍得一萬三千三百餘人。《周禮》萬二千五百人爲一軍，本據五十里小國以起數。方七十里者加一倍，方百里者加四倍，方千里者加四百倍。天子畿内得方千里者一，出九軍，每軍得一百七十七萬七千七百餘人，故稱京師。《董子·爵國篇》文義至爲明備，鄭注《周禮》棄而不用，大約當日以董子爲今學耳。然門户雖分，事理宜究，如《管子》、《漢·刑法志》不入今學派，鄭君于别條亦嘗引之，獨于此條鹵莽滅裂，但據古文家説，以萬二千五百人一軍爲天子諸侯通制，使兩五十里小國遂足與天子相抗，爲情勢所必無。蓋兵額本于田賦，今天子地既大于小國四百倍，人數、兵額當由此而加。以萬乘、百乘推之，天子乘數亦多于小國四百倍，乃僅多一半，萬不能通。今照《爵國篇》爲表，以正從來言兵賦之誤焉。

方三百里出車千乘圖

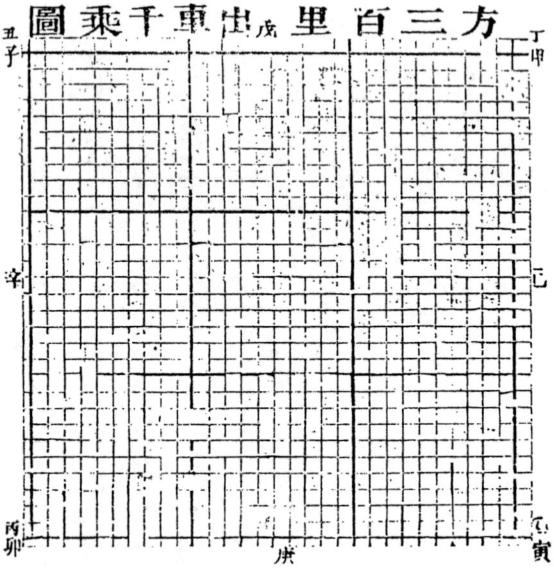

間田方百里者十，積十萬里，提①封十萬井。開方三三而九，得方百里者九，爲方三百里，如圖甲乙丙丁； 餘方百里者一，加于三百里之外，如圖戊己庚辛，先于戊己兩廉加十里，爲六十里，又加子隅方一里，共得方六十一里，餘方三十九里； 再于庚辛兩廉加六里，爲三十六里，又以丑寅二隅與卯隅相加，得一里十分里之五又十分分之六，共得方九十八里十分里之五又十分分之六； 加入方百里者九，爲方九百九十八里十分里之五又十分分之六，爲方三百一十六里，餘方一里有奇。

①「提」字原脱，今補。

《漢書・刑法志》：「因井田而制軍賦。地方一里爲井，井十爲通，通方三里一分有奇。通十爲成，成方十里；成十爲終，終方三十一里六分有奇。終十爲同，同方百里；同十爲封，封方三百一十六里有奇。爲方百里者十，即千乘之國。《漢志》與《管子》同舉成數，則爲四百里。見《史記》。封十爲畿，畿方千里。有税有賦，税以足食，賦以足兵。故四井爲邑，四邑爲丘。丘，十六井也，有戎馬一匹，牛三頭。按，車乘：兵車爲革車，重車爲長轂；一兵車有一重車，糗糧器械皆載之。馬四匹，以引兵車；牛十二頭，以引重車。每車百人：兵車一乘，卒七十二人，左二十四，右二十四，前二十四，車上甲士三人，爲將官，共七十五人；重車二十五人，中以十人爲守兵，餘十五人作樵採炊爨之用。經傳多互言之，或言革車，或言長轂，必合二者，乃爲全制。四邱爲甸。甸，六十四井也，有戎馬四匹，兵車一乘，牛十二頭，甲士三人，卒七十二人。干戈備具，是謂①乘馬之法。一同百里，提封萬井，除山川沈斥、城池邑居、園囿術路三千六百井，定出賦六千四百井，戎馬四百匹，兵車百乘，此卿大夫采地之大者也，是謂百乘之家。一封三百一十六里，提封十萬井，定出賦六萬四千井，戎馬四千匹，兵車千乘。此諸侯之大者也，是謂千乘之國。天子畿方千里，提封百萬井，定出賦六十四萬井，戎馬四萬匹，兵車萬乘，故稱萬乘之主。戎馬車徒干戈素具。」按，大國千乘，方三百一十六里，舊説多略，故博士翃爲百里出千乘之説。此説雖見《漢書》，而兩漢

① 是謂：二字原脱，據《漢書・刑法志》補。

先師已多誤據本封百里爲説，閒田千乘之制不詳，故補爲此説。《孟子》魯、齊封百里，而萬乘之國、千乘之國、百乘之家，萬取千、千取百，則爲閒田千乘師説。如諸侯止于百里，則無「萬取千焉」之事，二説各言一端，必會通，乃爲全制。

春秋一統圖

天王

- 晉　如《詩》之齊，内四州，中國二伯。
  - 青　魯
    - 魯六　曹—莒—邾—小邾附庸
    - 卒正　滕—薛—杞
  - 豫　衛　國本在冀、豫之間，以爲東都。齊一匡，遷帝丘，在兗州。晉、楚分伯，領豫州。
  - 兗　齊　初爲伯，一匡，領兗州。晉、楚分伯，退主兗州，故衛還豫州。
  - 冀　鄭　初封在雍，後遷豫州，與秦同爲卿。稱伯，是冀州方伯。與《詩》同。
- 宋
- 楚　如《詩・召南》，外四州，夷狄，二伯。
  - 徐　蔡　初在豫州，後遷州來，在徐州。《詩》以鄘主徐州。
  - 荆　陳　《詩》以魏主荆，初在豫，分伯，代楚，領荆州。
    - 許　初在豫界，遷在荆境。如《詩》之檜。
  - 梁　秦　本封在梁，入爲王朝卿士，與鄭同稱伯，爲西京留守。守曰監國，與《詩》同。
  - 揚　吴　《詩》以唐主揚。

按，《春秋》以此一天王、十九國爲綱領，以天統王，以王統二伯，以二伯統八方伯，以八方伯統七卒正一附庸焉。《詩經》又以《抑》爲新王，《周南》、《王》爲二王，後配三《頌》，《召南》、《齊》爲二伯，《鄭》、《秦》、《陳》、《衛》爲西北四方伯，與《春秋》同；《豳》、《鄘》、《魏》、《唐》爲東南四方伯，《豳》即魯，《鄘》、《魏》、《唐》與《春秋》異。《檜》如許，《曹》即同曹。以天王統二伯、方伯、卒正，又如《易》以太極統陰陽、四象、八卦、五十六卦也。

《春秋》有隱見之例。外七州共千四百七十國，見七方伯一卒正，有千四百六十二國隱之不見也；内一州二百一十國，見一方伯六卒正，有二百三國不見也。因所見，求所不見，録大而畧小，詳内而畧外。以此十九國爲宗，詳不苦于繁，畧不傷于闕，此《春秋》大綱。《詩》十五《國風》、《史記·十二諸侯年表》，皆與此同意也。

《春秋》有常敘之國，有一見之國，有見于傳不見于經之國。蓋伯、子、男之國通不見經，外州則百里之連帥亦不見經。故凡見傳不見經之國爲一見之國所統，一見之國爲常敘之國所統。此十九國爲常敘者，内二十一連帥、外四十一卒正爲一見者。故《春秋》如布帛，十九國爲經，一見之六十二國爲緯，因此組織而成者。欲知《春秋》，必先知此統宗之義而後可。

方伯不必外諸侯，以天子卿爲主。凡經、傳中有言田者，專指間田。

春秋列國實地圖

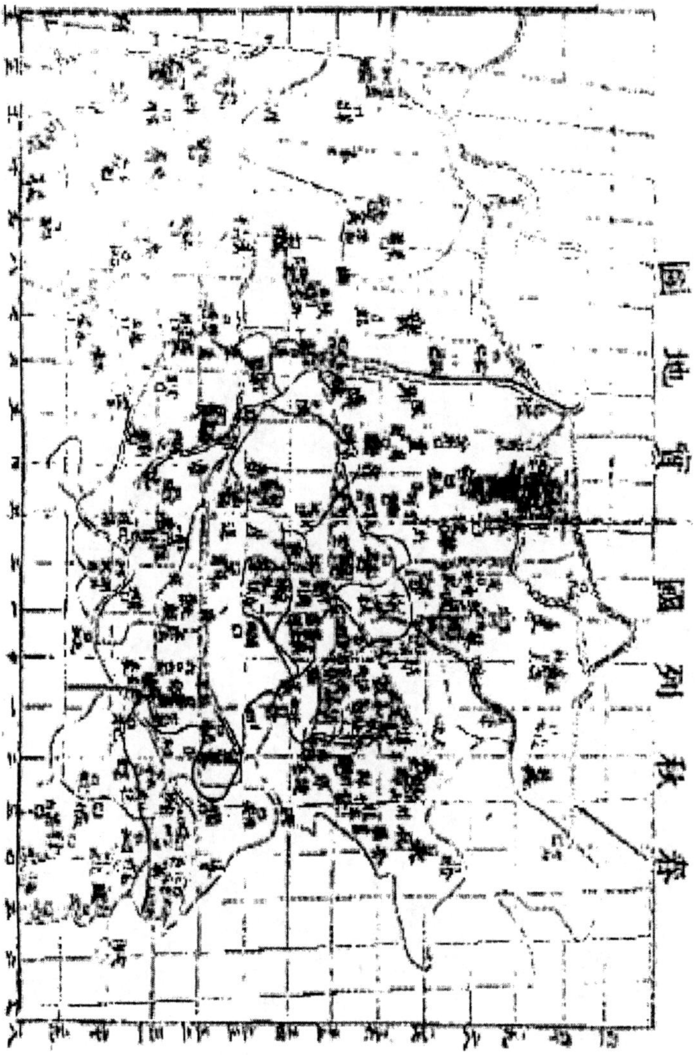

春秋經義九州封建圖

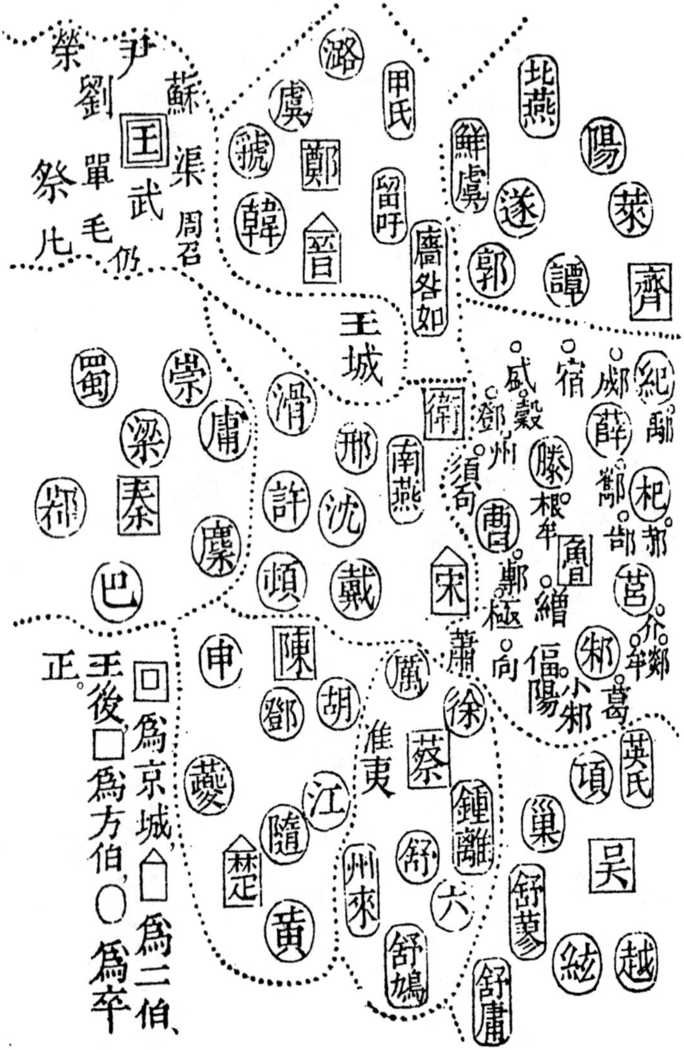
回爲京城，⌂爲二伯、
王後，□爲方伯，○爲卒正。
王城
齊
晉
宋
衛
魯
曹
陳
蔡
鄭
秦
楚
吴
越
北燕
南燕
王
尹
蘇
劉
單
毛
祭
凡
榮
渠
武
周召
潞
甲氏
虞
虢
韓
留吁
廧咎如
鮮虞
遂
郭
譚
陽
萊
紀
杞
莒
邾
滕
薛
蜀
梁
巴
崇
庸
麇
滑
許
頓
邢
沈
戴
申
鄧
胡
江
隨
黄
夔
厲
徐
鍾離
舒
六
舒鳩
舒蓼
舒庸
巢
項
英氏
葛
淮夷
州來
向
繒
偪陽
小邾
須句
萧
鄟
極
根牟
郕
宿
穀
鄧
州

《詩》十五風國，邶、鄘、衛、鄭、陳五國亦同在豫州。亦用移封之例：秦在雍，移之梁；鄭在豫，因遷亡國于南，以鄭移封于冀；豫、梁、鄭冀州之國，《詩》與《春秋》所同也；遷衛于兖，以鄘代宋，留陳于豫，亦與《春秋》同。故《詩・周頌》之七國王《周頌》。齊、二伯。鄭、秦、二卿。衛、陳、二牧。曹，全與《春秋》同；《魯頌》之七國用《尚書》義：周南、《雒誥》周公、天子。召南、《召誥》二伯。豳、《費誓》。魏、唐、由北而南，即《文侯之命》與《甫刑》也。鄘、以代《秦誓》。檜。東都小國。《尚書》詳四岳之制，故四方全舉；《詩》則以《周南》統東南，《王》統西北，各見四牧，合爲八伯，與《尚書》之文參互見義。蓋孔子六經，首《詩》託志，明素王之義。周、魯爲二代，周公之王，再託《尚書》；從周之王，實以《春秋》三統循環，分配三經。《禮》、《樂》、《孝經》，三代通義。六經相通之義，以封建爲大綱。觀于此，而《春秋》與群經相通之義愈明矣。

按，《孟子》引孔子説，有事、義之分，史記事爲史文，孔子修之，別有經義，由史文而出。説經不本史事，有空言流衍之病，拘史事，不求義，則是以《乘》、《檮杌》爲學，而非經學矣。未修之《春秋》爲史，既修則爲經。董子云貴義不貴事，蓋事爲糟粕，義爲精華。史爲古今所常有，經則至聖所獨制。唐宋以來，必求傳與經合，斥傳爲漢儒所附會，不知經義不必求合事文。如陳、蔡、衛、鄭、許五國地本在豫州，秦本實據西京，使非有移封之制，則建牧何託？故以二①遷移衛、蔡于兗州、徐州，二伯改秦、鄭于梁、冀，然後西京可存，八牧亦得建。此經義與時事必不可合者。《春秋》諸侯封國，舊圖甚多，故作此圖，以明新意。

《春秋》存西京，爲巨例。文、武之舊，棄之秦人，《春秋》所傷，必存之。故秦在雍，經稱伯，如天子大夫留守，則秦不能據矣。又言梁亡、入鄀、滅庸諸條，移封于梁，所以稱秦爲夷狄者，以其在梁州也。此一説也。王臣食采，國既遷都，當食采于洛陽。考周、召、毛、祭、單，凡皆西京采地舊名，既已遷都，王臣何以仍食舊邑？存此采邑，以爲返蹕地步。故每州皆見小國名，惟雍無之。若一封國；則天王返蹕，王臣無所食采，故掃除舊京，以望還駕。此又一説也。經于東都稱京師，河陽亦稱京師，以東都爲行在，所以存舊京爲本。此又一説也。凡此皆存西京之義，圖中依此分界，學者詳之。

① 「二」下當脱一「伯」字。

春秋與詩相通表《國風》分三統，二伯，八伯，二卒正。

- 邶周頌
  - 王—魯頌—齊
    - 秦—曹全與《春秋》同。
    - 鄭
    - 衛
    - 陳
  - 周南周公、商頌 召南召伯
    - 豳—魯—檜許全與《春秋》異。
    - 鄘蔡
    - 魏楚
    - 唐吴

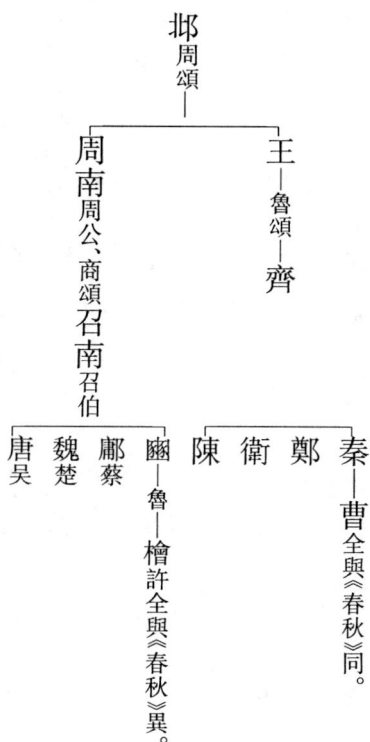

按，《詩》就周版土立義，分陝而治，于四州之中寓八伯之義。《春秋》用夏變夷，開南服四州，以成九州，《王制》所謂中分天下、立二伯八伯是也。《詩》與《春秋》有寫義行事之不同，故《詩》無南四州，而三《傳》同以見《國風》爲中國，不見《國風》爲夷狄，此《春秋》化成九州之義也。《詩》之十五國風，一天子，二王後，二二伯，八方伯，二卒正，合爲十五，以存國治。內州王、齊、秦、鄭、衛、陳、曹，與《春秋》全同，復封亡國于南方，周南、召南、豳、鄘、魏、唐、檜，七亡國爲一統。首以二南者，明治外州，以北方國封于南，此《易·既濟》之道也。

又，《詩》凡見十五「素」字，皆見于南方之國，明亡國素統封之也。召南、鄘、魏、檜皆三見，以三起數，共十二。唐二見。而齊有一「素」以起之。共十五見。《國風》共十五，而五紽、五緎、五總，三五亦十五也。

《春秋》見周公、召伯，周公如宋公之公，託之王後；召不同稱公者，周、召有君臣之別。故雖二《南》同見，一稱公，一稱伯也。

春秋九州分中外與易八卦方位相合圖

兗 艮少男	青 震長男	揚 巽長女 徐
冀 坎中男	坤母 豫	離中女 荊
雍 乾父	梁 兌少男	坤

《說卦》：「震，東方也。巽，東南也。離也者，明也，南方之卦也。坤也者，地也。兌，正西。乾，西北之卦也。坎者，水也，正北方之卦也。艮，東北之卦也。萬物之所以成終而成始也。」按，西南不置州，坤當寄居中央，爲黃，故以坤爲地，而不云坤爲西南之卦。

荆、徐、梁、揚四州，三《傳》皆以爲夷狄。以三千里分中外，雍、冀、兖、青、豫爲中國，荆、揚、徐、梁爲夷狄。以《易》八卦方位配之，則凡在陽卦之位爲内，陰卦之位爲外。以三千里論，陰位皆在内州之南，故同稱諸夏；外四州以諸夏爲正稱，尚在九州之中，非實夷狄，故但曰諸夏。諸南服之國，不止一州。

以八卦方位説《春秋》中外之分，陽卦爲中，陰卦爲外，《易》與三《傳》契合無間。更由此推之大九州，中國在地東北，正當二男之卦；海外南半球屬離，西半球屬兑，二女之位，爲外，爲鬼方。《坤·象》云「西南得朋」，坤，母，爲陰，以二女爲朋；東北二男，所以喪朋。八卦方位小而《春秋》大，而全球莫不相合，此六經所以有相通之義。《春秋》以諸陰卦爲夷狄，故荆、徐、梁三見州舉，而吴、楚、徐三《傳》皆以爲夷狄之説也。二伯所分疆宇，東伯統東南，西伯統西北，非就《易》位説之，小足以見例。又，方位之分，以東北爲中爲日。《七月》之詩言「一之日」、「二之日」、「三之日」、「四之日」。日占四辰，月占八辰，此又中外之分、全球立説之變例。以中國不能全占東北，故北之亥、東之辰皆割以屬陰，以西南一球兼包亞州東北也。

經見八伯五十六卒正表

按，此以中外分。内外各占二岳四州，内冀、兗、雍、豫、青如《詩·國風》，外徐、梁、荆、揚。中外之分，不用《禹貢》青、徐爲一岳之例。

天王

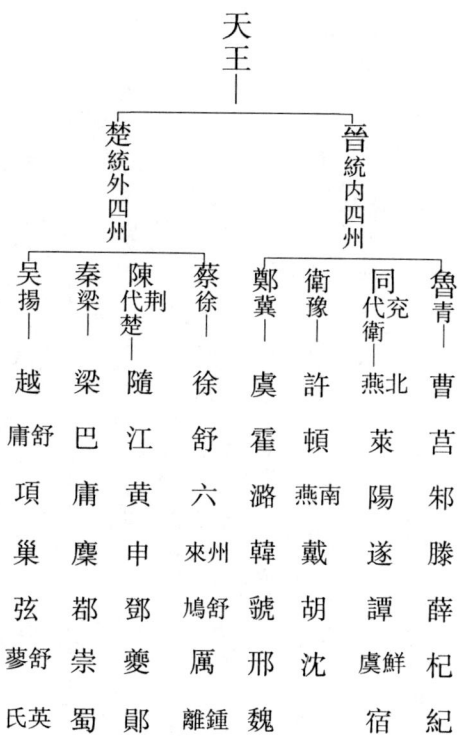

統	伯	卒正						
晉統内四州	魯青	曹	莒	邾	滕	薛	杞	紀
	同兗代衛	北燕	萊	陽	遂	譚	鮮虞	宿
	衛豫	許	頓	南燕	戴	胡	沈	
	鄭冀	虞	霍	潞	韓	虢	邢	魏
楚統外四州	蔡徐	徐	舒	六	州來	舒鳩	厲	鍾離
	陳荆代楚	隨	江	黄	申	鄧	夔	鄖
	秦梁	梁	巴	庸	麇	都	崇	蜀
	吴揚	越	舒庸	項	巢	弦	舒蓼	英氏

二伯之事，本以齊、晉爲目，特齊乃一匡，不與晉同時爲伯，故取晉、楚分伯時别立表，取其昌明。《傳》中不見經之國多矣，經但書此四十八國，假諸國以見行事，其制已明，不復再見。《春秋》諸國舊無統宗，今特立此表以明之。

《三統曆》云「經元一以統始，《易》太極之首也。春、秋二以目歲，《易》兩儀之中也。于春每月書王，《易》三極之統也。于四時，雖亡事必書時、月，《易》四象之節也。明月以建分至啟閉之分，《易》八卦之位也。象事成敗，《易》吉凶之效也。朝聘會盟，《易》大業之本也。故《易》與《春秋》，天人之道」云云。按，《易》與《春秋》，天人配合，其説是也，而不知更有明切之義。如以天王配太極，二伯配陰陽，四岳配四象，八伯配八卦。一卦生七卦，合爲六十四卦；《春秋》以一方伯統七卒正，八州八百五十六卒正，合之方伯，共六十四國。以一國配一卦，兩兩相當，是封建之以一方伯統七卒正取法于《易》。《春秋》之每州見七小國，不多不少，尤與《易》相切合。考《春秋》，魯常見六卒正，一壓于方伯，不見；常見有許，合之實七卒正。其義如《易》之旁通焉。初爲此圖，每州仿曹、莒、邾、滕、薛、杞之例，祇見六國國名，有遺漏者，後乃知建國取法于《易》，每州補爲七國，見經之國乃無遺漏。于此益歎六經之旨無不相同。考一卦六爻，而乾、坤二卦言用六、用九，合爲七變。師説諸卦皆同此例，惟有詳畧耳。曹、莒、邾、滕、薛、杞，見六國者，取六爻之例；一卦生七卦，一方伯統七卒正，則又取七變之義。考魯國見一方伯、七卒正、二十一連帥、一附庸，共三十國；一卦七爻，三七二百一，適合一州封二百一十國之數。諸經互證，其例大明，以此知六經全由聖人筆削也。

附解梁州八國

秦　梁　秦滅梁，地入秦，故秦移梁州，與益州梁山之梁異地，梁州舉之也。與荆、徐同例，《傳》：「梁近秦而幸焉。」《禹貢》以華岳爲梁州正，梁主正西，岳必在梁州境内。又，《春秋》東西通畿，雍州以方八百里爲王畿；是古之梁州兼有今山西、河南之地，非如今成都府以華陽爲名，遠在千里之外也。

蜀　成公九年公子嬰齊所會之蜀，魯邑名；接書秦楚會盟之蜀，則爲梁州國名。蜀，國名，見《牧誓》。公會嬰齊，在魯邑，盟有秦，則蜀乃梁州國名。《左傳》以此盟爲匱盟，畏晉而竊與楚盟，實不在此年月。爲魯諱匱盟，使二蜀相連，如在魯邑盟者。然考《春秋》之例，會盟同地，無間事則不再舉地。此無間事，再舉蜀，以起遠匱盟于梁州之蜀也。又，伐魯無秦，盟有秦，秦楚會、伐、盟皆在梁州。經言秦盟，亦以起非魯之蜀也。

崇　《左傳》：晉伐崇，以爲「秦急崇，我伐之，秦必救之，可與求成」。考《春秋》之例，雍州王畿，不見國，秦所屬之國必當在梁。《公羊》以爲天子邑，因其地在雍州，近王畿，故以畿内諸侯言之。雍州王畿方八百里，崇當在八百里之外，故經特見此國以屬秦，備七卒正之數，並以起通畿之制。雍州不盡屬王畿也。

鄀　秦人入鄀，故以屬秦。蓋近若水之國，因名鄀。《世本》：「鄀，昌意後，爲秦所滅。」考昌意降居若水，鄀當從若得名，故地當在今嘉、雅境内，與楚國所遷鄀同名異地。

巴　庸　「楚人、秦人、巴人①滅庸。」二國皆梁州屬，同滅于秦。

麇　楚子滅麇，地與庸近，去華岳不遠。今地屬河南。

① 巴人：二字原脱，據《左傳》文公十六年經文補。

經見魯國七卒正二十一連帥表

魯

卒正	連帥		
曹	郕	盛	郜
莒	郯	鄟	邿
邾	穀	遂	郰
紀	鄫	郚	陽
滕	牟	葛	向
薛	極	州	須句
杞	郱	根牟	鄧

内見二十一連帥，本封皆百里侯國。七十里之屬長伯國通不見經，故舊説三命以上乃書于經，見經皆侯國，故經統稱諸侯也。詳于内，故見連帥，外七州通不見；以所見起不見，明七州皆有二十一連帥，傳有其名，經不書也，與内常敘六卒正而外州只一見同也。所有亡國亦與此數者，此《春秋》繼絶存亡之制。《孟子》云：「如有王者作，則魯在所損乎？在所益乎？」明王者之制，當削大國侵地，更封小國也。本七卒正，經只常見六者，如《易》六爻實備七數者，兼用爻言之。

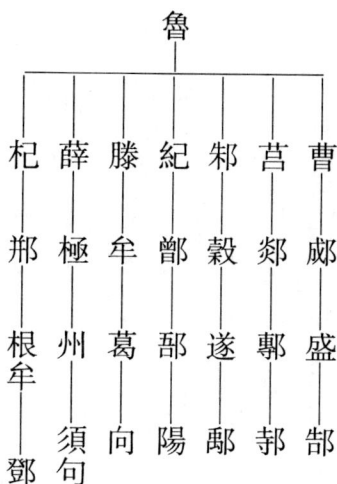

諸侯累數班序表

公會晉侯、齊侯、宋公、陳、衛、蔡。鄭伯、許男、曹伯、莒子、邾子、滕子、薛伯、杞、小邾子、附楚、秦、吴。

按，此中國會盟累數百變不易之常例也。先通常例，然後以求其變，則黑白自明；不觀其常，遇變則未有不淆亂者矣。公、侯、伯、子、男，周制五等班次也。《春秋》不拘其序者，則以子、伯、男爲託號，而諸侯又有託禮也。魯，侯也，序在諸國上者，内外例也；内大夫亦同。晉、齊，二伯也，晉必在齊先者，所謂異姓爲後，尊同則分别同異，故先晉也。公當序侯上，以宋後晉、齊者，託齊、晉爲伯；伯三公爲之，故伯主在王後上也。晉、齊伯不稱公者，實非二伯，《春秋》授之也。宋開在齊上者，明宋爲客，常禮當先三公也。除晉、齊，國無先宋者，别尊卑、決嫌疑也。衛、蔡同姓，陳異姓，同稱侯，經不先同姓者，《春秋》爵號唯此三國尊同，故次序無定，互相先後；蓋以三國之無定，起十六國之一定也。齊主盟，不列敘魯卒正者，初畧小國也。又，周之宗盟，異姓爲後。齊主會，則當以姜姓先之，與晉主會異，故不常敘小國也。鄭稱伯，位當天子大夫，以殿方伯，故常在許男之上、諸侯之下，明其稱伯間于大小之間也。魯常敘六卒正，外七州當見四十二國，經但見一許男者，即一許男以起例也。內卒正稱子、伯，許獨稱男者，異之以别内外也。男敘子、伯上，子敘伯上者，皆以明伯、子、男非實爵也。《春秋》先内後外，小國獨先外者，許只一見，若敘在杞伯、小邾子之間，則内外相混，嫌爲魯屬七卒正全序，故先以别之。曹、莒、邾上等，滕、薛、杞下等，曹、滕以同姓先異姓，六國之序，終《春秋》無一異者，以有定起無定也。小邾附庸，殿諸侯之末，大會當有四百八十附庸，舉小邾以見例而已。此中國會之常例也。十九國中，楚、秦、吴不常敘者，外夷狄也。三國列盟會，書法有異，各就變例求，此言其常而已。正變例又有數等，并附于左。

同姓異姓分先後例 親親。

晉常先齊，二伯。曹常先莒、邾，卒正上等。滕常先薛、杞。卒正下等。宋公，齊侯。宋公間序二伯上，宋無在晉上者。

齊主諸侯不敘晉

公會齊侯于扈。扈晉邑，會扈不序晉。

以爵敘先後例 尊尊。

宋公常在陳、蔡、衛三侯之先。

以年敘先後例 即位之久暫，新立者敘久立者之後。《穀梁》曰：「年同爵同，故紀子以伯先也。」《左傳》曰「以年」。

陳、蔡、衛三國，立久者在新君之先。

以主敘先例

虞先晉。公先侯。邾先鄭。伯、子、男一也。

以到之先後爲序例 《左傳》說。

崔杼以公子光先至，故書于諸侯之上。

變例 凡此變例，則次序不與常例同。今凡不同常例者，統歸此類。

王臣主會。

夷狄主會。

監者與會。
殊會夷狄。
一見例。

春秋圖表卷下

諸侯本爵異號並見表

紀侯	紀子伯
滕侯	滕子
薛侯	薛伯
杞公	杞子伯
吴王　吴公、吴伯	吴子
楚王	楚子
楚王子	楚公子
附邢侯　三小國亦稱侯。	

鄧侯	諸侯　經稱諸侯，伯、子、男三等國均在其內，以其本皆爲侯爲卒正，五錫以上之國。至于連帥以下，會盟通不見經矣。
隨侯	

《公羊》云「貴賤不嫌句。同號。」滕、薛來朝，並皆稱侯，不嫌也。蓋見經皆百里，同爲侯，于侯中分二伯、州牧、小侯、連帥四等，則不可統稱侯，故假不見經伯、子、男三等之號，以濟其窮。相嫌之地，則貴賤之號宜異，故小國稱伯、子、男，所以別于二伯、方伯之侯于不嫌之地。一見本爵，以明其非真小國，所以明三命以上乃書于經之實也。因其嫌不嫌而號有異，足見號非諸國本爵，異同由孔子而定。此名號大例，三《傳》所同者也。二《傳》杞無侯稱，《左氏》杞侯當作「紀侯」；以杞本爵公，《春秋》黜之，稱子、伯，不得有侯稱。古經本作「紀侯」，故表中特列之。

子伯非爵表

方伯	楚子　吴子　鄭伯　秦子
卒正	莒子　邾子　滕子　杞子伯　曹伯　薛伯
連帥	郯子　盛伯
亡國	郜子　穀伯
附庸	小邾子
王卿	尹子　蘇子　劉子　單子　附　王季子　王札子
王大夫	凡伯　毛伯　召伯
監大夫	單伯　祭伯　夷伯
大國卿	高子　附　子哀
内卿	季子　附　子叔　姬子　季　姬
公侯在喪	宋子　陳子　衛子　附　子糾　子野　子赤
夷狄	潞子　戎曼子　徐子

按，經、傳五等爵皆指五長，百里、七十里、五十里皆備用其稱。《春秋》三命以上乃書于經，故見經皆百里侯，經統稱諸侯，是也。然子、伯既爲爵名，以侯而號子、伯，與真爵相混，何以見子、伯之非小國乎？蓋三命以下不書于經，則七十里、五十里之小國通不見經矣。既無真正小國，而諸國以伯、子、男爲稱，則知爲託號，非實再命以下之小國矣。《春秋》猶恐未明，

久而滋疑，于滕、薛、紀三國特見本爵以明之。又，統稱伯、子、男之國以諸侯，可謂苦心分明矣！乃師法失傳，漢以來不明此義。今立此義，觀十二等同以子、伯爲號，則子、伯之非爵，明矣。真爵伯貴于子，託號子貴于伯。

春秋十九國尊卑儀制不同表

三大國	齊　晉	大夫貴，高子稱子。	三軍三卿言師，
	宋	孔父稱字，子哀稱子，華孫稱孫。子、孫並見。	同上。
內四方伯	魯	季友，季子，叔肸，字、子、名並見。	二軍二卿言師。
	衛　陳　鄭	無稱子、字者。	同上。
外四方伯	蔡	名氏。	同上。
	楚	初不氏，後氏。	初無後有。
	秦　吴	皆不氏。	秦二言師，吴無。
魯六卒正	曹　莒　邾	三國見不氏大夫。	例不言師。
	滕　薛　杞	三國不見大夫。	下同。
外卒正	許	同上。	
附庸	小邾	無大夫。	

本侯，託禮于公。	正稱公。	侯從内稱公。	衛、陳侯，鄭從王臣稱伯。	正稱侯。	夷狄大，稱子。	秦從畿内稱伯。吴從夷狄稱子。	本爵侯，託號伯、子。	同上。杞本公，黜稱子、伯。	本侯，從外稱男。	無爵，稱子。
大夫不稱官。	大夫稱司馬、司城。									
有大夫，稱使，言聘。	同上。	同上。	同上。	夷之不見聘使。	稱使。	同上。	曹言使。	不言使、聘。	同上。	同上。
言天子守，高子稱子，不見監大夫。	子哀《傳》稱封人，監大夫。	見監大夫單伯、祭伯、祭叔、夷伯。	陳見女叔、原仲，鄭見祭伯。	以下不見監大夫。			以下無此制。			
							以上君不書來奔。	以下書君來奔。		

來魯大夫皆名氏。	同上。		同上。	不見。	一稱氏。	不氏。	同上。	以下無。		
大夫齊一不名。	大夫一不名，二稱官。	下皆名。					曹一不名。			
有大夫。	同上。		同上。	同上。	初無後有。	吴一見，秦二見。	例不書，因從内録進之，乃以名見。	以下絶不見。		
不見湯沐邑、宿邑。	同上。	見。	鄭一見《傳》，衛立湯沐朝宿邑。	以下不見。			以下無。			

常記卒、葬。	齊卒十二日、二時。晉卒十一日三時。	卒名。
同上。	十日、三月。	同上。
薨。	薨必日。	
常記卒、葬。	衛十一日。陳九日二時。鄭十二日。	同上。
同上。	七日、二月、一時。	
初不卒，後卒，不葬。	七日、一月。	以上皆名。
秦後卒記葬，則卒不名。吳後記卒，不葬。	吳五月、一時。秦五時、一日。	秦三不名。
例初不常記葬，曹以居首，先記卒、葬，莒以夷狄，不葬。	曹七月、二日、一時。莒二月一時。邾二時四日。	皆名。
同上。	滕一月一時五日。薛一月、三時、一日。杞三月、一時、五日。	滕三不名。薛一不名。杞一不名。附宿一不名。
間記卒、葬。	四日、二時。	皆名。
不記卒葬。	無。	

齊葬四日、二月、三時。晉葬一日、五月。	君于魯，不言來。	經常記事。	臣于魯，言來聘。
三日、三月。	同上。	同上。	同上。
葬必日。			
衛五月、二日、一時。陳四月、四時。鄭五月、三時。	同上。	同上。	同上。
五月、二時。	同上。	多十數年不記事。	同上。
	同上。		同上。
秦三葬皆時。		吴成以後乃見秦，多十數年不記事。	同上。
曹九時、二月。邾二葬皆時。	于魯言來朝，莒以夷狄不言朝。	初略，後詳。	臣不言來聘。
滕二時、二月。薛二葬皆時。杞五葬皆時。	同上。	同上。	同上。
皆時。	不言朝。		同上。
	言來朝。		

公會諱其大夫。	魯公言如。	言公會之。	晉僖以後乃見。	晉以同姓，序在齊先。
不諱。	不言如。			常在二伯下。
以下同。	不言如，莊以上言公會于某。	莊以下不言公會之。		鄭常在陳、蔡下，陳、蔡、衛三國無定。
	不言如。			
	二言如，皆月。	獨言公會。	楚莊以後乃見。	楚夷狄，會與中國異序。
	不言如。	吴殊會之。	秦僖以後乃見，吴成以後乃見。	楚會秦在諸侯之先，中國則殊會吴。
	以下同。	莊以下公不言會之。		三國次序有定，曹以同姓居二國之先。
				三國次序有定，滕以同姓居二國之先。
				常在鄭下曹上。
				常在杞下。

大夫于盟會稱名氏。	同上。		同上。	同上。	同上。	盟會不見大夫。	盟會皆稱人。	同上。	同上。	
殺大夫稱人、稱國。		言刺。	殺大夫稱人、稱國。	同上。	稱國，不見稱人。	不見。	不稱人。	無。	同上。	
記災異。	同上。		同上。	以下不記災異。						
諱滅。	同上。		同上。			同上。	不言。	同上。		
殺言殺、及。	同上。		以下通不言殺、及。							
弑言弑、及。	同上。		以下通不言弑、及。							
號有定。	同。		同。	同。			邾以下號無定。			
有來盟。	同。		同。	以下通不言來盟。						
言來乞師。	以下不言。									

魯君至其國言會盟。						以下不言至其國。				
天子稱其君伯父、伯舅，晉初稱叔父。			天子稱其君曰叔父、叔舅，《傳》無明文。							
《傳》稱大國、稱伯。	同上。		《傳》稱次國、敵國，稱侯。	同上。	《傳》亦稱大國，稱夷狄。	《傳》以爲夷狄。	《傳》稱小國、微國。	以下同。		
弑君：大夫稱氏，衆辭稱人。							衆辭稱國。以下不言。			
言次。	以下同。									
言救。	以下同。									
内大夫言會、言如。	以下同。						内大夫言如、不言會。			

君于魯，不言奔喪、會葬。	以下同。						君于魯，言奔喪、會葬。			
在喪不稱子。	在喪稱子。		陳、衛在喪稱子，鄭在喪不稱子。	以下在喪通不異制。						
				以上內言侵。				以下內言伐。		
有母弟、世子。				以下無母弟。	以下無世子。	秦一見母弟。			見世子。	
戰偏及諸侯。	同。		戰及本州小國。				與方伯戰言及。			
與小國不言戰。			與大國、小國言戰。				與大國不言戰。			
各統四州方伯。	爲客，不統諸侯。	各統一州二百十國。	以下皆同。				各統三十國。	同上。	同上。	

其君比天子公，卿比天子卿。
國于天子爲客。
其君比天子卿，卿比天子大夫。
以下皆同。
其君比天子大夫，卿比天子士。
同上。
同上。

王臣人名字子表

《公羊》：「人不若名，名不若字，字不若子。」

子	劉子 單子 蘇子 尹子
字	召伯 毛伯 凡伯 南季 仍叔 榮叔 家父《傳》曰：天子之大夫不名。
附監大夫	祭伯 祭仲 祭叔 單伯 女叔 原仲 夷伯《傳》曰：吾大夫之命乎天子者也。
名	石尚附宰咺《傳》曰：天子之士也。
人	王人《傳》曰：王人，微者也。

夷狄州國氏人表《公羊》：「州不若國，國不若氏，氏不若人。」

州	荆　徐　梁
國	秦附越　吴　晉　鄭　莒
氏	英氏　潞氏　甲氏
人	荆人　楚人　徐人　秦人　吴人

《公羊·莊十年傳》云：「州不若國，國不若氏，氏不若人，人不若名，名不若字，字不若子。」《公羊春秋》家皆以七等之例專爲夷狄發，穿鑿支離，徒①爲遷就，義終未安；今定爲「州不若國」三句爲夷狄例，「人不若名」三句爲王臣例，實八等，非七等。中國以人爲賤稱，夷狄

① 徒：原誤作「徙」，今改。

以人爲尊稱。夷狄有稱子而不言人不若子者，將進爲伯，故特予以嘉名，所謂去夷狄就中國，故其例別出，不在四等中。王臣有稱公而不言子不若公者，三公極尊，子所不及，其義易明也。夷狄以州、國、氏、人爲漸進，王臣以人、名、字、子別尊卑。《公羊》「天王使宰咺」傳云：「宰士也。」何注云：「上士以名通，中士以官録，下士畧稱人。石尚，天子之士也。」知石尚爲上士，故稱名。《莊六年傳》云：「王人，微者也。」明稱人者皆爲下士，人不若名，下士不若上士也。「祭伯來」傳云：「天子之大夫，伯爲字。」則知凡經稱伯、仲、季者，皆天子大夫也。《左傳》劉子云：「天子之老請帥王賦。」《曲禮》云：「五官之長自稱于諸侯，曰天子之老。」劉子自稱天子之老，假爲五官之長，三《傳》一例。故以稱子爲王卿，字不若子，大夫不若卿也。混爲一而支絀不安，析爲二而義例皆貫。千古蒙翳，一朝盡澈，而《傳》意豁然矣。

州舉之例，《公羊》惟以荆爲説，實則梁、徐亦州名。夷狄州舉，外四州見荆、徐、梁，而揚無明文，以揚間于徐，故畧之。梁爲秦滅，言梁亡，明秦當移封于梁也。《周禮·職方》劉歆加幽、并，去梁、徐二州；《詩》、《書·牧誓》見庸、蜀諸國，《費誓》見徐；《春秋》特舉梁、徐與巴、庸、鄀、柳、麇、夔六國，所以爲駁無梁、徐與蜀自古不通中國之起文也。

王臣通佐表

宰渠伯糾　宰咺

叔服《左傳》以爲内使。

附宰周公

按，《曲禮》：「天子建天官，先六大，曰大宰、大宗、大史、大祝、大士、大卜，典司六典。」與五官、公卿、大夫、士各自爲官。《董子·爵國篇》：「通佐七上卿與下卿而二百二十人，天庭之象也，倍諸侯之數也。」諸侯之「通佐五，與下而六十人，法日辰之數也」。又云：天子「有七上卿，二十一下卿，六十三元士，百八十九下士」。皆于三公所統之百二十人别立此官，蓋即《曲禮》之六大也。宰渠伯糾、宰咺之宰，以宰爲名，即大宰，《王制》所謂制國用之冢宰。《王度記》：冢宰，大夫秩。此常設之職，與攝政之冢宰經書「宰周公」。不同。内史即大史，皆爲通佐官屬，共計二百七十二人，經見三官，以示例而已。「宰周公」之「宰」爲三公，因王在喪，攝政。《公羊》云「天子之爲政者」是也。必王在喪中，乃置此官，喪畢則反政，不復置，與制國用之冢宰大小懸殊。制國用之冢宰，如今之内務府。

王子表

王季子

王札子

王子虎卒　《左傳》王子卒而不書者多。

王子猛卒

按，諸侯殺公子、公孫，皆于其上加稱大夫，《穀梁》云「公子之尊視大夫」是也。大夫常辭，言公子、公孫不言其官，即以氏别其尊卑也。天子、卿、大夫皆以子字别其名位，不言王子。如王子虎，《左傳》以爲劉康公，經常言「劉子」，後書「劉卷卒」是也。王子虎卒稱王子者，藉此以明王子食封之制。猛卒不稱崩，更卒虎以起卒猛之爲奪，其嫌不與得立之辭也。其書王季、王札者，見二稱子以明嫡庶。《左傳》以稱季爲貴之，而二《傳》以紀季許叔爲兄終弟及之辭是也。禮曰「别親疏」，故傳例云「凡弟」，皆母弟，此親疏之别也。經不言王孫者，言王子則王孫可知，以公子公孫起之也。

監大夫表 鄭注：《聘禮》謂牧有三監。

魯單伯

祭伯

祭叔

夷伯 莊十六年王臣夷詭諸。

陳原仲 《傳》王臣原伯，原氏凡數見。

女叔

鄭祭仲

《傳》國風「爲之歌邶、鄘、衛」，先師皆以三監說之。又云「天子之守國、高」，是皆以王臣託之之意。祭公爲公，故稱公，以下稱伯、仲、叔者皆爲監，在王臣爲卿，故稱子。單伯稱字，則爲大夫，本不必同食采，經必以同王臣氏采者，以采見爲王臣，非諸侯臣也，不全同者，有祭、單以起之，則餘可知也。舊說不知此義，故其說祭仲最誤，而祭伯之來不能明，而氏采尊卑之分，更無論矣。

王後監

宋子哀

《左傳》云「蕭封人」，宋公使爲卿，與祭仲稱祭封人、鄭伯使爲卿同。牧如天子卿，故三監爲大夫，稱字；王後同天子公，故三監爲卿，稱子。武庚三叔監殷，三叔皆卿也，此爲監大夫本制。經一見子哀以起例。

王臣從行公卿大夫元士表

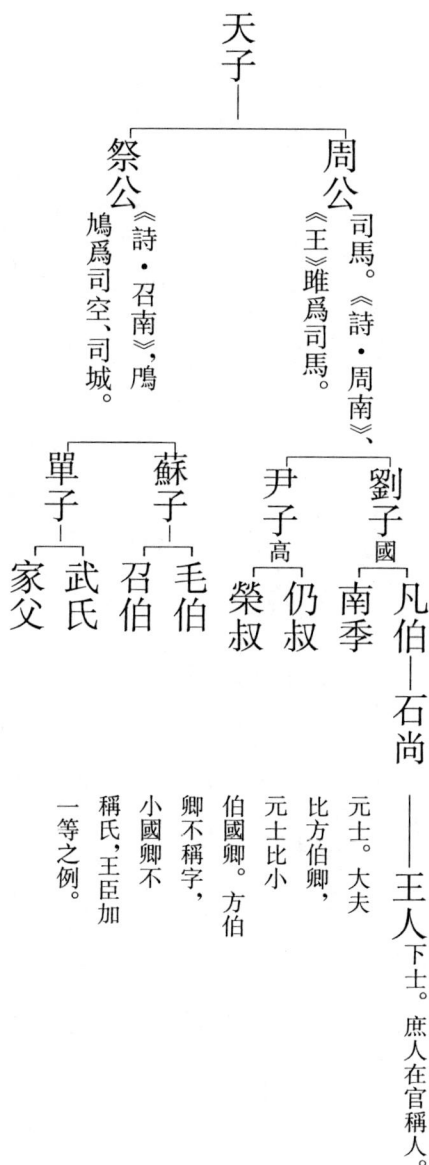

- 天子
  - 周公 司馬。《詩・周南》、《王》睢爲司馬。
    - 劉子 國
      - 凡伯 — 石尚 —— 王人 下士。庶人在官稱人。
        - 元士。大夫比方伯卿，元士比小伯國卿。方伯卿不稱字，小國卿不稱氏，王臣加一等之例。
      - 南季
    - 尹子 高
      - 仍叔
      - 榮叔
  - 祭公 《詩・召南》，鳲鳩爲司空、司城。
    - 蘇子
      - 毛伯
      - 召伯
    - 單子
      - 武氏
      - 家父

按《左傳》，周、祭皆周公之後；以不世卿之義推之，則周、祭爲采邑，不必爲周公之後。周已東遷，王臣仍舊采者，存西京，不以與秦也。又，《禮》：「天子三公、九卿、二十七大夫、八十一元士。」《春秋》以天子巡狩東都，王城仍在雍州。天子出，一公守，二公從，故見二公；二公即二伯，官爲司馬、司城，即《詩》《周》、《召》也。一公出，一卿守，二卿從。一公二卿、《左傳》以國、高爲天子之守是也。二公四卿、八大夫皆從巡狩之禮，推之元士獨見石尚，如許男一見例。因所見以求所不見，則尚有一公、二卿、十九大夫、六十五元士在西京留守。不書從者，十六元士只一書石尚，則尚有十五元士不見也。《春秋》以東都爲行在，因事以見二公、四卿、八大夫。

天子諸侯異制表

天子稱京師。	諸侯稱師。
天子不言出。	諸侯言出。
天王在外言居。	諸侯出言奔。
崩不名。	卒名。
王官諱言盟。	諸侯不諱言盟。
天王、天子同稱。	紀子伯、杞子伯同稱。
王世子不名。	世子名。
王言求。	諸侯言乞。
王人雖微，在諸侯上。	諸侯人敘在卿下。
娶十二女。	娶九女。
王季子稱子。	蔡叔、紀季、許叔不稱子。

號不言周而稱王，成周城名周，非號。	諸侯皆舉號。
不志葬。	諸侯志葬。
王城以王氏城。	諸侯舉號不言城。
天子不親迎，遣公逆。	諸侯不親迎，遣卿迎。
有王子，無王孫。	有公子公孫，楚王子稱公子。
監者在外，同王官氏。	諸侯大夫仕、奔國，不見經。
王后行書。	外諸侯娶不書。
有三天王不志崩。	諸侯大國皆書卒。
王姬嫁書。	外女嫁不書。
三年不言使，稱王。	踰年言使，稱君。
王臣書卒者四，葬者一。	諸侯大夫不卒不葬。
王官三言宰。	宋以外諸侯大夫通不舉官。
天子九軍。共計得一千六百萬口。	方伯四軍百六十萬口，百里國四軍十六萬口。小國四軍四萬口。

王官氏采。	諸侯大夫氏族。
京師諱敵不諱敗。	内諱敗不諱敵。
以齊、晉爲二伯，亦見王官伯。	魯、陳、鄭見本國卿，亦見監者。
西京舊都不建國。	諸侯廢都即爲邑。

内外異制異辭表

表中所舉皆其常例，以有定起無定，而後可以得其變也

内稱公。	外惟宋公、王後。寓公。如州公。舉下稱公。葬從臣子辭，虞公從下執辭。
内大夫稱子稱字。	外惟三大國稱子。
内書即位。	外不書。
内言薨。	外諸侯言卒。
内夫人稱薨。	外夫人不卒。
内夫人葬。	外夫人不葬。
内公薨葬皆日。	外諸侯卒葬或不日。
内大夫卒。	外大夫不卒。
内世子言子。	外有所見乃言世子。
内大夫可以會外諸侯。	外大夫不可以會諸侯。
内及外。	外諸侯以大及小。
内之前定之盟謂之涖。	外之前定之盟謂之來。

內大事日。	外大事或不日。
內諱敗。	外不諱敗。
內不言戰，皆曰敗之。	外惟中國與夷狄乃曰敗之。
內不言取。	外言取。
內不言獲。	外言獲。
內如書。	外相如不書。
內致公。	外諸侯不致。
內大夫執則致。	外大夫雖執不致。
內諱殺大夫，言刺。	外質言殺。
內不言弑。	外質言弑。
內取邑志。	外取邑不志。
內災志。	外惟三大國、內四州方伯志。
內公不及大夫。	外諸侯及大夫。

内公不會大夫。	外會大夫。
内平道。	外平不道。
内釋志。	外釋不志。
主善以内。	目惡以外。
内辭曰弗。	外辭曰不。
内來奔不言出。	外言出。
内疑戰皆曰敗。	外疑戰不言敗。
内見天王使。	外不見。
内城邑志。	外城邑不志。
内女志歸。	外女不志歸。
内築志。	外築不志。
内諱滅言入。	外惟二伯諱滅言入。
内七卒正。	外卒正一見許以示例。

一見表此例甚繁，不能盡表，舉此示例，是在反三。

《春秋》主治，稱天王。	一見天子，以明同稱。
内見六卒正，外卒正四。十二不敍。	一常敍許以包之。
諸侯非十九國不卒。	一卒宿男以見例。
非十九國不敍盟會。	一見滑、邢①、沈、頓、胡、鄫。
非十九國不專記事。	一見介人侵蕭，狄滅邢。
卒正上等，三國乃見大夫。	紀一見履緰。
荆、徐、梁、外州皆以州舉。	獨吴稱國，不以州舉。
諸侯葬稱公。	一稱蔡侯以見例。
内不言敗。	乾時一言敗績。
内不言獲。	莒拏一言獲。

① 邢：原作「形」，據文意改。

大夫不言復歸。	一見元咺。
諸侯不言自某歸。	一見衛侯。
小國通不言使。	曹爲首一言使世子。
方伯私事不使監者。	一譏來聘以見例。
附庸四百八十國。	常敘一見小邾。
方伯事當以監者主之。	一見單伯會伯國。
子、伯非爵。	一見紀子伯。
伯、子、男皆侯。	一見滕侯、薛侯。
監者不純臣王朝。	一言來聘以見譏。
春秋進爵。	一見邾儀父。
王官爲二伯。	一見劉子、單子合諸侯。
王官不繫官。	一見宰。
王後三監，鄭三監。	一見宋子哀，一見祭仲。

諸侯大夫不繫官。	宋一見司馬、司城。
京師非王城。	一見河陽。
齊、晉大夫如天子卿。	一見齊高子。
宋大夫如天子卿。	宋一見子哀、孔父。
大夫不言納。	一言楚納陳公孫甯、儀行父。
方伯皆有監大夫。	魯四見，陳二見，鄭一見。
公至敵國、小國不言如。	一見會沓、會棐。
諸侯在喪稱子。	一見宋、衛、陳。
莊不卒大夫。	一見公子牙。
外相如不書。	一見如紀、如曹。
吴、秦小夷，無大夫。	一見札，述稱使。
内方伯記災。	衛、陳、鄭一見災，以明其例。
諸侯盟會書爵。	一言蔡叔，與蔡季相起。

天子二公、四卿、八大夫，不言士。	士一見石尚。
大國、小國卿不比天子大夫。	宋、曹殺大夫一不名以見例。
外州國殺大夫不書。	一見楚殺大夫。
外州不見夷狄。	梁州一見白狄。《傳》「白狄君之同州」，秦在梁州。
外州國不言來。	一見白狄來。
帥師言將。	魯一見四卿。

左傳諸侯三等名器表

二伯。公。	州牧。侯。	小國。伯、子、男。
齊晉。	魯、衛、陳、鄭、蔡、楚、秦、吳	許、曹、莒、邾、滕、薛、杞。
大國。	次國。次國上卿當大國之中，上當其下，下當其下大夫。	小國。
大國。送女大國，上卿行。	敵國。送女下卿行。	小國。送女，大夫行。
成國。不過半天子之軍。	同上。	
伯。王會諸侯，則伯帥侯、牧以見于王。	侯牧。伯合諸侯，則侯帥伯、子、男以見于伯。	伯、子、男。
霸主。霸者，皆謂二伯。	列國。列國有凶稱孤。	

伯。我于姬姓爲伯，諸侯無伯。凡傳單言伯者，皆爲二伯。	侯。以伯召諸侯，而以侯終之。	
盟主。齊、晉、楚。	列國。列國之卿當小國之君。	小國。
齊伯舅。齊降稱不穀。	叔舅。《禮記》有叔舅。	
	荆。獨見三州，《詩》之三星也。 徐 梁。	
伯父。晉襄以下稱伯父，《國語》吴子亦稱伯父。	叔父。	
王官伯。單子爲王官伯。		
天子之老。《左傳》①「請帥王賦」，二伯自稱天子之老。		

① 左傳：原誤作「曲禮」，今改。

晉、鄭。使原伯送陳嬀。		
合諸侯。		
周公、太公夾輔周室。		
晉、鄭是依。		
諸侯遂進，狎主齊盟。		
五伯之霸也。		
魯弱晉而遠吴。		
齊侯有馬千乘賜晉文公。大輅、戎輅、彤弓矢百、玈弓矢千、秬鬯一卣，虎賁三百①。	晉畢萬有馬百乘。	

① 三百：原作「三千」，據《左傳》僖公二十八年改。

有國有鄙。	有國有鄙。	有國有鄙。
劉文公合諸侯于召陵。		
	陳主趙氏、范氏。	
吏。王命委之三吏，《曲禮》二伯自稱曰吏。		
附		
元伯。《魯語》：「元侯作師，卿帥之，以承天子。」	諸侯。《魯語》：「諸侯有卿無軍，帥衛以贊元侯。」	伯、子、男。《魯語》：「自伯、子、男有大夫無卿①，帥賦以從諸侯。」
二伯。《曲禮》五官之長曰二伯。	九州之長。	庶邦小侯。
侯伯。侯伯考禮，侯伯克敵。		伯、子、男。鄭獻伯、子、男會公之禮六。

① 卿：原作「帥」，據《國語·魯語》改。

公。宋獻公會伯、子、男①之禮六。		伯、男。鄭伯，男也，而使從公侯之供。
元侯。天子之所以享元侯也。	諸侯。	伯甸。曹伯甸，甸當爲「男」，隸之誤。
公。卿可會公、侯、伯、子、男可也。	侯。	伯、子、男。卿可以會伯、子、男。
魯朝齊。	陳、蔡、衛、鄭、秦、楚、吴于魯聘而不朝。	曹、邾、滕、薛、杞，朝魯，無聘者。郯、郜以下連帥亦朝晉。
魯朝晉。宋爲王後，晉不朝之。		
魯朝楚。		
公在喪曰子。齊、晉在喪亦稱侯。	侯在喪曰子。	伯、子、男。在喪如常稱。
齊、晉匹敵。	秦、楚敵也。	

① 會伯、子、男：據《左傳》昭公四年，當作「合諸侯」。

晉大夫稱名氏。	陳、衛、蔡、鄭大夫。名氏。	曹、莒、邾大夫名。不氏。
齊有召陵之師。		
晉有踐土之盟。		
虢公將右軍。	蔡人衛屬焉。	
周公將左軍。	陳人屬焉。	
二公。《曲禮》二伯于外曰公。		
諸侯主。諸侯無伯。		
諸侯師。		役諸侯。薛「何故以役諸侯」。
狎主齊盟。		

主夏盟。		
召康公命太公夾輔周室。		許男卒于師。加二等①，用侯②禮，以衮斂。
齊大夫稱天子之守。		
晉大夫稱王之守臣。		
齊、晉錫命。	魯、衛錫命。	
天子稱齊卿曰舅氏。		莒、邾不書傳言賤。
天子稱晉卿曰伯氏。	大夫曰叔氏。	滕、薛、莒大夫全不見。

① 二等：原誤作「公等」，據《左傳》僖公四年改。

② 侯：原誤作「公」，據右引改。

晉卿入天子之國稱士。		滕、薛、小邾之大夫在會盟稱人。
晉四千乘。四方伯合本國之八百乘，爲四千乘。	魯賦八百乘。方伯千乘，三分出二，故八百乘。	邾賦六百乘。
晉鎮撫東夏。		
晉郤犨主東諸侯。	大有巡功。	小有述職。
長有諸侯。		
求伯。		
鄭爲王左卿士。鄭以王命屬諸侯。		
虢爲王右卿士。		

左傳補例表

《春秋》素王，法古之道。	據賈、服補。
孔子修《春秋》，改易史文。	據傳引策書、書曰事實與經不同補。
傳言凡、不凡①，無新舊之例②。	據孔疏引先儒説補。
史法例。	據續經與隱元年不書例與經不合補。
日月例。	據經與傳異、隱元年總例及師説補。
一見例。	據傳與賈、杜説補。

① 不凡：原誤作「不言」，據《左傳》杜序孔疏改。

② 例：原誤作「別」，據右引改。

輕重例。	據經與杜説補。
詳畧例。	據傳與杜説補。
隱見例。	據傳與杜説補。
虚字爲例。	據傳與杜説補。
十九國例。	據經常敘盟會書卒葬補。
齊、魯爲二伯。	據傳稱伯父、伯舅、元侯、盟主補。
魯、衛、陳、鄭爲侯牧。	據經有使聘監大夫、傳言叔父湯沐朝宿邑補。
蔡、楚、吴、秦爲外侯牧。	據經有聘補。
曹以下爲魯小侯。	據經朝魯、常敘盟會、不記災補。

許爲外小侯。	據經不朝魯、地近鄭、常敘盟會補。
小邾爲附庸。	據經不以名通、傳云未爵命補。
伯、子、男一等。	據經許、曹、莒連文、傳卿可會伯、子、男補。
見經皆侯。	據經稱諸侯、師説三錫乃書補。
伯、子、男國不見經，三等非爵。	據經小國本爵稱侯、傳言伯子國等補。
同姓在先。	據經傳文例補。
三命以上乃書于經。	據傳言賤不書《釋例》引先儒説補。
九州荆、徐、梁。	據傳以三州爲夷狄、經文同《禹貢》補。
内本國，外諸夏。	據賈、杜内外例補。

內諸夏，外夷狄	據經禮有異、傳言中國蠻夷不同補。
以一字爲褒貶。	據經有異文、傳言貴言賤補。
諸侯卒葬書、不書。	據傳不書晉葬、《年表》不卒秦穆補。
再見卒名。	據公子遂言單伯致言貴之補。
黜杞。	據傳不稱公、敘殿諸侯、朝魯以爲杞即東夷賤之補。
故宋恪陳。	據經稱宋公、傳以爲客、傳言陳三恪與師説補。
衛爲兖州伯，蔡爲徐州伯。	據經言遷、傳以爲兖徐國補。
鄭在冀州。	據經稱伯、傳言入爲王朝卿士，與虢、晉並言補。
秦在梁州。	據經稱伯、記梁亡、雍州不見小國補。

王者不治夷狄。	據要荒真夷狄不見經補。
存西京。	據經稱河陽爲京師、雍州不封國、王臣氏雍州采補。
開南服。	據楚、吳、秦傳以爲夷狄補。
雍州不封國。	據王臣仍舊采，秦稱伯補。
王臣氏雍采。	據經見從行之數，傳言采同西周以前補。
京師非稱王城。	據經以河陽稱京師補。
春秋以後九州之制乃成。	據經用夏變夷，傳以外州爲夷狄、合之乃成九州補。
外四州不見夷狄。	據經無異文，傳不以爲夷狄。
常事不書。	據經有削例、傳云過則書，杜說用其文補。

諸侯以名、不名爲褒貶。	據傳衛侯燬以滅同姓名賈、服、杜説補。
諸侯貶稱人。	據傳十二言諸侯、漢師貶諸侯稱人補。
賊不再見。	據經稱華孫、傳言華耦事補。
外七州獨書四十九小侯。	據見經國地圖補。
内州六小侯，外見二十一連師。	據經書近國二十一補。
祭伯、祭仲、祭叔、單伯爲監大夫。	據經采同王臣，傳言從王主魯補。
五伯例。	據傳以楚、吴、宋爲伯補。
子、字、名、氏、人等差禄秩。	據傳文貴賤乃漢師説、求合禮説補。
踰年稱公。	據經傳文例補。
宋公、陳侯、衛侯，公侯乃正稱爵。	據經三國在喪稱子、傳云公侯稱子補。

左傳删例表

丘明史官。	據《史》、《漢》稱魯君子，非史官删。
解經爲左氏原文。	據博士説，左氏不傳《春秋》，《五行志》引「説曰」乃解經凡例多从傳推出删。
據《國語》爲《春秋》而作。	據前後詳畧迥殊，二傳所闕亦多不詳删。
五十凡爲周公史例。	據師説凡、不凡無新舊之例①删。
《春秋》仍史文，不盡改作。	據不改必與所改相同乃仍之不能兩歧删。
傳爲孔子命左氏作。	據續經至孔子卒、《史記》以左氏在七十子後删。
依經立傳。	據《史記》稱左氏爲「國語」，《歆傳》言引傳解經删。

① 例：原誤作「别」，據右引改。

左氏創編年體。	據《歆傳》言引傳解經删。
傳爲内傳，《國語》爲外傳。	據《史記》稱《左氏春秋》爲「國語」，傳爲先師所成，今本《國語》異本殘本删。
傳出左氏一人。	據説出先師，非左氏原文删。
左氏受命，特爲《春秋》作傳。	據經事多缺，經外反詳删。
解經出于劉歆。	據《史記》已多解經文、《五行志》引説曰在劉歆前删。
今傳解經有劉歆説竄入其中。	據《五行志》所引與劉歆説今傳中無其文，杜氏引劉歆説與傳文不甚合。
解經記事同出《左氏》。	據説曰有解經明文、凡例多由傳文推出删①。
據事直書，其惡自見。	據美惡相嫌則辭有不同、不盡用其事删。

①「删」字原無，依文例補。下兩條「删」字同。

二傳爲口說，《左氏》爲古文。	據三傳實同皆著竹帛，有舊文，有師說，詆今學爲口說，古文家說不足據删。
《左氏春秋》乃《國語》，非今《左氏傳》。	據《年表》本《左氏》作，全與傳同，多爲《國語》所無删。
劉歆以前《左氏》淵源。	據《移書》不言范升譏《左氏》授受不明删。
傳多爲劉歆僞作。	據與《周禮》不同删。
日月不爲例。	據傳大夫卒、日食言日月例與賈、服、杜皆有明文删。
赴告乃書。	據赴告爲筆削史事赴告經不以爲據删。
《左氏》不祖孔子。	據續經止孔子卒删。
君舉必書。	據經有删例不盡志之删。
河間王獻《左氏》。	據《移書》「同出孔壁」删。

諸侯葬後稱公，不必踰年。	據宋、衛未葬踰年稱公删。
晉用夏正。	
《公》、《穀》近于法家，苛細繳繞，與《左傳》異。	據三傳大例相同删。
不進退諸侯。	據有損益進退删。
史本無，傳寫脱佚，孔子不增損其間。	據有筆削删。
《春秋》無例，因赴告之文而書。	據赴告爲經例不拘事實删。
《公》、《穀》破碎支離，不如《左傳》詳于事實①。	據三傳言事多同、異者只數條删。

① 實：原誤作「寶」，據文意改。

左傳與周禮專條不同表

《周禮》	《左傳》
太師、太傅、太保爲三公。	司徒、司馬、司空爲三公，師、傅、保爲大子官。
朝、宗、會、遇分四時，遇爲冬禮。	經傳四時皆曰朝，不期而會曰遇。
公方五百里，侯方四百里，伯方三百里，子方二百里。	大國不過一同。
六官執事，三公不執事。	司徒、司馬、司空爲三公，執事，王命委之三吏；師、傅、保事太子，官屬不執事。
天子娶百十二女。	天子娶十二女。
《職方》內三服九州，外有六服，疊加，以方千里一州推之，當得七十二州，其制不詳。	內三服九州，外二服十二州，與《詩》、《書》、《禮》全合。

六詩：風、賦、比、興、雅、頌。	《詩》有風、雅、頌，無賦、比、興。
三《易》：《連山》、《歸藏》、《周易》。	筮與引《易》皆見今，無《連山》、《歸藏》之文。
諸侯五等。	諸侯三等，與《詩》、《書》、《禮》合。
三孤。	外侯自稱曰孤，列國有凶自稱曰孤。
六官：天官、地官、春官、夏官、秋官、冬官。如黃帝六相。	五官：司徒、司空、司馬、司事、司寇，與《曲禮》同。民師民名。
十二年一巡狩。	五年一巡狩。
工爲冬官。	魯工正屬于司馬。
冢宰爲常職，宗伯爲禮官。	冢宰攝政，宗伯爲宗人，專管宗譜、祭祀。
司徒掌水土，司空掌工。	司徒掌禮，司空掌水土，工屬于司馬。
天子下聘。	天子不下聘。

史法左例空言不同表①

史法	左例	空言例
君舉必書。	舉不必書。	筆削全由孔子。
視朔必書。	侯視朔不書，書不視朔。	常事不書。
非公命不書。	非公命亦書。	内常事不書。
不告不書，告則必書。	以爲不告魯不書；實告魯，有不書。	外小事不書。
不見公不書。	以爲不見公不書，實不見公亦書。	畧之。

① 此標題原脱，據卷首目録補。

公不與小斂不日。	以爲不與小斂，故不日；實不與，亦日。	大夫卒日，正也；不日，惡也。
同盟赴告，故書名。	以爲同盟故名，實同盟亦不卒名。	小國初卒不名，漸進乃名。
大國君亦書來。	大國君不書來。	非大國不言來。
小邾亦有大夫。	小邾無大夫。	曹以下無大夫。
公弗臨不書。	以爲公不臨不書，實不臨亦書。	不書葬，無臣子也。
不成葬亦書葬。	以爲不書葬不成喪。	賊不討，不書葬。
命不及魯不書。	以爲命不及魯，故不書。	非惡不書，諱之。
崩薨不必赴，告乃書。	以爲不赴，不書崩薨。	不志崩，失天下也。
妾母不稱夫人。	據禮，妾不赴，且不祔，故不稱夫人。	妾母不稱夫人。

夫人稱小君。	非夫人，不用其禮，不成喪不稱小君。	非夫人，故不稱小君。
不論陳不陳，必書戰敗。	于平等不言戰，未陳。	内外例，尊卑例。
	蔡季，嘉之字。	季，兄弟之詞。
司馬握節以死，故書以官。	書司馬，貴之也。	大夫書官，非大夫也。
以其官從書官。	同前。	同前。
赴以本日，書亦以本日。	危其事，故以緩赴書之。	過時，危之也。
國亂未赴。	書二日以爲再赴，以起其亂。	
且告以族，不以名。	不名，非其罪也。	稱氏，譏世卿。
晉文入赴。	不書，以爲不告入。	諱，晉文本惡。
王子卒必書。	以爲弔如同盟，故書。	王子虎卒書，尊也。
公行，不拘告廟不告廟，必書。	以爲飲至、告廟，乃書。	致，危之也。

左氏天子伯侯牧小國附庸十九國考

初以《王制》説《公》、《穀》，或以此《左傳》所無，不知《左傳》尤詳。因作此以明之。

天王　王爲周。天王者，天之臣；天子者，天之子。王者事天，有臣子之義。王，姬姓，有《本紀》。

右天王。一《春秋》以天統王，以王統二伯，以二伯統八州牧，以八州牧統五十六小侯，而天下諸侯皆在是矣。《傳》曰：「王合諸侯，則伯率侯牧以見于王。」是也。歸權于天，歸正于道，《春秋》之大義也。

齊　太公所封。《傳》云：「太公之後，與周公夾輔周室。」蓋周初周公與太公爲二伯。《春秋》初不爲伯，因舊爲二伯，貴，閒在宋上；後鄭有亂，因桓有功，乃命牧伯，代鄭爲左伯。經二記災，早見經。公早如大夫，稱子一不名，禮待較晉爲最優，故《傳》天子稱伯舅，稱國、高爲二守，又云大國侯伯、元侯。至成二年，因鞍戰貶爲方伯，故靈公命，《傳》稱舅氏。公不如齊，如楚。至昭二十七年以後晉衰，天下分爲四伯，又見公如齊。有從國，《史記》有《世家》，在同盟，言戎狄侵伐。

晉《傳》云：「周之東遷，晉鄭焉依。」又云：晉文侯與鄭武公受平王命，夾輔周室。是東遷初晉與鄭爲二伯。因曲沃之難失伯，王以虢代之。齊桓受命以後，虢猶爲伯；虢爲晉滅，王因晉文之功，復命之爲伯。晉爲右伯，統夷，禮待不如左伯，故晚見經，不記災。初用平禮，晉悼以後乃純用二伯禮，故《傳》天子稱叔父，與齊國隆殺不同。襄以後乃稱伯父，《傳》「文、襄之伯也」，又曰「我于姬姓爲伯」。又以爲盟主，大國侯伯，元侯、霸主。文世始同盟，昭十三年同盟止，諸侯遂亂。齊、晉争于内，楚、吴争于外，爲吴伯之辭。黄池與吴並敘，皆不敘從國，禮待又不如齊、楚。《史記》有《世家》。在同盟，言戎狄侵伐。

右伯國二。《曲禮》、《王制》所謂二伯，亦本傳所謂二公也。本傳無二伯明文，凡單稱伯者，皆謂此也。天子統二伯，二伯統侯牧，侯牧統小國。二伯儀制爲大國所異于州牧者，會盟通主天下，戰伐通及天下，州牧以朝禮事之，討得爲伯討，不如州牧以下國。二國爲經意之二伯，至于鄭、虢、楚、吴、越，則隨時升降，然經則以齊、晉爲主。

宋《傳》：「宋，先代之後也，于周爲客。天子有事，膰焉；有喪，拜焉。」經宋子哀稱子，《傳》以爲蕭封人。與蔡仲同是王後，有監，如管、蔡三叔之制也。據《傳》，宋有屬國，經則以王後爲客，不純用臣禮，亦不統諸侯。《傳》不以宋襄爲伯，故言「求合諸侯」，天下無伯，經常以書諸侯先，故《傳》以求霸言之。本傳説五霸，不數宋也。在同盟，言戎狄侵伐。

右王者後大國一。于周爲客，州牧，不以禮朝，事二伯不相攝，位次二伯下。

八州牧 據《傳》，《國風》以四州見八伯之制，《春秋》則實衍其意，用夏變夷，以成三千里九州之制。八伯與《詩》四同四異，二小侯與《詩》一同一異。《春秋》封建八伯，四本封，四異地，魯、陳、楚、吴，中國夷狄，各二本封；衛、鄭、蔡、秦，中國夷狄，各二異封。又，八伯中四正稱侯，二子，二伯。又，衛、蔡以遷文異封，鄭、秦以稱伯，從畿内例也。

魯《春秋》本魯史，于魯爲内辭。經見湯沐朝宿邑，有監者；《傳》天子稱魯君爲叔父，是州牧之證。有《世家》，在同盟，言戎狄侵伐。

衛 衛正稱侯，在豫州，僖公時遷帝丘，在兗州之境，是内早治平。經一記災，有使聘之文；《傳》天子稱衛君爲叔父，又云：「取于有閻之土以供王職，取于相土之東都以會王之東蒐。」有湯沐朝宿邑。又，《傳》「諸侯無伯，天其或者欲使①衛討邢乎」，是州牧之證。有《世家》。莊以前無伯，統于鄭、虢；齊爲伯，則衛主兗州；齊爲方伯，則衛主豫州。

陳 經二記災，見二監，稱使，言聘，稱侯，不言遷，故仍舊爲豫州伯。文以下不言同盟者，外之也。齊爲二伯，則衛爲兗州，陳主豫州；齊失伯，升楚爲伯，則荆牧無人，以陳攝之。故

---

① 其使：二字原脱，據《左傳・僖公十九年》補。

楚伯則同盟不敍陳，公如楚不如齊。定、哀以後本從楚，見經不如衛、鄭者，以不與中國同盟，外之于荆州也。帝舜之後，《傳》以陳爲三恪。内方伯四，三國同姓，惟陳異姓，是尊爲三恪之義。有《世家》。

鄭 《傳》云：「周之東遷，晉鄭焉依。」又云：「受命夾輔周室。」是東遷初同晉爲二伯，《傳》曰「武、莊爲平王卿士」，是也。春秋初，晉有曲沃難，失伯，鄭專爲之，後王以虢代晉，鄭爲左伯，虢爲右伯，故隱、桓傳文言鄭受王命事甚詳。後因齊桓受命復伯，鄭乃退爲侯牧，事在莊十六年。晉未爲伯之先，則晉爲冀州伯，故言滅國；既爲伯，以後則以鄭爲冀州國，故《穀梁》以鄭爲冀州國。例應稱侯，以伯稱者，從天子大夫例。稱字，與秦伯同，且以見舊爲伯。鄭伯猶吴伯也。方伯比天子卿，大夫則下等，故《傳》累以伯、子、男爲説。得爲方伯者上大夫，可攝卿事，《傳》云「入爲王朝卿士」是也。經一記災，見監大夫，湯沐邑，稱使聘，是爲州牧次國之證。有《世家》。

右内州四侯牧。青、兖、豫、冀皆《詩·國風》所有之國，二《傳》皆以爲中國國，是故皆記災也。

蔡 蔡篤心事楚，《春秋》夷之，故楚盟會以蔡親楚，常十數年不記一事。不記災，不言來聘與大夫如蔡。湯沐邑、監者，皆外之，同于夷狄。初封在豫州，定公時從吴遷州來，晚治夷狄之意。其地當徐州，故經以爲徐州侯牧，與衛遷于帝丘以爲兗州牧同也。有《世家》。

秦本在雍州，《春秋》存西京，不使秦有雍，故稱伯，與鄭同，如天子卿在西京爲留守者。然秦爲居者，鄭爲行者，故王臣仍氏舊采。雍州不見一小國，以爲王畿，天子返蹕，當以食王臣也。又因滅梁之文，託之于梁。不記災，文以後乃卒，有名不葬，後葬不名，有聘一見，不氏大夫，不卒，與盟會。或以秦爲五霸，按《傳》云「其不遂霸也，宜哉」，又云「遂霸西戎」，則不以霸許之，明矣。文以後乃卒葬，不常會中國。《傳》云「遂霸西戎」，明爲夷狄之長，此狄之之例。有《本紀》。

楚芈姓，熊繹所封。《傳》以爲子男，經稱荆，起州牧也。稱使、言聘，此侯牧之證。經後因齊鞍戰失伯，乃以楚主夷狄，與晉分主天下，故公不言如齊，言如楚，文同齊、晉。因其爲夷，非正伯，故出入皆月，以明非正。故楚爲伯，故以陳代爲牧。中國同盟不言陳、秦、吴，大夫皆不氏，楚有名，氏大夫，夷狄中以楚爲大也。三《傳》皆以吴、楚、秦、徐爲蠻夷，吴、楚稱王，經乃稱之爲子，引而進之，繩以先王之法度，此《春秋》用夏變夷之大例也。有《世家》。

吴泰伯之後，姬姓。經不記災，言使，聘只一見，不氏大夫，盟殊會，記卒，無謚，不葬。《傳》：「吴，周之胄也，而棄在海濱，不與姬通。」此吴爲揚州牧之證。與楚同稱子者，《曲禮》：夷狄雖大曰子。《傳》以伯言之者，定以後晉失伯，中外分裂，齊强與晉争，吴强與楚争，故《傳》屢以二伯爲言。是時無正伯，四國争長，二中國二夷狄，然中分天下，經以二伯爲正。故襄、昭之世言公如楚，而不言公如吴。又，大楚小吴，如内二伯隆齊殺晉也。《傳》只四伯，經之純待以二伯之制者，則惟齊、晉而已。有《世家》。

右外侯牧四。此不見《國風》國，初爲夷狄，《春秋》化之，乃成三千里九州之制。《春秋》夷狄與中國異辭。計卒者，地計爲方伯也。楚因齊失伯，曾攝爲之，經以方伯之劣等待之。不葬者，夷狄也，秦葬者，非真夷也。

許 許，外小侯。本爵侯，太岳之後也。初近鄭，後遷荆，是許間于中外之間，言許而中外之卒正皆舉也。許如《國風》之檜，《傳》「自檜以下無譏焉」，以此見爲小國也。稱男而敘在伯子之前者，明伯、子、男號非實爵也。無《世家》，《年表》不列。

右外小侯一國，敘在鄭下，不與内屬小侯溷也。不言來朝，外小國不朝魯也。卒則書「葬」者，借以示例，見小侯禮待也。獨號男者，以别于内之小侯。《春秋》小國稱伯、子、男，經許男、曹伯、莒子三國連敘，即「伯、子、男一也」之定制。地近鄭，與《國風》之檜相同。

曹 爲内小侯之首，以下六國皆朝魯，《傳》云「小國朝之」是也。《傳》以曹爲伯甸，甸當爲男，與「鄭伯男也」同。本侯爵，稱伯，爲託號。爲魯屬國，《詩》有《曹風》，與檜相起。以同姓居莒、郲。先爵有定。盟會，大夫稱人。經見。不氏大夫，有師，以下國通不記災。有《世家》，列《年表》。同盟十三。

莒《傳》以莒爲夷狄，經不葬、無謚者，與吴、楚同，夷狄不葬也。稱子者，夷狄正稱，子大小同也。爵有定。經傳皆有大夫氏名，有師，《春秋》用夏變夷，進之同中國。無《世家》，不列《年表》。同盟七。

邾《傳》云邾爲蠻夷，故稱子。初未王命，故不書爵。以附庸升小侯，從字升子。有見經不氏大夫，有師在魯南，居上等之末，故以小邾附之。八方伯，四中國四夷狄；六卒正，三中國三夷狄。用夏變夷，與方伯同意。無《世家》，不列《年表》。同盟十一。

滕以同姓居魯屬國下等，薛、杞之上中，再見。本爵侯，常號稱子，經傳皆無大夫名氏，《傳》于大夫會言滕人、滕大夫而已。無師。《傳》：滕、薛、郳，宋屬役，故與上三國别爲一等。《春秋》以王後，不爲牧，故以屬魯。無《世家》，不列《年表》。同盟五。

薛《傳》以爲庶姓，因後于滕，一見。本爵侯，稱伯託號，明非方伯。經傳皆無大夫，《傳》于大事言薛人、薛大夫、薛宰而已。無師魯與宋同爲王後，六卒正各占三國，《春秋》以魯爲牧，故以屬魯。無《世家》，不列《年表》。同盟四。

杞《傳》：「杞，夏餘也。」遷近東夷，故云即于夷。《春秋》因其微弱，以子伯殿諸侯之末，與宋稱公、先諸侯者對文見義。古經有稱侯之文，異號伯、子，與紀子伯同，明伯、子非爵。經傳皆無大夫，《傳》于大夫會言杞人、杞大夫而已。無師。有《世家》，不列《年表》。同盟七。

右魯六小侯。《曲禮》「庶邦小侯」，下于方伯一等，今用其稱；《王制》所謂「卒正」是也。會盟，外州惟敘許男，内録此六國，詳魯而略外也。本州魯統二百一十國，常唯録此六國者，舉小侯以包之也。至襄世乃詳録。三《傳》或稱小國、微國、卑近國。

附庸一

【小邾】曹姓，顓頊之後，本名郳，經稱黎來是也。正辭不能以其名通，故附于邾，稱小邾。本爲宋役，《春秋》絀杞，故以杞殿諸侯，而以郳爲附庸。《世本》：爲邾别支，顔所封，故附邾。附庸不見會盟，常一見小邾，以見起不見；盟會附庸皆來，而經不書，見小邾則天下附庸皆在是也。不記卒葬者，卑也。事卒正如卒正事方伯之儀。

《春秋》惟此一天王十九國獨記事，餘皆不記事。無明文者四條：狄滅邢，狄即晉也；梁亡記秦滅，以州名見；徐侵蕭，爲蔡遷徐，以州名見，與梁亡同，皆在十九國内。惟介人侵蕭，二國皆附庸，特見此例明附庸，經亦特言之，餘不書者，削也。凡外七州小侯以下通不記事，内一州連帥以下通不記事，而獨于附庸記一條者，如盟會列小邾之意，此爲一見例。不記此一條，不見諸侯；史皆記事，録此一條，以明《春秋》以此爲斷。凡非十九國之文，皆削之也。

今學古學之分，二陳已知其流别矣，至于以《王制》爲今文所祖，盡括今學，則或疑過于奇。竊《王制》後人疑爲漢人撰，豈不知而好爲奇論？蓋嘗積疑三四年，經七八轉變，然後乃爲此説。疑之久，思之深，至苦矣！辛巳秋，檢《曲禮》「天子不言出，諸侯不生名」數節，文與《春秋傳》同，又非禮制；因《郊特牲》、《樂記》一篇有數篇、數十篇之説，疑此數節爲先師《春秋》説，錯簡入《曲禮》者也。癸未在都，因《傳》有二伯之言，《白虎通》説五伯首説主兼三代、《穀梁》以同爲尊周外楚，定《穀梁》爲二伯、《公羊》爲五伯。當時不勝歡慶，以爲此千古未發之覆也。又嘗疑曹以下何以皆山東國，稱伯、稱子，又與鄭、秦、吴、楚同；制爵五等，乃許男在曹伯之上。考之書，書無此疑；詢之人，人不能答。日夜焦思，刻無停慮，蓋不啻數十説而皆不能通，唯闕疑而已。甲申考大夫制，檢《王制》，見其大國、次國、小國之説，主此立論，猶未之奇也；及考其二伯、方伯之制，然後悟《穀梁》二伯乃舊制如此，假之于齊、晉耳。考其寰内諸侯稱伯及三監之説，然後悟鄭、秦稱伯、單伯祭仲女叔之爲天子大夫，則愈奇之矣，猶未敢以爲《春秋》説也。及録《穀梁》舊稿，悉用其説，苟或未安，沈思即得；然後以此爲素王改制之書，《春秋》之别傳也。乙酉春，將《王制》分經、傳寫鈔，欲作義證，時不過引《穀梁》傳文以相印證耳。偶抄《異義今古學異同表》，初以爲十四博士必相參雜，乃古與古同，今與今同，雖小有不合，非其巨綱，然後恍然悟博士同爲一家，古學又别爲一家也。徧考諸書，歷歷不爽，始定今古異同之論。久之，悟孔子作《春秋》，定《王制》爲晚年説，弟子多主此義；推以徧説群經；漢初博士皆弟子之支派，故同主《王制》立說。乃定《王制》爲今學之祖，立表説以明之。蟻穿九曲，予蓋不止九曲，雖數十百曲有矣！當其已明，則數言可了；當其未明，則百思不得。西人製一器，有經數十年，父子相繼，然後成者。嘗見其石印，轉變數過，然後乃成，不知其始何以奇想至此？予于今古同異，頗有此況。人聞石印，莫不始疑而終信，猶歸功于藥料，此則並藥料無之，將何以取信天下乎！

此條舊載四益館叢書《今古學考》中，本年先生掌教鳳山書院，將舊著《王制》、《春秋》兩《圖表》審定增補，付手民重刊，併曰《春秋圖表》，命映奎董其事。工蕆，同學跋尾，不乏標新領異之作，而能道此書之所由作與其中甘苦，究不若此條之親切。其行文蜿蜒，經途曲折，縷述沈思索解之情狀，能于故紙堆中掃滌灰垢，尋出至寶，加以旁徵博考，印證確實，一經抉摘，石破天驚，無一義不新，卻無一義不舊。此良由先生之敏悟。吾儕後學，步塵循轍，樂與有成，其亦知刱始之難，否耶？

春秋三傳折中

廖平 撰　季邦俊 補證
楊世文　劉明琴　點校

校點説明

該書爲廖平繼三傳研究之後所作的綜合研究，「三傳鐫後，别爲《折中》」，最後由門人季邦俊就廖氏原稿補證而成，民國四年（一九一五）載於《國學薈編》。廖氏有感於「自漢至今言三傳者，喜言其異，不言其同，雖馬季長有《三傳異同説》一書，而異者自異，同者自同，初未敢於不同之中以求同也」，主張：「三傳無彼此是非之異，宏綱巨領，靡或不同；文字偶殊，不關典要。」前附季邦俊所作之序。正文首列經文，每經之下，按《左傳》、《公羊》、《穀梁》之次序平列三傳，每條最後綴以「評曰」，以論三傳是非。旨在平三傳之獄，以期會通諸説。季邦俊評曰：「洵係西漢以來未有之作。矜家法者卷舌，争門户者緘口，不徒七萬餘言作三傳調人也。」主要版本有民國四年（一九一五）《國學薈編》本、民國六年（一九一七）四川存古書局《六譯館叢書》本。兹據民國六年刊本整理。

目録

三傳折中敘

自來門户之分，莫甚於三《傳》，習《左氏》者駁《公》、《穀》，習《公》、《穀》者駁《左氏》，入奴出主，呶呶不休。戰國先秦二《傳》已著，自武帝好《公羊》，宣帝好《穀梁》，受《公羊》者非有詔不得受《穀梁》，《公》、《穀》二《傳》劃然兩家。至石渠論《禮》，白虎譚《經》，群儒義議異同，《公》、《穀》猶後也。《左氏》立學稍晚，號爲古學。今考天子一圻、圻方千里、一國三公之説，胥與二《傳》相合。賈氏稱其「同《公羊》者什有七八，或文簡小異，無害大體」。至何氏《墨守》、《膏肓》、《廢疾》諸作，遂致家門骨月，等於重仇。至許氏顯稱《異義》，過爲區别，名繫《五經》，實只三《傳》，微言大義，靡有發明，枝節小嫌，日尋征討。自漢至今，言三《傳》者，喜言其異，不言其同，雖馬季長①有《三傳異同説》一書，而異者自異，同者自同，初未敢於不同之中以求同也。三《傳》同系一源，必於不同之中以求同，斯爲可貴。今井研師著書百餘種，三《傳》鐫後，别爲《折中》，如「鄭伯克段」，《左氏》謂：「如二君，故曰克。」《公羊》曰：「克者何？殺之也。」《穀梁》曰：「克者何？能也。能也何？殺也。」鄭伯處心積慮，志存於殺。訓殺之

① 馬季長：原作「馬季良」，誤。據《後漢書·馬融列傳》改。馬融字季長。

義，《傳》無不同。又如「天王使宰咺來歸惠公仲子之賵」，杜注誤解「未薨」，便成巨疑，一死一生，殊乖情理。《公羊》以仲子爲桓母，《穀梁》以爲惠母，此當從《穀梁》「母以子氏」例比成風。此等皆先師口授，《經》鮮明文，各以意説，於義無防。又如「尹氏卒」，《左氏》以爲聲子，聲子有《傳》無《經》，尹氏有《經》無《傳》，當從二《傳》作「尹氏」，與武氏、崔氏相同。世卿之譏，全《經》大義。本條下即連書「武氏求賻」，《左氏·隱五年傳》亦尹氏、武氏連綴，證據甚昭。「子同生」，杜氏《釋例》以爲季友與莊公同生，是也。《公羊》以爲病桓，專就世子立説，《穀梁》曰「時曰①同乎人」，或曰與桓公同日而生，合而比較，厥義愈明。「築王姬之館」，《左氏》以爲：「於外，禮也。」《公羊》曰：「於外，非禮也。」《穀梁》曰：「築，禮也。」「築之外，變之正也。」先儒詮釋不獲其解，各師一説，罔敢求通。考《左氏》據仇齊而言，《公羊》據主昏而言，主昏仇齊，並非兩事，何至異端？譬若三男，貲財鼎剖，偶來定省，方是一家。此書成後，剞劂告竣，海内驚喜，儒林寶貴，疑竇冰消，悉還本來之面，絶泯穿鑿之痕。先生以爲《經》中固有之義，因人罔解而已，不居功。洵係西漢以來未有之作，矜家法者卷舌，争門户者緘口，不徒七萬餘言作三《傳》調人也。先生治《經》四十餘年，嘗謂《六經》有大小天人之分，而三《傳》無彼此是非之異，宏綱巨領，靡或不同；文字偶殊，不關典要。其得力尤在以先秦諸子闡揚經術，其學

① 曰：原作「日」，據《春秋穀梁傳》桓公六年改。

似直接七十子而來者。見又箸醫書十餘種，發揮《靈》、《素》。今日耆年已逾，而猶好學不倦，我輩勉旃！受業欒山季邦俊拜敘。

春秋三傳折中①

經②冬，齊仲孫來。此齊仲孫湫也。本爲外臣，不繫事不名，二《傳》故以慶父言之。○閔元年。

左 齊仲孫《傳》齊並有叔孫還。湫《傳》下二見湫事，《史記》亦有之，知非寓名，齊實有其人。來省難，因魯亂而來。書曰凡言書爲特別例。「仲孫」，不名，大國大夫可不名，但稱孫，如宋之華孫。方伯以下大夫無此例。若慶父字仲，更不能以「孫」字加於本人之身。亦嘉之也。「嘉」與加等，「加同」，即二《傳》褒進例。

公 齊仲孫者何？據仲孫爲氏，非名。公子慶父也。仲孫爲慶父之後，此在慶父時言仲孫，是指慶父。仲孫本爲齊仲孫湫。以後再弑言之，則如非齊大夫，乃吾慶父。公子慶父則曷爲謂之齊仲孫？後弟子直以《傳》實指慶父，故發此問，與舊傳意旨不同。繫之齊也。非齊人，繫之齊耳。慶父殺子般，立閔公，齊人之志也。故未如而加以如，以弑禍由於齊也。曷爲繫之齊？言「如齊」，齊已有逋逃之嫌，今又繫之齊伯者，當明

---

① 案：題下原署「欒山季邦俊」，不確。據前季序，此書原作者爲廖平，門人季邦俊補證。

② 經：原無。案：本書體例不太統一，有的加「經」字，有的未加，茲統一加「經」字。又「經」、「左」、「公」、「穀」有的加框，有的未加，亦統一加框。

大義。討亂臣不能，故繫之齊。外之也。外之，不以魯人。就《經》爲齊桓諱之意言之。曷爲外之？據慶封猶繫齊不外，則當書公子慶父至自齊也。《春秋》爲尊者諱，尊謂天王。天王有惡則諱之。亂臣賊子不能討，使再弑君，所謂「天子不能定」也。爲親者諱，親謂魯。魯有恥辱則諱之。慶父爲賊，當討不能討，而使之來於魯，大惡，故諱之，此所謂「百姓不能去」也。爲賢者諱。賢爲二伯，爲齊桓、晉文。般之弑，齊爲之；季子之奔，亦齊爲之。既書「慶父如齊」，齊未討，再書來，是齊使惡人再弑。爲之諱，故不明言慶父，此所謂「諸侯不能救」也。子女子曰：此爲別一義，故推本師説，其諸與皆疑詞，非質言之。以《春秋》爲《春秋》，謂以《春秋》書法説《春秋》，不拘譜帙事實，但就《經》意言之。齊無仲孫，仲孫本齊人，《經》不書湫名，而但言仲孫，與吾仲孫相混。齊仲孫除此外，不見《經》，以《經》説《經》，則齊無仲孫矣。其諸吾仲孫與！《經》之書「齊仲孫來」，記外臣來也。以《經》意言，則非外臣，乃内賊也。言此以見閔之弑，又出於齊也。

【穀】其曰齊仲孫，據齊《經》除此外，無仲孫。魯仲孫常見，知仲孫慶父也。外之也。據繫之齊，外之也。其不目據目如公子慶父。而曰「仲孫」，據公子之孫乃氏王父字。疏之也。公子親也，而目仲孫與仲遂同，《傳》曰「不目」公子、公孫，疏之也。其言齊，據欒盈不反繫楚，慶封繫齊。以累桓也。齊桓立閔，故起再弑之禍，慶父專，季子奔，皆齊爲之，故雖爲桓諱，而繫齊以累之。

評曰：「齊仲孫來」，《左傳》以爲齊大夫，名湫，二《傳》以爲慶父。考慶父爲桓公之子，禮：君之子稱公子，公子之子稱公孫，公孫之子以王父字爲氏。必慶父之孫乃稱仲孫，如公子牙莊三十二年。可稱叔牙，不可稱叔孫，即其子可稱公孫兹，僖四年。不可稱叔孫兹，至文世元年。而得臣始稱叔孫。季友之子雖不見《經》，又至文世，十二年。而行父始稱季孫。《世本》云：「慶父生穆伯敖，敖生文伯穀，穀生獻子蔑。」《檀弓》疏引。蔑見《經》宣九年。乃稱仲孫。春秋時，魯又有兩仲氏，慶父字共仲，其後如仲孫速、襄十二年。仲孫羯、襄二十四年。仲孫貜昭九年。是也；宣世八年。公子遂字襄仲，其子嬰齊不稱公孫，而稱仲嬰齊。成十五年。由《經》疏之，然猶稱仲而下繫名，不能直稱仲孫。又考《左傳》云「或爲孟氏謀」，文十五年。注：「慶父爲長庶，故或稱孟氏。」《史記》：「慶父後爲孟氏。」又云：「莊公三弟，長曰慶父，次曰叔牙，次曰季友。」季子與莊公同生爲長，因同生加季以遠之，三桓世卿則以爲首，以友爲季，則伯則仲爲次，故《經》曰「仲」，《傳》據季稱，故以仲稱孟，《傳》所以與《經》不同。總之，慶父於例不能稱仲孫。《左傳》：「齊有仲孫之難，而獲桓公。」昭四年。注以仲孫爲無知是也。《經》：「齊侯使其弟年來聘。」桓三年。《傳》稱齊仲年，追加之也。又《傳》：「僖公之母弟曰夷仲年，生公孫無知。」莊八年。以仲爲字，其孫乃以字爲氏。又《傳》齊有叔孫還，襄二十一年。亦與魯仲叔相配。考湫事蹟，《傳》僖十三年：「春，齊侯使仲孫湫聘于周。」又云：「諸侯戍周，齊仲孫湫致之。」《史記》：「齊使仲孫請王，爲帶謝。」是湫爲齊人，《傳》有明文，雖齊仲孫不如魯之常書，而此條之仲孫，實非慶父可知。齊爲大國，其大夫比于諸侯之卿，不名稱孫同宋華孫之例。文十五年：「華孫來盟。」如爲慶父，則《經》無不名之例，更無稱孫之理，且慶父「伐餘丘」，莊二年。「如齊」，莊三十二年。「奔莒」，閔二年。皆稱「公子」，此又不當稱仲孫。《經》義弒賊不再見，見亦不過如仲遂，宣八年。而不得稱孫。《公羊》引子女子曰：「以《春秋》爲《春秋》，齊無仲孫，其諸吾仲孫與？」此明知仲孫非慶父。以《春秋》爲深文，不能不藉吾仲孫以譏之。不然，《春秋》句爲贅文，且無「其諸與」之疑詞。《穀梁》累桓之説，亦與《公羊》爲推例之言。董子《玉英篇》。易慶父之名，謂仲孫爲諱大惡，是就傳文立説，而非其事實。三傳《左》詳事實，二傳則推演子女子師説，各明一義，實則同。

經 天王使宰咺來歸惠公、仲子之賵。隱元年。二《傳》謂仲子卒在春秋以前，杜解《左傳》謂未薨而來賵不同。

左 秋，七月，天王使宰咺來歸惠公、仲子之賵。緩，且子氏未薨，成風舉謚書葬，此不舉謚，知死不書薨。故名。貶咺不氏。天子七月而葬，同軌畢至；天子禮物備，非久不能制，故必七月乃能葬。諸侯五月而葬，同盟至；大夫三月而葬，同位至；士踰月，外姻至。贈死不及尸，弔喪不及哀，豫凶事，非禮也。杜誤解「未薨」句，以豫爲「凡事豫」之豫。《説苑》引《穀梁傳》，文與傳同。「豫凶事，非禮也」，解葬期所以必數月之故。《王制》：「衾絞衰麻，死而後制。」《檀弓》：「喪具，君子恥具，一日二日而可爲也者，君子弗爲也。」皆明不豫凶事。《説苑・修文篇》：《春秋》曰：「庚戌日，天子崩。」《傳》曰：「天王何以不書葬？天子記崩不記葬，必其時也；諸侯記卒記葬，有天子在，不必其時也。」必其時奈何？天子七日而殯，七月而葬；諸侯五日而殯，五月而葬；大夫三日而殯，三月而葬；士庶人二日而殯，二月而葬。皆何以然？

曰：禮不豫凶事，死而後治凶服，衣衾飾，修棺槨，作穿窆宅兆，然後喪文成，外親畢至葬墳，孝子忠臣之恩厚備。故天子七月而葬，同軌畢至；諸侯五月而葬，同盟畢至；大夫三月而葬，同朝畢至；士庶人二月而葬。外姻畢至也。

【公】惠公者何？隱之考也。仲子者何？桓之母也。《左氏》云：「仲子歸於我，生桓公。」師據以爲說。何以不稱夫人？據惠公夫人早薨，惠再娶仲子爲夫人，爲夫人則宜有謚。桓未君也。師以再娶不得稱夫人，若以桓公故，則時未立，非桓立妾母即當稱夫人，如弋氏是也。

【穀】仲子者何？惠公之母，孝公之妾也。禮，賵人之母則可，賵人之妾則不可，君子以其可辭受之，君子謂孔子也。其志，不及事也。

評曰：仲子，《公羊》、《穀梁》以爲卒葬在春秋前，此賵爲不及事；《左傳》云：「子氏未薨」，「豫凶事」爲非禮。杜注誤解《傳》意，一死一生，最難强合。此爲三《傳》大疑，自來未得實解。今考《經》例，夫人書薨，妾母書卒，夫人舉謚書葬，妾母不舉謚不書葬。如成風薨稱夫人，故舉謚書葬，仲子葬與成風同；以子氏賵不書謚，是其爲妾母，其死也當書卒，與姒氏同，《經》于孟子稱卒是也。《左傳》「子氏未薨」者，謂仲子爲妾母，不如成風已立爲夫人，未應書薨，非謂仲子尚在未死也。《傳》之「豫凶事」是通解葬期，所以必數月之故，亦非專爲仲子而發。《説苑·修文篇》所引《穀梁傳》全文以説葬桓王，所列五等葬期之禮全同《左傳》，專就禮文立説，是古本《穀梁》傳文與《左傳》相同。杜氏有心求異二《傳》，故所解乖謬，出於情理之外。至二《傳》桓母、惠母之不同者，凡《經》無明文之條，《公羊》每每以意説之，如「《春秋》有譏父老子代從政者，不知其在齊與？曹與？」又云：「穆姜者，不知其爲宣夫人與？成夫人與？」凡此之類，皆有確證，《春秋》事實本《國語》，而《國語》於夫人記載又不盡詳，故《公羊》解仲子爲桓公之母，不若《穀梁》解母以子氏與成風比之爲得。此皆先師口説之誤，於《經》義實無妨礙。至於全《經》大例，三《傳》豈不從同？今欲會通《經》、《傳》，此義不可不先知也。

【經】祭伯來，隱元年。〇《穀》以爲朝，《公》以爲奔，二説不同。劉子政《穀梁》説，《五行志》引作「奔」。《公羊》説亦有作「朝」者。以非正義，故彼此互異。

【公】祭伯者何？天子之大夫也。據祭仲、祭叔，知非外諸侯。何以不稱使？《禮》内臣無外交，非天子命不出疆，既來必有使命。奔也。奔則曷爲不言奔？王者無外，據《經》書「周公出奔」，唯王與其子弟乃可言無外，王臣則有外。言奔則有外之辭也。春秋初爲王臣諱奔，故不言奔。從「天子不言出」推衍説之。

【穀】來者，來朝也。據王臣例，書奔初當謹，故以朝言之。祭伯，天子大夫，方伯比天子卿，故得以朝言之。其弗謂朝，何也？寰内諸侯，天子畿内。非有天子之命，不得出會諸侯，不正其外交，故弗朝也。聘，弓鍭矢不出竟場，束脩之肉肉，《禮記》王引之説當作問。不行竟中。有至尊者，不貳之也。朝，魯者山東小國，王臣與大國絶無來朝之例。

左非王命也。謂爲監大夫，非特命使臣，故直言來，不稱天王使。

附：監大夫表

祭公天子三公稱公。　祭伯來天子大夫稱字不名。

祭仲《公羊》云：「鄭相也。」〇即監於鄭者，不言鄭大夫曰鄭相是也。

祭叔來聘來監而兼聘，故可不言天王使。

三祭同爲監大夫，謂三監也。《王制》：「天子使其大夫爲三監，監於方伯之國，國三人。」

評曰：按「祭伯來」，《公羊》以爲奔，《穀梁》以爲來朝，皆於來下別撰事實，本非定解，故劉子政《穀梁》學《五行志》引「祭伯來」爲奔，而《公羊》先師又有引作「朝」者。此皆由未得正義，故所説無所折衷今古。考有三監之説，考漢法：天子爲諸侯王置守相，皆指監大夫而言。《孟子》「使管叔監殷」，《周禮》「設其牧，牧即方伯。立其監」。監即大夫。《王制》云：「天子使其大夫爲三監，監於方伯之國，國三人。」是監大夫者，古之通制也。《春秋》一見祭公，祭爲采邑。天子三公當稱公，一見祭伯，一見祭仲，一見祭叔。伯、仲、叔爲字，爲兄弟之辭，當爲三監大夫，與《王制》所云之三監同。《經》書「祭伯來」，是監大夫方自周來，初至之辭也。如今之京官放司道缺，初到省稟到。不言使者，非行人專命，祇書來而文義已足。《公羊》「王者無外」，言奔則有外之辭者，乃專爲王者與其子弟之例，非特爲此條解也。《穀梁》「來朝」，弗謂朝者，乃專解寰内諸侯不正其外交一例，亦非專爲此條解也。《左傳》以來爲「非王命」，即謂爲監，非專使之行人，當爲正解耳。

經 紀子伯、莒子盟於密。隱二年。〇《左傳》作「帛」。按凡地名、人名外，三《傳》異文，外如紀、杞，尹、君，伯、帛，皆二《傳》爲正。

公 紀子伯者何？無聞焉耳。言師説失傳。〇《傳》伯、子、男爲一等，小國稱伯、子、男。又字不如子，皆以明稱號之例，後師以爲無聞，當以稱號例説之。

穀 或曰：紀子伯、莒子而與之盟，子伯同等，故紀先於莒，非周爵所謂子伯。或曰：年同爵同，故紀子以伯先也。按此條《公》、《穀》無定解，杜説子伯爲裂繻①字，則大不通。三《傳》實文除人名地名外，虚字異者《左》皆不及二者，如觀魚之作「矢」，尹氏之作「君」，及此「子伯」之作「子帛」皆是。若以爲裂繻字，則臣不先君，小國大夫例不氏，無稱字之例，若子字尤爲貴稱，且斷無一年之中，方稱裂繻，旋稱子帛之理，知當作二《傳》作子帛爲是。

---

① 繻：原作「儒」，據《左傳》隱公二年改。

左　冬，紀子帛、當作伯①，古字通。莒子盟於密，魯故也。杜謂子帛如内臣例，故以臣先莒子，非。

紀下稱侯	此言紀子伯
滕侯薛侯來朝	下稱滕子、薛伯
杞應稱公	杞子伯

按《經》以駢書子伯定子貴於伯之義，爵伯貴於子號，則子貴於伯，特見此文，以決定其義。

楚屈完來盟於師、召陵。晉欒盈入於晉、曲沃。按此《經》文駢書之例，足以證子、伯駢書。

評曰：《公》、《穀》作「子伯」，《左》作「子帛」。杜氏因《左》經字作「帛」，謂帛、繻同有絲布義，遂以子帛爲裂繻字，《經》書「紀裂繻來逆女」，同在此年，且三記紀事，其文相連，一牘之中，何以名字忽易，貴賤懸殊，其説最爲乖舛。考《春秋》見《經》皆百里國，凡七十里以下之伯、子、男三等小國通不見《經》，惟其不見《經》，故假伯、子、男以爲卒正以下之稱號。《公羊

① 伯：原作「帛」，據文意改。

傳》曰：「伯、子、男一也，辭無所貶。」又曰：「名不若字，字不若子。」《左氏》云鄭獻公會伯、子、男之禮、鄭獻伯、子、男會公之禮，蓋其所謂伯、子、男者，如《春秋》小國之稱號，非周爵之三等尊卑，若駢書之，其義自明。《經》之先子後伯者，即以明號則子貴於伯，非如實爵之伯大於子。紀本爲侯，《春秋》定爲卒正，故子、伯駢書，與下紀侯相起，亦如滕、薛正稱子、伯，來朝則一稱侯，觀紀下皆見本爵，則子、伯之爲託號也審矣。《左》作帛者，不過先師隸寫之誤，其實帛、伯字古通。今於《經》義務求真解，其間文字稍有差異，亦當力求其通，不可望文生訓，據此解《經》，則諸家臆造之説亦不待辨而自明矣。

【經】夏，六月，季姬及鄫子遇于防。言遇，如專行之辭。春秋以前，男女自由結昏，亦如海外。《經》乃立昏禮，用媒妁，使父母主之，撥亂反正。使鄫子來朝。本來請己，書曰「來朝」，即撥其亂。○僖十四年。

【左】鄫《經》無「鄫」字，就禮言之，當爲夫婦辭。季姬來寧，撥亂反正，《經》猶留草昧踪蹟，《傳》就文明立説，亦如吳、楚稱王諱之曰「子」。以臣召君而書「王狩」，董子所云「書事詭實」。公怒，女家絶男家。止之，留之，不使反鄫。以鄫子之不朝也。夏，遇于防，而使來朝。《傳》緣《經》立説，以掩草昧之迹，所謂大義派。

【公】鄫子曷爲使乎季姬來朝？據「曹伯使射姑來朝」，父乃使子，今以内女使諸侯，非正。内辭也。季姬嫁于鄫。當日本面訂昏姻嫁于鄫，《經》書「使來朝」，辭如《左傳》所云者，乃内諱之辭，此時實非夫婦，非來朝。非使來朝，據朝不言使，下年秋書歸爲新嫁辭，則此非夫婦辭。使來請己也。面訂昏娶，不可爲訓，故以使朝言，如《左傳》所云。○説者多據《左傳》以駁二《傳》，不知下年秋書歸爲初嫁，則以前之非夫婦可知。或疑諸侯女不應淫泆如此，此據以後之風俗，以疑春秋以前，據《左傳》所記微文佚事，當時實同今泰西，無《儀禮》之六禮。《禮經》與《春秋》同出孔子。若當時風習，則父納子妻、姑姊妹不嫁者數人。《左傳》記鄭事，亦有使女自擇壻之事，不能以春秋以後之事疑之。此爲微言派。

〔穀〕遇者據内女不遇諸侯。同謀也。據遇者志相得。夫婦相得，知同謀。來朝者，據朝不言使，此由内女使。來請己也。《公羊》：「使來請己也。」公止之，使來朝，則己可歸，非初昏也。舊説因以淫泆，使自擇配，《左傳》文義甚明，當從之。朝不言使，據諸侯相見曰朝，諸侯不使臣來聘，乃言使。言使據至防本來朝魯，不由季姬起意。非正也。以諸侯受命于女子，所以譏之。以病繒子也。惡其不行禮，因婦人之故而來朝，前後失據，有所恥辱。

評曰：季姬及鄫子事，《公》、《穀》以爲請己，《左傳》以爲使來朝。服氏説，季姬不繫國，爲未嫁辭，與伯姬、僖九年書卒。子叔姬文十二年書卒。同。如謂己嫁，則當繫國，與紀伯姬、莊四年書卒。紀叔姬莊二十九年書卒。同，下年歸鄫之書不爲贅文乎？紀叔姬歸酅莊十二年。本已嫁，故繫國，國而曰歸。酅，邑也，不繫國，無以知爲紀邑，又若别一叔姬者然。前書歸爲始嫁，後書歸爲失國，與此不同。婦人謂嫁曰歸，伯姬、叔姬之歸紀隱七年。歸杞莊二十五年。與歸宋，成九年。書法律，其例不異。況伯姬爲季姬之姊，卒不繫國，僖九年。則季姬不繫國爲未嫁，更無疑義。《白虎通》《嫁娶篇》云：「《春秋》伯姬卒，時娣季姬更嫁鄫子。」昏禮：嫡未往而死，媵亦當往，以媵爲嫡，即諸侯不再娶之義。何君因更嫁之説，謂季姬先許于邾，季姬淫泆，改嫁于鄫，遂以執鄫子用之。附會於此，《傳》無其文，未爲確證。又云魯不防正其女，乃使要遮鄫子淫泆，使來請己，此爲當日實事。夫諸侯女出，侍從必多，而舊染相安，彼此習慣，以前男女無別，面訂昏姻，不由媒妁，隨處媾合。魯莊尸女，諱言觀社。徐女擇壻，任意委禽。僖公雖賢，聲姜雖淑，狃于習尚，恐難禁遏。不得據今日之民風，疑草昧之污俗。撥亂反正，《春秋》偉功。《公》、《穀》「使來請己」，就實事而言，爲微言派；《左傳》「使來朝」，就諱例而言，爲大義派。《經》凡書及者，以尊及卑，以内及外，齊高固先書逆，後書及，已嫁之辭。季姬先書遇，後書歸，未嫁之辭。已嫁則從夫婦辭，故曰：「高固及子叔姬來。」宣五年。未嫁則從内外辭，故曰「季姬及鄫子」。近人褚搢升説。《曲禮》：「諸侯未及期相見曰遇。」遇禮有器幣，有儐相，季姬不得言遇。言遇者，比之諸侯，變無禮爲有禮，所謂諱例也。或疑《左傳》「鄫季姬來寧」，因誤以爲已嫁。凡例：「諸侯之女，歸寧曰來」，「杞伯姬來」是也。莊二十七年。今《經》不言來，《左氏》豈自違其例乎？又疑歸寧不當留魯至十五月之久，然莊世姜氏如齊，動踰數載，文世夫人如齊，未越一時。杜氏《釋例》「女子既嫁，有時而歸」，人情之常，何關久暫。不過《公》、《穀》就事實言，昏姻自由，不可爲訓，故《左傳》言來寧，爲親諱惡，亦如莊二十七年「杞伯姬來」，後即書「杞伯來朝」之例。此三《傳》各言一端，所以並無異義也。

經 秋，七月，禘于大廟，用致夫人。僖公八年。

左 秋禘而致哀焉，非禮也。凡夫人不薨于寢，不殯于廟，不赴于同，不祔于姑，則弗致也。

公 用者何？用者，不宜用也。致者何？致者，不宜致也。禘用致夫人，非禮也。夫人何以不稱姜氏？貶。曷爲貶？譏以妾爲妻也。其言以妾爲妻奈何？蓋脅于齊媵女之先至者也。

穀 用者，不宜用者也。致者，不宜致者也。言夫人必以其氏姓，言夫人而不以氏姓，非夫人也，立妾之辭也，非正也。夫人之，我可以不夫人之乎？夫人卒葬之，我可以不卒葬之乎？一則以宗廟臨之，而後貶焉。

經 夏，滅項。《公》、《穀》以爲齊滅，杜誤以爲魯滅，公未歸，滅者何人？項在汝陰，去魯甚遠，勞師千里，取不能守，亦非情理。○僖十七年。

左 師即上伐英之師，故不再言其人。滅項。齊侯與公在會，别遣大夫伐英，項近英，因而滅之。淮之會，淮與項近。公有諸侯之事未歸，公留，未反魯。而取項。伐英大夫生事滅項，非桓公本意。齊人以爲討，怒師違節制。而止公。以滅國之事，魯大夫亦在行間，無所泄怒，故獨止公，非以項爲實魯滅，如「取鄟」之事。

【公】孰滅之？不繫，疑内滅。齊滅之。即伐英氏之師，故不再言其人。齊侯與公在會，別使諸侯伐英。項在汝陰，亦楚與國。滅以齊爲主，桓公雖不在師，仍當目桓公也。曷爲不言齊滅之？承上伐英之文，本不必再出齊，弟子以爲此別一事，宜再出齊侯。爲桓公諱也。因諱不再言齊侯，不再言師伐英之諸侯，滅之不能目諸侯，因亦爲桓公諱。《春秋》爲賢者諱，二伯爲賢，以救患存亡爲主。此滅人之國，何賢爾？滅國則失伯道，雖英、項有罪，究不當滅。君子之惡惡也，疾始；善善也，樂終。桓公嘗有繼絶存亡之功，故君子爲之諱也。此《傳》自杜氏誤解，《左傳》説者遂以爲三《傳》不同。按此時公不在魯，臣未專權，且項與魯遠，何爲別遣師滅之？皆在情理之外，知當以齊滅爲主。昭公時，公未歸，季氏取鄟，猶爲大國所討。鄟爲魯邑，時勢迴殊，猶尚如此，安得此時遂因公不在而別遣師千里滅人之國耶？

【穀】孰滅之？不繫國，疑内滅。桓公也。據内諱滅，知此伐英氏之師爲伯者諱，故不言齊。何以不言桓公也？據「滅譚」稱「齊師」。爲賢者諱也。《春秋》以二伯爲賢，故諱之。《傳》爲尊者諱，周也；爲親者諱，魯也；爲賢者諱，二伯也。非此，不在此例。項，不日，疑非國。國也。據諱知滅國。不可滅而滅之乎？據諱之也。桓公知項之可滅也，據夷狄附楚攻徐。而不知己之不可以滅也。據蔡從楚，蔡潰，不土其地，不分其民，爲得正，討罪而已，不以得國爲利。既滅人之國矣，何賢乎？方諱惡，無應復賢也。君子惡惡疾其始，據入國言人，又謹始之等，皆是絶其始，則不得終於惡。謂疾其初爲惡之事，不終身疾之，謂見者不再見也。善善樂其終，據齊滅譚滅遂不諱。《詩》①曰：「靡不有初，鮮克有終。」故善事以終爲美。《春秋》伯桓託於善，善其初存亡繼絶，尤善樂觀其終，故終有滅國之事，辟之以成其美。桓公嘗有存亡繼絶之功，存亡謂存邢、衛、杞，繼絶，立僖公也。故君子爲之諱也。劉子説：昔齊桓前有尊周功，後有滅項罪，君子以功覆過，而爲之諱行事。

評曰：滅項之書，二《傳》以爲齊滅，杜氏以爲魯滅，皆非也。《經》於外事各言其國，内事不言我，一定之例，此經説二《傳》者皆援「城楚丘」僖二年。之例，以爲齊滅。《左傳》云：「不書所會，後也。」據此，楚丘上當敘會檉僖元年。諸侯，否則散辭，如「城緣陵」僖十四年。上亦當書「諸侯」。既書諸侯，則非桓公一人城之也。楚丘爲衛邑，狄人滅之，桓公城之。城爲專辭，於義不與。不言衛滅，爲桓公諱也。外滅猶諱，況桓自滅乎？凡《春秋》事異而辭連者必言「遂」以别之。《傳》曰：「圍一事也，納一事也，而遂言之。」《穀梁》僖二十五年《傳》。爲内外通例。如襄十年書「遂滅偪陽」於諸侯會柤之下，昭四年書「遂滅厲」於楚子及諸侯伐吴殺齊慶封之下，皆書「遂」以著其滅國之罪。齊桓一匡，《春秋》所許，必無滅文。莊十年與十三年書「齊師滅譚」，「齊人滅遂」，稱師、稱人，皆爲諱例，與襄六年「滅萊」書「齊侯」不同。桓公以莊九年入齊，十三年會北杏，《傳》《穀梁》。曰：「桓非受命之伯也。」二十七年「同盟於幽」，《傳》曰「於是

① 詩：原作「書」，誤。此二句出自《詩經·大雅·蕩》。

而後授之諸侯」，此有伯之世不言滅國；若楚，滅人國多矣，共十五。見《經》。《經》皆不諱，是夷狄滅則不諱也。考滅有數例，在外則言遷莊元年：「齊師遷紀郱、鄑、郚。」《公羊傳》曰：「始滅。」言降莊八年「成降於齊師」，《公羊傳》曰：「諱滅。」爲滅辭，在内則言入隱二年「無侅入極」，《公羊》：「入滅也。」《穀梁》同。言取昭四年「取繒」，《公羊》：「其言取之何？滅也。」爲滅辭。《公羊》：「君死乎位曰滅。」《左傳》：「用大師焉曰滅。」滅，大惡也。内諱滅，言入言取。項何以不言入言取？内不言滅，一言滅猶内不言敗，一言敗以明之之例也。《穀梁》：「項，國也。」杜注：項在汝陰，即今河南項城。去齊、魯皆千餘里，遠不能取，取亦不能守。《左傳》明云：「淮之會，公有諸侯之事，未歸。而取項，齊人以爲討，而止公。」公會淮未歸，是魯未滅項可知；齊以爲討，是齊未滅項又可知。惟曰「止公」，則雖齊桓遷怒，而公亦不能辭罪。設爲徐人所滅，亦當稱國，如「徐人取舒」、僖三年。徐伐莒文七年。之例，經不稱國，知爲魯從行之大夫無疑。春秋僖世尚未專兵，而三家之勢已成於此世。或胡安國。曰：滅項係季孫所爲。駁之者《彙纂》案。曰：是時季友已卒，子無佚不見經，其孫行父尚幼，則滅項之季孫爲何人耶？經書内臣侵伐戰敗之事甚多，季孫僅四見，成二年季孫行父及齊侯戰於鞌，昭十年季孫意如伐莒，定八年季孫斯侵衛，哀二年季孫斯伐邾。豈魯無季孫，即不能滅項乎？禮：諸侯三卿，君行卿從，又安知從行二卿即有季孫在乎？果如二傳説，以爲齊滅，亦當言遂，如蔡潰遂伐楚僖四年。之例；如杜氏説以爲魯滅，則當出公言取，如公伐邾、經共六見。公侵宋、莊十年。公伐杞、宣十八年。公侵鄭、定六年。公侵齊定八年二見。之例，言取如取須朐、僖二十二年、文七年。取叢、僖三十三年。取向宣四年。上皆繫公。如大夫取，又當目其人、言帥師，宣世十年。公孫歸父帥師伐邾婁取蘱，哀世二年。季孫斯帥師伐邾婁取漷東田是也。但經不言師，《左傳》言師，即上伐英氏之師，經不言取，《左傳》言取，變例不諱，所以揚強臣之惡，啓專兵之漸。成世取鄟、六年。《左傳》、《穀梁》以爲國。襄世取詩十三年。不言主名，内之微者，季孫爲魯上卿，滅項不目，知非季孫。至若昭世取鄆，元年。《左傳》季武子伐莒取鄆，賈氏以爲辟楚之討，故從微者例，不言主名，又取闞，昭三十三年。《集解》以爲公在乾侯，遣人誘闞而取之，故亦不言主名，與此相同。必如此，三傳歧説始化，經義乃通。

[經]夏，五月，王子虎卒。文三年。

[左]夏，四月，乙亥，據内大夫卒乃日，王臣卒不日，故《經》不書。王叔稱王叔爲時王之叔。據《周本紀》當是釐王之子，惠王之弟，於襄王爲叔父，故稱王叔。其後遂以王叔爲氏，文公卒。據外諸侯稱卒，而王臣尊同諸侯，亦得書卒，故《春秋》卒此三人，各有細例。來赴，天子特赴於魯。弔如同盟。據外諸侯乃言同盟，王臣不言同盟，未同盟而言「如同盟」者，謂以外諸侯之禮待之。杜氏謂「虎與僖公同盟於翟泉，文公是同盟之子，故赴以名」，誤。禮也。禮者，謂《經》例如是。

[公]王子虎者何？據天子大夫稱字不名。天子之大夫也。名者，卒從正。《春秋》外諸侯卒稱名，内大夫卒稱名。虎尊同諸侯，親如公子，故稱卒稱名。外大夫不卒，外與内對文，外州大夫通不卒。此何以卒？

據王臣無外交，不卒。新使乎我也。舊説以王子虎爲叔服，甚誤。新使謂叔服會葬，毛伯錫命，相繼來魯，均係王臣。二人當卒而不卒，故不得不卒虎，以見王臣當卒之例。

穀 叔服也，據卒名虎，此稱字。《經》例，凡字，以伯仲叔季見，《左氏》稱王叔，必非伯仲，服爲實字，與叔肸同。此不卒者也。據内大夫言卒，卒書日；此不日，不卒者也。何以卒之？問《經》所以書卒之故。以其來會葬，事在元年。我卒之也。以接我故書，爲《春秋》通例。至如會葬者多矣，皆不卒而獨卒此，以王臣當卒故也。或曰：此别一師説。不著名氏者，晚師也。以其指虎。嘗執重以守也，按重爲天子之位。范注：「僖二十四年，『天王出居于鄭』，叔服執重任以守國。」誤。叔服爲内史，不能守國，此當是王子虎事，與《左傳》同。

評曰：王子虎，《左傳》以爲王叔文公，二《傳》以爲叔服，非也。按王子虎爲天王之子，禮，王之子稱王子，《史記·周本紀》當是僖王之子，《經》故稱王子，惠王之弟，於襄王爲叔父，《傳》故曰「王叔」。《公羊》以虎爲叔服者，由後人不解「新使乎我」之義而誤之。《穀梁》雖有叔服明文，而「或曰」以下即指王子虎，范注仍然訓爲叔服，不知凡言「或曰」者，必是别一人之説，如係一人，妄加「或曰」，無此文理。考王子虎見於《左傳》屢矣，僖二十八年：「王命尹氏及王子虎、内史叔興父策命晉侯爲侯伯。」又曰：「王子虎盟諸侯於王庭。」二十九年翟泉之盟，《傳》曰：「公會王子虎、晉狐偃等尋踐土之盟。」是王子虎本爲王臣。王臣無外交，不當言卒。《穀梁》以爲嘗執重以守，尹更始云「王子虎爲魯主」，《路史》「襄王出，王子虎嘗爲居守」，皆本此意，與「尹氏卒」《傳》曰「於天子之崩爲魯主」、《穀梁》隱三年。「劉卷卒」《傳》曰「天王崩爲諸侯主」《穀梁》定四年。相同。班氏説：「天子出，一公守，二公從。」守爲司空之職。以《周禮》六官而論，司空攝理天官，居中不出。天官爲冢宰，《論語》：「君薨，聽于冢宰。」《國語》稱「太宰文公」，太宰即冢宰，冢宰即執政者，與内史尊卑相徑庭。《春官》有外史職，外與内對，外史既掌皇帝之書，則内史必掌王伯之事，其職不過六太，其司不過祈禱，推類言之，不過與史嚚、史趙等耳，何能執重以守？《古今人表》列内史三人而叔服與焉，知叔服别爲一人。設爲一人，何以王子虎卒後，文十四年叔服尚有「宋齊晉君將死亂」之説，成元年尚有「背盟不祥」之説乎？《春秋》一人再見，不能屢異。其稱虎卒，稱名正也，在會稱王人亦正也，而來會葬不能再稱字，一定之例。且當時王臣甚多，僅卒此三人，大義雖同，細例各别，書「王子虎卒」，所以奪王子猛世繼之嫌；書「王子猛卒」，所以明王子虎同爲王臣之例。屬辭比事，書法不殊。至於叔服，别爲一人，當從《左傳》、《公羊》「新使」、《穀梁》「執重」，由後人誤解，而二《傳》明文，并不大異。

經　夏，逆婦姜於齊。文四年。

左　逆婦姜於齊，不言逆者，微不足道。卿不行，非禮也。據此是四世娶齊。君子是以知出姜之不允於魯也，曰：「貴聘公子遂納幣。而賤逆之，卿不行，大夫往。君小君。而卑之，《公羊》以爲大夫女，既立爲夫人，又以大夫女卑之。立而廢之，棄信而壞其主，內主。在國必亂，在家必亡。不允宜哉！」《詩》曰：「畏天之威，於時保之。」敬主之謂也。

【公】其謂之逆婦姜於齊何？不稱夫人，不言氏，不言逆者。略之也。何爲略之？三世內娶也。何爲於始焉略之？疾始也。《傳》以爲宋，今據《經》三言逆婦，移屬魯事。高子曰：《孟子》「固哉，高叟之爲詩」，又以「禹之聲，尚文王之聲」，是經師兼通六藝矣。「娶乎大夫者，略之也。」按此先師一家說，故出姓氏。大夫卑，故略之，不如諸侯之禮。

【穀】其曰婦姜，據宣致乃言婦，莊親逆言女。爲其禮成乎齊也。劉子說：禮，大夫以下，不問其舅姑在否，皆三月見宗廟，然後成婦禮。按婦者成婦之稱。公成昏於齊，故在齊便稱婦。其逆者誰也？據不言其人。親逆而稱婦，據禮家親迎言婦，叔姬不與夫婦辭。或者公與？疑言婦則爲公自逆辭，何其速婦之也？據莊自逆不言婦。曰：公也。公親逆，已成昏於齊，故不曰女。其不言公何也？據莊如齊逆女，言公不言婦。非成禮於齊也。爲公諱，不言公逆。莊書公者，不取仇女，不譏先通。曰此又一說，上以稱婦爲成昏於齊，故在齊稱婦。此以稱婦爲譏娶母黨。婦，據文、宣、成三公夫人皆稱婦。有姑之辭也。據內女來求婦逆婦，婦皆對姑而言，謂姑與婦皆同姓稱婦以起娶母黨，不以爲親逆之稱。其不言氏何也？婦姑皆氏姜，故不言氏，以起其同姓。貶之也。文姜不言姜氏，哀姜不言姜，去姓如夫人不氏，貶也。何爲貶之也？據女子在家制於父，無貶夫人之道。夫人與有貶也。所以譏之者，即在母黨，其事由姓氏而起，去氏即知譏在同姓。姓在夫人，欲貶同姓，不得不去氏，以貶夫人也。

評曰：「逆婦姜」之書，三《傳》不同，各明一義。《公羊》謂之：「逆婦姜於齊何？略之也。」又引高子曰：「娶乎大夫者，略之。」言「於齊」者，大夫繫國。何注：「不言如齊，大夫無國。」又云：「稱婦姜，至文也。逆與至共文，故爲略。」非也。《春秋》，無論内逆外逆皆稱女，爲夫婦辭，此在國稱女之説，惟大夫來逆則稱字，如「來逆王后」其辭即成。入國反稱季姜，與内女入國稱夫人爲互文。《左傳》哀二十四年。「自桓以下娶於齊」，《經》共六見，三言「婦姜」，公子遂、叔孫僑如皆言「逆女」，又皆言「以夫人婦姜至」。往而逆之，歸而書「至」，往來異義，婦爲有姑之辭。血屬爲昏，《經》譏母黨，決非成禮稱婦。《公羊》「在塗稱婦」原爲後師之説，如以稱婦，爲在國中，不自違其例乎？屬辭比事，《春秋》定例，宣、成之世，遂與僑如「逆女」，當言「如齊」。此不言主名，如無所繫，以於齊爲娶乎大夫。大夫又不言姓氏，謂即以「婦姜」見，《經》無此例，二年「公子遂如齊」，本爲文公「納幣」，言「如齊」，齊爲國辭。「逆婦」不言「如齊」，即以爲娶於大夫。果係娶於大夫，遂爲魯上卿，則納幣之行，不自屈其尊乎？下九年書「夫人姜氏如齊」，「夫人姜氏至自齊」，同一齊也，同一夫人也，逆不言如，遂以齊爲大夫之家；彼言如，即以齊爲諸侯之國，前之婦姜爲大夫之女，後之姜氏爲諸侯之女，何懸殊之速乎？又十八年書「夫人姜氏歸於齊」，猶是齊也，逆於齊爲娶於大夫，歸於齊亦歸於大夫乎？《春秋》娶大夫女皆不書，如「逆王后於紀」，桓八年。「逆王后於齊」。襄十五年。書法與此相同，既稱王后，非娶於紀之大夫可知，况猶是齊也。書「逆婦姜」爲娶於大夫，書「逆王后」獨非娶於大夫乎？《繁露》《玉杯篇》。云「娶於大夫，以卑宗廟」，《穀梁疏》引徐邈説亦以爲「不書至，不稱夫人，不娶賤，略之」，皆沿此誤，謂之爲略可也，謂爲下娶而賤則不可。《穀梁》「其曰婦姜，爲其禮成於齊」，皆非也。如謂「禮成於齊」即稱婦，宣、成二公皆言婦姜，亦成禮於齊乎？莊公如齊親逆，可謂成禮於齊，何以又不稱婦乎？《傳》曰諱莫如深，莊娶仇女，宗廟蒙羞，而猶必言「公如齊」，婦姜非仇女，《經》何以不言「公如」？不言「公如」尚得謂之速婦乎？誠如所説，不僅文、宣、成三公成禮於齊，凡來求婦之「蕩伯姬僖二十五年。來逆婦」之杞伯姬僖三十一年。不問其求而不得，逆而未歸，第曰婦，皆可謂之成禮於魯，以及「公子結媵陳人之婦」，皆可謂之成禮於鄄乎？自古世子出奔，或有就昏之事，而人君既立，決無贅壻之文，《左傳》言「卿不行」，亦因不書逆者主名而推例言之耳。《經》自莊公親逆而外，使卿言「納幣」，即不言「逆女」。言「逆女」即不言「納幣」，并且「納幣」係一人，「逆女」不能再見一人，遂與僑如書「逆女」，書「以夫人」，《穀梁》曰「非正」。二年既書「公子遂如齊納幣」，依例書之，不過亦曰：「遂以夫人婦姜至自齊。」凡言「逆女」者，皆與弒，《經》常事不書，書則有所見，桓世見公子翬，宣世見公子遂，皆弒賊也。成世見叔孫僑如，僑如「通於穆姜」，亦弑賊之徒。各有所見，《傳》曰：遂「於文則無罪」，無所見即不書。聖經爲名分而作，嫡、妾分明，故莊有成風，文有敬嬴，成有定姒。薨稱夫人，葬稱小君，與嫡無異。使哀姜、出姜、齊姜之娶不書，則不知孰爲嫡，孰爲妾矣。《彙纂》案。文、宣、成三君各奉母命而行，故皆稱婦，而文、宣又奉妾母之命，宣元年穆姜無嫡姑，以妾姑敬嬴爲昏主，此年出姜嫡姑尚在，以妾祖姑成風爲昏主，或曰：「稱婦姜氏，有姑之常辭，若妾姑則不書氏，是有成風則出姜不氏，有敬嬴則穆姜不氏」宋①林堯叟説。此較以書氏爲闕文，杜注。爲簡脱者，張應昌。似近理，然亦鑿已。文姜不稱姜氏，哀姜不稱姜，弑子之罪輕於弑夫，一字筆削，案判綦嚴。《公羊》宣元年。「夫人何以不稱姜氏，譏喪娶也。」《穀梁》：其不言氏，喪未畢也，文於四年逆婦，或以爲終服已，以納幣在二年，《傳》曰：「三年之内不圖昏。」仍是喪娶。若成公於十四年始昏，必非喪娶，故稱婦姜氏，服虔説宣公既喪娶夫人，故不稱氏，據此婦姜稱氏不稱氏，三《傳》不異，以《經》不詳逆者，遂各以意説之。《左傳》：「是以知出姜之不允於魯也。」聖人因其末以原其本，爲後夫人歸齊，十八年。特略之，所以著其不終之兆。不言卿逆，逆之道微；不言夫人，不言至，又所以正敬嬴之罪。魯君六娶齊女，三言逆婦，此爲最略，至如僖公賢君，聲姜淑女，逆、至皆不書，又常事之例也。

① 宋：原作「唐」，誤。案，林堯叟字唐翁，著有《春秋左傳句解》四十卷。

經 二月，庚子，子叔姬卒。内女卒，皆已許嫁諸侯。○文十二年。

左 叔姬卒。下再書「子叔姬」，一時有兩子叔姬者，字積于叔，一見已明。不言「杞」，絶也。謂反室。書「叔姬」，言非女也。二《傳》以叔姬爲許嫁未嫁而卒。女子許嫁，笄而字，故稱叔姬，如已嫁，當繫國。

公 此未適人，何以卒？許嫁矣。婦人許嫁，字而笄之，死則以成人之喪治之。其稱子何？貴也。其貴奈何？母弟也。内女不卒。卒者爲子叔姬見也。何爲爲子叔姬見？明娣攝夫人以往也。

穀 其曰「子叔姬」，據叔姬歸紀不言子。貴也。據季子言子。公之母姊妹也。叔者兄弟辭，子貴稱。知同母姊妹，因未嫁而書，親親之義也。後説因許嫁諸侯而書，尊尊之義也。其一《傳》曰：此説同《公羊》。許嫁以卒之也。據未嫁不卒，此不繫國，未嫁姊妹在室如兄弟。叔姬因許嫁于諸侯，尊同乃卒之。男子二十而冠，《禮經》文。冠而列丈夫，冠後乃爲丈夫。三十而娶，《易》：《坎》爲中男，以三十計，長男則四十，少男則十六。班氏説，《春秋·穀梁傳》：男二十五繫心，女十五許嫁，感陰陽也。女子十五而許嫁，二十而嫁。《易》：《離》爲中女，以二十爲定，長女則三十，少女則十四。

評曰：「子叔姬卒」，《公》、《穀》以爲未嫁，《左氏》以爲已嫁。考是年「子叔姬卒」，有《經》無《傳》，因上有「杞伯來朝」之文所發，兩《傳》皆當在成世。成世「杞叔姬來歸」，上亦有「杞伯來朝」之文，遂誤附於此。成四年「杞伯來朝」，《傳》「歸叔姬故也」，下當云：「且請絶叔姬，而無絶婚，公許之。」成九年：「杞伯來逆叔姬之喪以歸。」《傳》：「杞桓公來逆叔姬之喪，請之也。杞叔姬卒，爲杞故也；逆叔姬，爲我也。」下當云：「不言杞，逆叔姬之喪，叔姬不言杞，非子叔姬不言杞。絶也。成五年有「來歸」文。書叔姬，言非女也。」非女者，即棄婦也。此子叔姬本未嫁，且不必許嫁於杞。以爲已嫁者，緣後《傳》置前，即認爲桓公請絶之人，以爲許嫁於杞者，又因是年「叔姬卒」，上亦有「杞伯來朝」之文。成八年書「杞叔姬①卒」，稱杞爲已嫁反室辭，是年「子叔姬卒」，與僖九年「伯姬卒」，不稱杞，爲未嫁在室辭。如將成世之《傳》，誤附於此，則成八年之叔姬，與是年之叔姬，其爲棄婦則一，而書法有稱杞不稱杞之異，《左氏》不自違其例乎？且僖九年之「伯姬卒」，《左氏》無《傳》，杜氏引《公》、《穀》「未適人故不稱國」之説，不又與是年之子叔姬異其例乎？凡内女未嫁不繫國，已嫁則繫國，僖十四年：「季姬及鄫子遇於防。」賈、服以不繫鄫爲在室辭，此一定之例。班氏説：女子十五而笄，笄而字，二十而嫁。乃從夫氏國，子叔姬許嫁於杞，未有確證，但字而不氏，其年必未至二十。《經》以内女適諸侯者多，而適杞者亦多，據《史記》，杞已三世内娶，血屬之婚，母黨之譏，彼此不免。誠如舊説，杞桓公於文十二年絶子

① 叔姬：原作「伯姬」，據《左傳》成公八年改。

叔姬，其立已二十五年，於成五年再絶叔姬，其立又五十一年，不已老乎？在兩叔姬則遇人不淑，在杞桓則過於横暴，魯之孱弱不較無論，豈有一絶再絶，皆係魯女，又皆字叔姬？揆之情理，恐無此巧合。況子叔姬尚在母家，杞桓何以知其過而絶之？三《傳》本無異同，是年「子叔姬卒」《傳》，係成世「杞叔姬卒」《傳》，後人牽合於此，遂成歧説。僖三十一年「杞伯姬來求婦」，或疑即爲是年之子叔姬。又疑成八年所書卒之叔姬，即杞桓請續爲婚者，其時相距三十三年，杞桓已耄，而叔姬未生。伯姬所求之婦，與杞桓續立之娣，均不見《經》，文世所書爲未嫁之叔姬，成世所書爲已嫁而出之叔姬，不能强同。杜氏於成世「杞叔姬卒」，注云：「終爲杞伯所葬，故稱杞叔姬。」彼棄婦稱國，子叔姬不稱國，非棄婦明矣。何注云：「棄而日卒者，爲下脇杞歸喪張本。」謂棄婦卒不當日，故齊人來歸子叔姬，文十五年十二月。郯伯姬、宣十六年秋。杞叔姬來歸，成五年春王正月。或時或月，而是年子叔姬與伯姬卒僖九年秋七月乙酉。皆日，知非棄婦又明矣。《經》共三見子叔姬，皆同字者，字積于叔也，稱子者，公之母姊妹也。因别本作「公子之母姊妹」，或遂以爲先君之女，又以爲時君之女，皆非也。故曰三《傳》原無異同，由於牽合錯誤者之自異耳。

經 鄭伯克段於鄢。隱元年。

左 書曰「鄭伯克段于鄢」，段不弟，故不言弟；如「陳侯之弟招」。如二君，仇讐之别，非骨肉也。段無徒衆，何能如二君？何能如君？以鄭伯養成之故也。《左氏》極寫其繕治甲兵，所以明「克」字之義。故曰克；克爲《尚書》克商例，《左氏》克國，「不用師徒曰取」，言克者數十見，《經》止一見。稱鄭伯，譏失教也，謂之鄭志。不言出奔，難之也。如秦鍼出奔晉類。

公 克之者何？克具得獲二義，按：獲器用曰得，得牛馬曰獲。牛馬爲生物，器用爲死物，人亦生物也，故平段曰克。又此問據弗克納不克葬而出，止此一見，無可比例。殺之也。如天王殺年夫。殺之則曷爲謂之克？大鄭伯之惡也。董子：「母弟出奔故大惡之。」曷爲大鄭伯之惡？母欲立之，己殺之，事詳《左傳》。如勿與而已矣。「勿」爲「母」字之誤。《穀》云：「取諸其母之懷中而殺之。」一言取，一言與，義同。

穀 克者何？能也。何能也？能殺也。何以不言殺？見段之有徒衆也。即《左氏》「如二君」。段，鄭伯弟也。何以知其爲弟也？殺世子母弟目君。以其目君，知其爲弟也。下詳子忽，知段非世子。段，弟也，而弗謂弟；公，子也，而弗謂公子，貶之也。段失子弟之道也，賤段而甚鄭伯也。何甚乎鄭伯？甚鄭伯之處心積慮成於殺《左傳》記事一篇，不過摸寫「處心積慮成於殺」七字。也。心欲殺之，故不言出奔矣。

附：殺世子母弟目君表目君者，謂不稱國、稱人，直書其君。

天王殺其弟年夫。襄公三十年五月。

晉侯殺其世子申生。僖公五年。

宋公殺其世子痤。襄公二十六年。

書出奔表

秦侯之弟鍼出奔晉。昭公元年。

陳侯之弟黄出奔楚。襄公二十年①秋。

衛侯之弟鱄出奔晉。襄公二十七年夏。

殺大夫不目君表

宋殺其大夫山。成公十五年。

晉殺其大夫陽處父。文公六年。

衛殺其大夫孔達。宣公十四年。

右舉各條，不過聊以示例，其實《經》所書者不止此也。

評曰：按鄭伯克段一事，《公》、《穀》謂殺，《左傳》謂奔，杜氏本《傳》説，謂弟害兄則去弟

---

① 二十年：原作「二十九年」，據《左傳》襄公二十年改。

罪段，何氏本《公羊》説，謂「嫌鄭伯故變殺言克」；諸家言各一端，於《經》義皆有未逮。今考《經》例，殺世子母弟目君，如書「天王殺其弟年夫」，「晉侯殺其世子申生」之類是也。殺大夫不目君，如書「宋殺其大夫」，「衛殺其大夫」之類是也。《經》目鄭伯，故知段非大夫；下諱鄭忽，故知段非世子。段爲母弟，一望而知。又《經》云「克段」，《左傳》云：「如二君，故曰克。」又一條云：「得獲曰克。」《傳》作「得雋曰克」，雋爲獲之誤字。杜氏《釋例》有《得獲門》。《經》例「獲器用曰得，如《經》書得寶玉、大弓。得牛馬《傳》曰「得用焉」，「用焉」二字爲「牛馬」之誤。曰獲。」如《經》書「獲麟」。《經》書克者，謂既獲其人，又得其物，亦如「武王克商」之意，非若何註「嫌鄭伯故變殺言克」也。按《經》此事如書奔則與秦鍼同，如書殺則與年夫同，故以克字加之，然後鄭伯之陰謀始能畢露，又何計其爲奔與殺哉？三《傳》各探其意而爲之説，迹雖小異，實則相同，如《傳》云「如二君」者，謂鄭伯養成段惡之辭，「譏失教」者，謂鄭伯處心害段之辭。綜而觀之，與《公》、《穀》惡鄭伯之意莫不符合。是知《公》、《穀》稱「殺」，《左氏》稱「奔」者，不過各就「克」字之義推衍説之，其實並無大異。

經 曹羈出奔陳。莊二十四年。

左 無傳。注：「羈蓋曹世子也。先君既葬而不稱爵者，微弱不能自定，曹人以名赴。」

公 曹羈者何？據莒世子公子出奔不目，但以國氏，疑此爲世子。曹大夫也。據射姑言世子上繫國，不稱世子，知爲大夫。曹無大夫，此何以書？據盟會正辭，大夫稱曹人不名。賢也。因賢見羈，曹爲卒正，上等例得見不氏大夫。何賢乎曹羈？戎將侵曹，順《經》立說。曹羈諫曰：「戎衆以無義，君請勿自敵也。」曹伯曰：「不可。」三諫不從，遂去之。以去就爭之，不言戰因是而止。諫義詳《白虎通》。故君子以爲得君臣之義也。言此明諫諍之道當以羈爲正，不與泄冶也。

穀 無傳。二十六年「曹殺其大夫」，《傳》曰：「爲曹羈崇。」是羈爲大夫。

評曰：曹羈，《公羊》以爲曹大夫，《左》、《穀》無傳，杜注以爲曹世子；孔疏過袒杜氏，以爲與「突歸于鄭」「鄭忽出奔衛」文相類，故爲之說。考鄭忽係世子，《春秋》君存稱世子，君薨稱子某，既葬稱子，踰年稱公。鄭，方伯也，從天子大夫之例，稱伯爲常辭，稱子爲在喪辭。《經》以子伯明爵，如忽稱子，嫌同於子伯并稱之小國。鄭伯寤生卒未踰年，忽即出奔，例當稱子；不稱子而稱名，與突出入互見，邪正不明，下乃直稱世子以明之，稱世子不嫌也。奔不稱世子忽者，嫌於初死之稱不可稱子，又不可稱世子，故辭窮稱忽。《穀梁》：「其名，失國也。」稱忽從失地例貶之。羈之名，亦從失地例乎？且「曹伯射姑卒」已踰年，二十三年冬十有一月卒。羈而誠世子，則當如射姑來朝之例稱世子，桓九年。出奔當如蒯聵之例，亦書世子，定十四年。此稱羈，非世子明矣。或元程端學引王氏說。曰：「宋執祭仲，立突而逐忽，先書突，後書忽，明鄭有君，突篡之也；今後書赤先書羈，明曹無君，赤乃國人所逆。」賈逵以羈爲曹君，赤爲戎女所出，故戎逐羈而納赤。誠如所説，則與「莒去疾入于莒，莒展輿出奔吴」昭元年。事同，而書法亦似；然去疾、展輿皆氏國，去疾係公子稱莒爲當國之辭，展輿立已踰年，書出奔，爲討賊之辭。曹無弑君，羈亦非賊，出奔又不氏國，《史記年表》魯莊二十四年即曹釐公元年，羈非君又明矣。《經》凡書奔，皆爲自奔之文，實則内有逐之者，如「孫林父甯殖出其君」《左傳》襄二十年。書「衛侯出奔齊」。襄十四年。奔而言出，《經》有數例，天子以天下爲家，不言出；王子無封地，不言出；襄三十年：「王子瑕奔晉。」昭二十六年：「王子朝奔楚。」諸侯來於我者，不言出；國滅不言出；僖五年：「楚子滅弦，弦子奔黄。」之類。大夫在外，不言出。文七年：「晉先蔑奔秦。」世子出奔，自鄭忽在喪而外，未有不稱世子者；諸侯出奔，自展輿弑賊而外，未有不稱君者。《公羊》：「曹羈者何？曹大夫也。」《王制》：「小國之卿與下大夫一命。」賈、服説：大夫三命以上乃書，故《傳》曰「曹無大夫」。無大夫者，就盟會稱人而言。若邾婁鼻我、襄二十三年。邾婁快昭二十七年。皆言來奔，邾婁庶其、襄二十一年。莒牟夷、昭五年。黑弓、昭三十一年。又以地來奔，書，重地也。成世二年。公子手，昭世二十年。公孫會，《公》、《穀》或舉其貴，或舉其賢，尤別有例。《春秋》小國不書大夫，惟來接我者然後書。羈非接我而亦書者，《傳》曰：「此何以書？賢也。」以戎侵曹，羈三諫不從，去之，「君子以爲得君臣之義」。《孝經援神契》曰：「三諫，待放復三年，盡惓惓也。」班氏説：「凡待放者，冀君用其言，事已行，災咎將至，無爲留之。」此羈所以言奔，不言放也。下二十六年書「曹殺大夫」,《公羊》謂君不言死,不言戰,爲曹羈諱。《韓非子》《難言篇》。曰:「夷吾束縛,而曹羈奔陳。」此羈爲賢大夫之證。《説苑》《尊賢篇》。云:「曹不用僖負羈之諫,敗死於戎。」羈即僖負羈,爲《左傳》説。據此,三《傳》本同,由杜氏有心立異而異之耳。

經 秋,七月,禘于太廟,用致夫人。此言太廟,不言莊,省文。祫祭稱有事,大祫稱大事。此稱禘者,犆禘也。犆禘于各廟行事,何以獨目太廟?以周公臨之之辭。何以知禘爲犆?以吉禘于莊公知之。○僖八年。

左 秋,禘而致哀姜焉,言夫人,不言姓氏,故三《傳》異説。然哀姜已葬,魯乃立成風爲夫人,是二事本相同。《穀梁》以爲成風,本《傳》以爲哀姜,就入廟言之,二事並行,一致一立,皆可包之。《公羊》無異説,不用者,乃何君之辭。非禮也。夫人有罪者,與廟絶,當討之,不得入廟。以哀姜致爲非禮,則文姜之不當致,更可知。凡夫人不薨于寢,哀姜薨于夷,不薨於寢,即以爲説,如文姜有罪薨於寢,便當致乎?不殯于廟,定姒薨,《傳》「不殯于廟」,哀姜「僖公請葬之」。因齊討不備禮,故不殯于廟。不赴于同,孟子卒,《傳》不赴,故不稱夫人。元年,齊桓討而殺之,有罪,故不赴于同盟諸侯,亦不會葬。不祔于姑,「姒氏卒。」《傳》曰:「不稱夫人,不赴,且不祔。」《禮》:「妾祔子妾祖姑。」是新主未入廟,既致新主,則先祔可知。則弗致也。三者皆夫人禮,哀姜見討時,未用其禮,《傳》因據以立説,非夫人喪必合此三者乃得入廟也。

公 用者何?據致與牲幣不同,不必言用。用者,不宜用者也。與用郊同。致者何?據常辭言至。致者，不宜致者也。如行父致女之致。禘用致夫人，非禮也。夫人據《穀梁》以爲成風，時因祭祀與哀姜並致，致立之爲夫人。不言氏者，因兩夫人不可言氏。夫人何以不稱姜氏？哀姜本爲夫人，致之當稱姜氏。貶。謂致者貶之。曷爲貶？子不能貶母。譏以妾爲妻也。因妾爲妻貶，故不氏。其言以妾爲妻奈何？問妻妾易位之事實。蓋脅謂僖公私尊己母立成風。于齊媵女之先至至讀作致。時哀姜有罪，僖公尊己母先于哀姜，先致生母，後致哀姜。者也。成風爲哀姜媵，故曰齊媵女，因欲立成風爲夫人①，並致哀姜于廟，而使成風在先。

[穀]用者，不宜用者也。據致女不言用。致者，據與致女同。不宜致者也。據大夫至不言致。言夫人必以其氏姓，據至齊入皆以姓氏。言夫人而不以氏姓，非夫人，許慎引《穀梁》說：雖妾子立，亦不得稱其母爲夫人。立妾之辭也，夫人不言姓氏，明君自夫人之本妾辭。非正也。此去姓氏，《傳》不言夫人，皆貶。以明非正，以妾體君，上下無別，雖尊其母，是卑其父，故曰非正也。夫人之，在生立爲夫人。我可以不夫人之乎？釋妾，在君世不見，《經》不以妾辭，以夫人辭言之。夫人卒葬之，文公以夫人之禮卒葬成風。夫人卒十一，惟成風妾母。我可以不卒葬之乎？據弋氏葬妾母辭，《經》亦夫人言之，所謂如其志也。一則以宗廟臨之，而後貶焉，據從祀不言太廟以妾爲妻，失宗廟之大禮，故于太廟去夫人氏姓。以明君之非正。一則以外之弗夫人，而見正焉。據「秦人來歸僖公、成風之襚」，母以子氏也。

---

① 夫人：原作「夫」，據文意改。

評曰：《左氏》以夫人爲哀姜，《穀梁》以爲成風。《春秋》適庶之分，甚嚴名分，《異義》引《公羊》説：「妾子爲君，母得稱夫人。《穀梁》説：僖公立妾母成風爲夫人，入宗廟，是子而爵母，非禮也。左氏説：成風得立爲夫人，母以子貴，禮也。」然皆就立妾爲説。此條夫人不稱姓氏，駁《左傳》者謂哀姜有罪，弑子般、閔公，孫于邾，薨于夷，討于二伯，不得入周公之廟；文姜弑夫，去姜氏以絶其屬；哀姜弑子，於喪至不稱姜以絶之，明不當歸也；於致廟又不稱姜氏，明不當致也。凡夫人既葬，以謚配氏，未有稱夫人而不舉謚者，稱夫人不言謚，猶君直稱公不言謚也。駁《穀梁》者以爲成風係妾母，妾母可立，是僖公可躋也，且於太廟爲致死人，非致生者；不知《春秋》無達例，「齊侯使年來聘」，桓三年。《傳》稱「致夫人」，「行父如宋」，《經》書「致女」。成九年。是常言來聘，變則言致女。又《左傳》明云「不薨于寢，不殯于廟，不赴于同，不祔于姑，則弗致」，凡夫人必有此四事，有四事必稱夫人。《春秋》適母共六人，皆當言致，特常事《經》不書耳。是致可以兼生死言之，董子：「妾不奉君之命，則媵女先至。」《順命篇》。劉子謂「僖公立妾母成風」，本此爲説。《經》書「惠公仲子」，隱元年。「僖公成風」，文九年。母以子氏，微辭可知。定十五年「弋氏卒」，《公羊》曰：「不稱夫人，哀未君也。」使哀踰年則弋氏亦當稱夫人，母以子貴也。文世出姜歸齊，十八年。敬嬴乃立；宣八年。齊姜既薨，襄二年。定姒乃正。四年。此不並后匹嫡之義，亦下堂稱夫人之説。杜氏《釋例》以爲「適母薨，則申其母尊」，故成風之立，必待哀姜之葬，僖二年。相踰六年，與成風之葬文五年。秦人來禭，九年。又踰三年。《經》必遲書者，特示立妾之義。《經》凡書來會葬，皆在葬前。惟成風王使來會葬在葬後。據此則入廟時致死致生，實有其事，所以書夫人不言姓氏，因同致兩夫人，不能言姜氏風氏。《左傳》因以爲哀姜，《穀梁》以爲成風。惟《公羊》云：「夫人何以不稱姜氏？」專就哀姜立説；曰「譏以妾爲妻」，專就成風立説；又曰：「蓋脅于齊媵女之先至者。」至即致，謂哀姜爲適，成風爲媵，僖公尊立成風，故後哀姜。一適一妾，一死一生，皆僖公之母也。何注以爲公娶楚女，怪誕不經。大抵三《傳》各言一端，無甚異義，爲後人誤解者居多。

【經】夏，四月，辛卯，尹氏卒。隱三年。○《左》「尹」作「君」，二《傳》以爲王臣，杜注以爲魯夫人。

【公】尹氏者何？天子之大夫也。據尹氏立王子朝，知爲天子大夫。其稱尹氏何？據《經》常辭稱尹子。貶。曷爲貶？譏世卿。世卿，父死子繼。世卿非禮也。《王制》：「内諸侯禄也，外諸侯嗣也」，「諸侯世子世國，大夫不世爵」。

【穀】尹氏者何？天子之大夫也。

【左】【經】君氏卒。據五年《傳》，當作「尹氏」。此年有《經》無《傳》，補《傳》在五年。秋，武氏子來求賻。按尹氏、武氏連文，同爲王官。

補《傳》

左 隱五年《傳》云：曲沃莊伯以鄭人、邢人伐翼。王使尹氏、武氏助之，翼侯奔隨。《傳》亦以尹氏、武氏連文。按：五年之尹氏即三年尹氏之子。譏世卿，以其父子相繼也。

傳 夏，四月，君氏卒，聲子也。此魯夫人卒，有《傳》無《經》。○《經》例氏上爲姓，無稱君氏之禮，如嬴氏、姜氏、姒氏、子氏，氏上皆姓。方氏曰：「華元稱君夫人氏之，馬删去『夫人』二字，即爲君氏。」不赴於諸侯，不反哭於寢，不祔於姑，以上三事皆夫人禮。《禮》曰：「妾祔於妾祖姑。」故不曰「薨」。非夫人書卒，與仲子未薨同。不稱夫人，如姒氏卒，妾母已立亦稱夫人。故不言葬，《公羊》：「有子則廟，廟則書葬。」時隱公自退，不爲有子。不書姓。宋姓子。《經》例氏上爲姓，一定之例。爲公隱公故，曰「君氏」。君即謂隱公，妾母以子氏。子死，則曰「惠公仲子」，僖公成風未死，則曰「君」，君即惠、僖之比。如書姓則曰「君子氏」、「君聲子」。惟《傳》可以相連，《經》則絕無此理。

評曰：按隱三年《經》書「尹氏卒」，《公》、《穀》同以尹氏爲天子大夫，惟《左氏經》「尹」作「君」，《傳》曰：「君氏卒，聲子也。」杜氏據《傳》説，遂改《經》之「尹」爲「君」，氏遂爲魯夫人。此三《傳》言事之第一反對者，伊古以來莫之能解。今考《左氏經》書「尹氏卒」下接書「秋，武氏子來求賻」，以武氏與尹氏連文，隱五年《傳》曰：「曲沃莊伯以鄭人、邢人伐翼，王使尹氏、武氏助之。」亦以尹氏、武氏連文，兩相比較，知隱三年《經》本作尹氏、武氏，以五年《傳》尹、武連文者證之，則《經》與武氏連文者，亦不得不爲尹氏可知。又君、尹二字古義相通，《左氏》書

「君氏卒」之「君」字實即「尹」字，惟此條爲無《傳》之《經》，而聲子記卒一條爲無《經》之《傳》，二者時同，疑爲一事，遂改《經》字以合《傳》。不知「君氏」二字《經》則從無此例，不可以通。今據五年《傳》尹氏、武氏連文一條，以補三年《經》書尹氏、武氏之《傳》，以聲子記卒一條爲無《經》之《傳》附於篇末，如此則三《傳》同爲尹氏，皆屬王臣，得所依歸矣。

【經】戎伐凡伯於楚丘以歸。隱七年。

【左】初，戎朝於周，發幣於公卿，凡伯弗賓。與衛有隙。冬，王使凡伯來聘。還，戎伐之於楚丘以歸。執之歸於衛。○當時諸侯與今世界相同，然無君臣統一，《春秋》乃以王法撥正之，定爲天子諸侯各等階級。執王使不可言，故避之稱戎，以時局推之自得。

【公】凡伯者何？天子之大夫也。《傳》：「人不若名，名不若字，字不若子。」伯字例知爲大夫、氏、采。采，國辭，如蔡叔、許叔之稱天子大夫，視子、男是也。諸侯大夫氏，氏雖有采，不敢見，非天子所封也。此聘也，凡爲封邑，此出使在途。其言伐之何？執之也。執之則其言伐之何？大之也。凡伯爲寰內諸侯，執如伐其國而執。曷爲大之？不與夷狄之執中國也。凡亦得爲國，畿內九十三國。

【穀】凡伯者何？天子之大夫也。國而曰伐，此一人而曰伐，何也？大天子之命也。戎者，據不地，西戎遠在外州，不能入執，又隱世不見戎狄。衛也。據楚丘衛地，非實戎。地楚丘，戎衛也。戎衛者，爲其伐天子之使，貶而戎之也。楚丘，衛之邑也。以歸，猶愈乎執也。

評曰：《春秋》之例，隱、桓治官府不治都鄙，治中國不治戎狄。舉隱、桓、莊、閔四公時所見諸國皆河南、山東之國也。《王制》：「西方曰戎。」戎當在九州之外，何至隱公之初即見西方之戎？董子曰：「《春秋》書人時易其名，以有所諱也；書事時詭其實，以有所避也。」今衛伐天子之使，不可言，故託之於戎，以爲諸侯不敢伐天子之使，於戎狄則或有之，是亦爲尊者諱惡、爲親者諱敗之義也。《穀梁》以戎爲衛，是直就《經》例而言；《公羊》「不與夷狄」，《左氏》「戎朝於周」等語，是蓋緣《經》而言。三《傳》各持一端，必合觀之，而後其義始備，不必一見異文，遂自力求相反也。又考《春秋》書戎之例有二：一爲戎上有氏，如伊洛戎、陸渾戎、山戎之類，皆真戎也。一爲戎上無氏，只單見一戎字者，大概皆《春秋》所託，非實戎也。如《經》書「公會戎於棠」，「公會戎於潛」，《國語》「齊反魯侵地棠、潛」。是棠、潛之地本爲我有，而嘗爲齊取。《春秋》爲賢者諱惡，故託之「會戎」，是此戎即齊也。由此推之，則「王師敗績於貿戎」，戎當爲晉。「公追戎於濟西」，戎當爲曹。與目楚丘知戎爲衛同。此皆《春秋》託之，就目地而可知者也。又晉伯以後凡滅伐人國，多託之戎狄。戎曼子曰：「晉之師無役不從。」是晉師之内常有戎狄。《春秋》善事目晉，惡事目戎狄，故凡滅邢滅衛皆爲晉而託於狄，此爲狄與其師，與前説全託不同。斯爲本《經》大例，讀者不可不先知也。

【經】春，正月，甲戌、己丑，陳侯鮑卒。桓五年。

【左】春，正月，甲戌，己丑，陳侯鮑卒，再赴也。《經》書二日，如再赴者然，不書其亂。以二日見，非謂實再赴乃書二日。於是陳亂，文公子佗殺太子免而代之。公疾病而亂作，二《傳》不言亂事，當以《傳》補之。國人分散，故再赴。不知實日，舉終始以見之，《傳》託於再赴，以見其争國。

【公】曷爲以二日卒之？怴也。甲戌之日亡，己丑之日死而得，君子疑焉，君子，孔子也。故以二日卒之也。闕疑不敢實指，故以二日書之。

【穀】鮑卒，曷爲以二日卒之？據卒例一日。《春秋》之義，信以傳信，疑以傳疑，陳侯以甲戌之日出，己丑之日得，不知死之日，故舉二日以包也。

評曰：按《經》書「甲戌，己丑，陳侯鮑卒」一條，《左氏》以爲「再赴」，《公》、《穀》以爲不知死之日，先儒各師一説，遂至支離旁生，莫衷一是。如程子謂「甲戌」下有闕文。郝氏謂「甲戌」下所闕爲《左氏》之文。何氏《解詁》又謂「死」爲「屍」，云「死而得」爲「屍而得」。種種臆説，殊非《經》旨。今按，《左氏》云「公疾病而亂作」，是公病在先，佗因公病争立，乃爲逆首，計太子免以甲戌之日奉公出，至佗以己丑之日得公尸，其間已歷十六日。蓋公先卒於免所，免敗後佗乃得尸，非真謂不知公死之日也。《經》舉終始而言，故録二日，以警禍亂；《傳》就微言見義，故託再赴，以明争國。二《傳》以公爲病，是單就一事而言；《左氏》謂「陳亂」兼病，是總括本末而言。二《傳》之義實爲《左氏》所包，今使篤從二《傳》之説，則諸侯出亡，安有抱病十餘日不能得其卒日之理？是則欲明《經》義，不可不會觀三《傳》之故也。

【經】九月，丁卯，子同生。桓六年。

【左】九月，丁卯，子同生。杜氏《春秋釋例·母弟篇》云：「《傳》稱：季友，文姜之愛子，與莊公同生，故以死奉般。」《公羊》以子同爲莊公。按：莊公之名不見經，史亦不得直指其名。杜氏以爲莊公與季子同生，是也。以太子生之禮舉之，先生爲兄，以爲太子。季子後生。接以太牢，卜士負之，士妻食之，公與文姜、宗婦命之。

【公】子同生者同非莊公名，《經》凡成君之名皆不見。孰謂？問同生爲誰？弟子如以同生爲疑，但問子爲誰？則云「同者孰謂」足矣。謂莊公也。師以莊公名同，舉世子，餘子可不言。何言乎子同生？據世子生不書。喜有正也。未有言喜有正者，此其言喜有正何？如喜有正，則凡世子生皆宜書，何獨書此一事。久無正也，子公羊子曰：「其諸以病桓與？」其諸，疑詞。隱、桓尊卑也微，故有弑兄之禍。《經》特於桓子同生決明之，以絶亂源，蓋感於桓事而發，言以病辱之，不爲文姜之事。

【穀】疑，同生則可疑也。雙生其形貌狀態易疑惑也。禮説文家據已見，以先生爲兄，後生爲弟；質家據本意，以先生爲弟，後生爲兄。《論語》：「周有八士：伯達、伯适、仲突、仲忽、叔夜、叔夏、季隨、季騧。」謂四乳雙生也。故志之。據般、赤生不志也。外君在稱世子；不稱世者，凡世子明其得立，無所起，故不言世也。時日同乎人也。謂季友同生，故命名一爲同，一爲友。一説與桓公同日。○「同乎人」謂與季子同生。莊公居長，同生之弟，命之曰季，遠之也。

評曰：按《經》書「子同生」一條，三《傳》文義未備，先儒多臆爲之説。如何氏云：「不以世子正稱書者，明欲以正見無正也。」蕭氏曰：「桓公弒①兄竊國，王法所誅絶，故於同生不書『世』，言不得繼世享國也。」孔氏説《春秋》又謂「莊公書者冢嫡，不書者非冢嫡」，紛紛異説，皆未得《經》旨。今按杜氏《春秋釋例・母弟篇》：「《傳》稱季友文姜之愛子，與莊公同生，故以死奉般。」又《左傳》於文姜生季友時，記桓公卜筮之事，蓋莊公與季友本爲雙生，及既生莊公後，文姜腹中猶震，故桓公卜之，蓋未知其爲雙胎否也。《史記》謂季子母爲陳嬀，是文姜雙生，不能兼養，故屬妾陳女養之，非真爲陳嬀之子。《經》書「同生」，蓋志其雙生之謂也。《禮》：「生子三月父母名之。」是《經》於初生，本無例名之義。又《春秋》十二公之名，例不見《經》，何至莊公生時，獨書其名。種種證驗，則「同」爲雙生之説審矣。禮説文家據見立先生，質家據本意立後生，皆所以防愛争立也。莊公與季友同生，其尊卑也微，《經》惡長幼争立之禍，故直書「同生」，使人重别。《穀梁》「疑，故志之」，即謂雙生形貌易於疑惑，非若舊説所謂疑爲齊襄之子。《公羊》：「其諸以病桓與？」即謂《經》書「同生」之意，蓋感於隱、桓之事而

① 弒：原作「殺」，據蕭楚《春秋辨疑》卷四《子哀辨》改。

發。《穀粱》「時日同乎人」，是舉莊公與季友同生而言。《公羊》「同謂莊公」，是單就世子一人而言。兩相比較，其義益彰。餘若《左傳》謂莊生與桓同日，是蓋先儒記事之誤，非《經》義與三《傳》不合也。

經 元年，春，王正月。莊公。

左 元年，春，不稱即位，二《傳》：「繼弒君，不言即位，正也。」文姜出「文姜出」即見公弒於齊，非謂因文姜不在國，不行禮故也。○據此可見文姜未歸。故也。劉、賈、潁云：「恩深不忍，則《傳》言不稱即位；恩淺可忍，則《傳》言不書即位。」皆非確解。

公 何以不言即位？據元年必書「公即位」。《春秋》君弒，子不言即位。言《春秋》者史實書「即位」，《春秋》不言耳。此爲正例，故桓《傳》云：「繼弒君，不言即位。」君弒則子何以不言即位？隱之也。內諱弒，以不言即位起之，言子痛父不忍即位。孰隱？隱子也。諱莫如深，深則隱也。子不忍即位，達子之情，是子爲父隱也。即位，國之大事也，何以不日？以年決者，不以日決也。

穀 繼弒君不言即位，正也。桓薨於齊難，與內弒不同，然其事相類，故師假以爲說。繼弒君不言即位之爲正，何也？曰：先君不以其道終，則子不忍即位也。解在桓元年。

評曰：按莊元年不書即位一條，《公》、《穀》謂「繼弒君不言即位」，《左氏》謂「文姜出」，故不稱即位。杜氏誤解《傳》文，遂謂莊公因文姜不在國，不行禮，故「不稱即位」。不知二《傳》所言爲書法，《左氏》所言爲事實。《左氏》謂「文姜出」，即見公弒於齊，謂「文姜出」，「不稱即位」，即與二《傳》「繼弒君，不言即位」之義同。《春秋》於魯諱弒不書，則亂賊之名無由見，故《經》借即位之書不書以明繼君之與弒不弒，如隱、莊、閔、僖之不言即位，所以明其無争國之心也；桓弒隱，宣弒子赤之書即位，所以明其有奪國之志也。惠公非弒，隱不書即位爲變例。《春秋》非變無以見正。二《傳》就《經》意立言，故直書曰「繼弒君，不言即位」，所謂以微言説《經》者是也。《左氏》不以空言解《經》，故所言每就事實立義，所謂以大義傳《經》者是也。考《春秋》繼弒君不書即位者三，《左氏》解之各條皆不相同。除此條而外，如閔不言即位，《傳》曰「亂故也」；僖不言即位，《傳》曰「公出故也」。以聖經絶不可易之例，而各就事實出之，是其借事立義之確證也。苟探其本，則閔之亂、僖之出，亦不過因先君遇弒而已，與《公》、《穀》所謂「繼弒君不言即位」之義莫不符同，相比而觀，其義自見。所謂三《傳》同出一源，固昭昭也。杜氏以《經》爲仍魯史之舊，故於不書即位之條，概以行禮不行禮爲斷。使果如其説，則文姜三月方孫，莊公何故正月不能行禮？若謂文姜感公之意而還，則公已忘文姜弒其父矣，何以三月又孫於齊？是知文姜之出，本無歸文，下言孫者，經義絶之。董、劉云：「絶文姜之屬不爲不愛其母。」其實公之不言即位，斷非若杜説然也。

經 夏，單伯逆王姬。莊元年。《左傳》作「送」。

公 單伯者何？據稱伯同王臣。吾大夫以其從内大夫例。之命乎天子者也。以其食采與單子同。何以不稱使？據内臣當言如，從王臣則當言使。天子召而使之也。不言如，言非内臣，又爲天子事，故與内臣文異。天子召而使之，可不言如。逆之者何？據與逆夫人外逆女不同。使我主之也。曷爲使我主之？天子嫁女乎諸侯，必使諸侯同姓者主之。① 諸侯嫁女於大夫，必使大夫同姓者主之。

穀 單伯者何？吾大夫據與内臣同事。吾，君稱我之辭。之命乎天子者也。魯見四監者，單伯、夷伯、祭伯、祭叔是也。《傳》於祭叔又云：「天子之内臣。」所謂「天子内臣」即「吾大夫命於天子」之變文。《王制》：「天子使其大夫爲三監，監於方伯之國，國三人。」其禄視諸侯之卿，其爵視次國之君，其禄取之於方伯之地。命大夫故不名也。《傳》曰：「天子大夫不名。」按王臣無論矣，在外則祭仲、原仲、女叔皆此例，自漢以後，此説甚微。其不言如，何也？據逆於京師當如，疑以天子召而使之，故不言。其義不可受於京師也。據臣魯當言如，爲義不可受，不言如。使如私行，非莊公所使，亦以拒邪命。其義不可受於京師何也？據天子嫁女禮，得使諸侯爲主。爲主則必先逆。曰躬君弑於齊，據俞樾説，「躬君」當作「君躬」，誤倒。使之主昏

① 「曷爲」至「同姓者主之」：原脱，據《公羊傳》莊公元年補。

姻，班氏云：王者嫁女，必使同姓諸侯主之者，昏禮貴賤不可相答，爲傷君臣之義，亦欲使女不以天子尊乘諸侯也。與齊爲禮，昏姻乃嘉禮，新有父讎未出喪，使與讎人爲禮，非正也。齊侯内通女弟，外弑人君，法所當誅。不討，失道一；爲昏，失道二；使魯主，失道三也。其義固不可受也。《春秋》貴義不貴惠，信道不信邪。周使魯主昏，邪命也。以義言之，當拒而不受，故不言如，使如天子大夫自私行逆王姬，以避莊公逆也。

【左】夏，單伯送王姬。

補【經】單伯會伐宋。莊十四年。

【傳】十四年，春，諸侯伐宋。齊請師於周。夏，單伯會之。取成於宋而還。

【經】冬，單伯如齊，齊人執單伯。文十四年。

【傳】襄仲使告於王，請以王寵求昭姬於齊，曰：「殺其子，焉用其母？請受而罪之。」冬，單伯如齊請子叔姬，齊人執之，又執子叔姬。

評曰：按《春秋》之義，尊卑不相爲禮，《傳》曰：「天子嫁女於諸侯，必使諸侯同姓者主之；諸侯嫁女於大夫，必使大夫同姓者主之。」是不以卑敵尊也。王姬下嫁於齊，嫌於以卑敵尊，故《經》必以魯爲主。單伯稱字不名，是天子大夫爲監於魯者，當與祭伯、祭叔、夷伯同。《傳》云：「名不若字，字不若子。」《經》見單子知爲卿，故見單伯知爲大夫。《傳》：「何以不稱使？天子召而使之。」是其爲監大夫之確證也。二《傳》作「逆」者，從魯至京師之辭，《左傳》作

「送」者，從京師至魯之辭。惟其爲監大夫，故可以言「送」，亦可以言「逆」。兩義皆通，是三《傳》無異辭也。今據《左氏》本條《經》文無《傳》，别據文十四年及莊十四年《經》、《傳》以補之，則單伯爲監之證愈瞭然矣。

【經】秋，築王姬之館于外。莊元年。○外當地不地，非外也。非外而曰外，明魯若不與其事者然。

【左】秋，築王姬之館于外。據主昏不能在外築。爲外，禮也。《公羊》：「于外，非禮也。」《穀梁》：「築之外，變之正也。」然實事築內，《春秋》變其實而託於外，外王姬以外齊使，若未嘗至國，所以避莊公與齊接也。《公羊》與本《傳》各言一節，《穀梁》合之乃全。本《傳》「是委君貺於草莽也」即於外之説。

【公】何以書？據小事、常事不書。譏。何譏爾？築之，改築。禮也；班氏説：改築於城郭之內。於外，《左傳》所謂「委君貺①於草莽」。非禮也。禮當築，《春秋》因不可與其事，故外之。外則非禮，變其事實，外之所以申義，故撥亂世反之正，莫近於《春秋》。于外，何以非禮？在內不須築，改築則當有變。築于外，在外，則不須築。非禮也。所以别築者，爲路寢、小寢均不可耳，則築於外，《左傳》所謂「委君貺②於草莽

① 貺：原作「命」，據《左傳》昭公元年改。
② 貺：原作「命」，據《左傳》昭公元年改。

也」。則不合禮。其築之何以禮？主王姬者，必爲之改築。主王姬者，則曷爲必爲之改築？於路寢則不可，班氏：不於路寢，路寢本行政處，非婦人之居。小寢則嫌。內女所居，不可以待王姬。群公子之舍，則已卑矣。使王姬從群公子舍，出嫁則與內女同，待之太卑。其道必爲之改築者也。築必於內，於外者，《春秋》外之也。莊忘父仇，實無外築之事。

穀 築，禮也。據本事築於內。于外，據主昏不能築於外。非禮也。據變其實而託於外，知非典禮之正。築之爲禮，何也？據變以合正，諸侯館不須築也。主王姬者必自公門出，公門謂廟寢門。出，親迎出車，嫁於諸侯，必受女於諸侯，禮也。諸侯嫁女大夫，則不出公門。於廟則已尊，禮，天子適諸侯舍於廟。若在廟則以天子禮待王姬，失之過尊，非禮也。〇《公羊》作「路寢」。於寢則已卑，寢，《公羊》作「小寢」。諸侯所居。諸侯嫁女於敵國，女自寢門出，親迎者於寢相授。若王姬於寢出，則禮如內女。天子女禮制異，以諸侯禮待之，過於卑，不可也。爲之築，則不由廟寢出。節矣。班氏云：「改築必於城郭之內。」節謂尊不嫌於天子，卑不嫌於內女，有節度也。築之外，據失禮變宜得正。變之正也。《左傳》：爲外，禮也。變者異於常禮，正謂得禮意也。築之外，變之爲正，何也？據變而得正，所變宜得禮；築外，失禮，故兼舉以爲問。仇讐之人，齊侯也。非所以接婚姻也。魯主婚，接，接內，謂齊侯來接公。衰麻公在大祥內未出喪。非所以接弁①冕也。弁冕，諸侯冕而親迎也。其不言齊侯之來逆，何也？據內已避公，外王姬，可

① 弁：原作「冠」，據《穀梁傳》莊公元年改。下註內「弁」同。

言逆於外。不使齊侯得與吾爲禮也。齊侯實來，來則接内，雖館在外，必有婚姻之禮，且於外託辭，諱莫如深，故再没其文也。

評曰：按《經》書築館于外，三《傳》異文：《左氏》謂于外爲禮，《公羊》謂「于外非禮」，《穀梁》：「築之，禮也。」「築之外，變之正也。」先儒不得其解，於是各師一説，無敢求通。今考《經》例外當地不地，非外也。莊公忘親事仇，實築於内，《春秋》變其實而託於外，外王姬即以外齊侯，使若齊侯未嘗至國者然。《左氏》就仇齊言，故云於外爲禮，所以避公與齊接也。《公羊》就主婚言，故云「于外非禮」，所以惡公輕王姬也。《穀梁》「于外非禮」，即《公羊》主婚之説；「築之外，變之正」，即《左氏》仇齊之説。《公羊》、《左氏》各言一節，《穀梁》合之，其義始全。是此條三《傳》互異而義則相通，説者當據此爲準，不可一見異文，遂求相反，則於經義斯爲得矣。

經 夏，五月，葬桓王。莊三年。○按《經》於改牛言改，葬不言改，葬事牛物，言葬可知。

左 夏，五月，葬桓王，緩也。《穀梁》「卻尸以求諸侯」，即謂緩葬，與本《傳》同。

公 此未有言崩者，據桓十五年三月崩，至今已七年。何以書葬？蓋改葬也。言此以明改葬之禮，何者？墓地有變，可以改葬。月者，天王葬重月。

【穀】傳曰：舊傳文。改葬也。鄭君云：「墳墓以他故崩壞，將亡失尸柩，故改葬。」改葬之禮緦，舉下緬也。據天王崩，天王在上，舉上也。此葬在上，王在下，舉天下而葬一人，故曰舉下也。緬、緦，字誤衍者。或曰卻尸以求諸侯。即《左氏》緩葬。天子志崩不志葬，必其時也。何必焉？舉天下而葬一人，其義不疑也。志葬，故也，志葬非正。危不得葬也。月者危之甚。曰近不失崩，《穀梁》立平定、哀，以望隱、桓，則隱、桓遠矣。近謂如莊世，爲近代。○按以下釋王者書崩。不志崩，失天下也。本志崩，因諸侯之不葬也，失天下，如諸侯之失國，故不志崩也。失天下謂權下移，起二伯興，政在諸侯。天子失天下，《傳》曰「天絶之」是也。獨陰不生，以下釋天子。獨陽不生，獨天不生，天子皆有父母，《新約》耶穌云：「人不可以人爲父，當以天爲父。」專主一天，故曰「天王」。三合然後生。故曰母之子也可，天之子也可。尊者取尊稱焉，天子爲帝王尊稱。卑者取卑稱焉。除天子，以下以祖宗姓氏統之。其曰王者，以下釋王。民之所歸往也。

評曰：春秋前時局如泰西，人死即葬，至孔子作《經》，乃定「天子七月而葬」之例。莊三年《經》書「五月，葬桓王」，《公羊》以爲改，《左氏》以爲緩。《穀梁》説同《公羊》，而又謂「卻尸以求諸侯」。與《左氏》緩葬同。三《傳》文各不同，義如有別，不知《左氏》之緩，即《公羊》之改①。

---

① 改：原作「慢」，據前文改。

以過時不及時明臣子之志，即爲孔子改訂葬禮之本義，此爲《經》例，非事實也。考《經》於改牛言改，葬不言改。葬事牛物，言葬則改可知。《左氏》言緩葬，必託亂故，而桓王已七年不言亂，故知此條爲改葬，當以《公羊》所説爲正宗。《左氏》所謂緩者，特就《經》例而言，其實與《公羊》之説仍不悖也。《穀梁》説兼二《傳》，是於《經》例書法兩者俱備。惟言「近不失崩」數句，乃專釋天王不書崩之故；言「獨陰不生」數句，乃專釋天王稱天子之故；其言「王者，民之所歸往」，乃專釋稱王之例，非概爲《經》書「葬桓王」一條解也。讀者必明此義，而後解《經》始足無疑。

[經]春，王正月，王人子突救衛。莊六年。○《春秋》避周之號，以王字代。稱人如稱齊人、晉人。

[左]六年，春，王人救衛。王人，微者也。救者善，足見伐者不正矣。

[公]王人者何？據王人下稱子突。微者也。據人爲微者，僖公八年稱王人不名。子突者何？貴也。稱子名突，與子虎、子猛同爲貴者之稱。貴則其稱人何？繫諸人也。辟貴者託之人。曷爲繫諸人？王人爾。以王臣之貴救衛黔牟不勝而朔入，恥莫大焉，故辟子突而託之人，以爲賤者乃如此耳。

[穀]王人，卑者也。稱名，貴之也。善救衛也，救者善，則伐者不正矣。本爲微者，因善之，乃進而名之、子之。

評曰：按僖公八年稱王人不名，此稱子名突，本與子虎、子猛同爲貴者之稱。子突救衛不能勝諸侯之師，使直以爲貴者，則恥辱甚不可言，故託之微者以殺恥，言此特王人耳，使貴者來，則諸侯自當避之。《公羊》「繫諸人」以爲微焉耳，《穀梁》「善救衛」故貴之，兩説各明一義，其實皆可通也。

經 夏，四月，辛卯，夜，恒星不見。莊七年。○星本在天，特目力不覩耳。夜中，星隕如雨，此非真星，即流星，不見於上，不著於下，但空中見其隕而已。○杜氏讀如爲而，謂星隕與雨同時，與二《傳》不合。

左 夏，恒星不見，恒星者，經星也。不見恒星，是獨見緯星之辭。恒星遠而行星近，夕時日初入，目力見近不見遠，以此明恒星與行星遠近。夜讀作夕。明也。恒星常居其所。因地轉晝夜乃有隱見，故明則不見。星隕如雨，與雨偕也。杜解如爲而，星隕爲異，何關雨不雨？雨當讀去聲，從《穀梁》説。○流質在，空有光如星，實非星。

公 恒星者何？列星也。行星以外有定位，《考工》：二十八軫，以象列宿。列星不見，極星在列星。何以知？夜之中，《周禮》「晝參諸①日中之影，夜考之極星」，無星則不能定夜之早遲。星反也。星反謂以日定晝，以星定夜。《經》書日中、夜中，以晝夜反對，如今《四游圖》。如雨者何？如雨者，非雨也。言

①諸：原作「之」，據《周禮·考工記》改。

如雨，則實與雨別，董子言雨言隕，因所發之地不同。非雨則曷爲謂之如雨？星隕，在上可見，在下不可見，與霜石不同，故言隕、言雨，又言如。《不修春秋》《春秋》原文。曰：「雨星不及地尺而復。」星隕在空中，有光可見，將近地則不見。言不及地尺而復者，因其不見，以復狀之，蓋其近地則無光。君子修之曰：孔子作《春秋》本魯史，《説苑·君道篇》：「孔子曰：夏道不亡，商德不作；商德不亡，周德不作；周德不亡，《春秋》不作。《春秋》作然後知周德之亡也。」「星隕如雨」，何以書？記異也。因異乃書，天道使然。

穀 恒星者，經星也。俗以恒爲經星，行稱緯星。日入至於星出，謂之昔。昔與夕通。不見者，可以見也。恒星常見，此夜獨不見，反常之辭也。「夜中，星隕如雨。」其隕也如雨，是夜中與？《春秋》著以傳著，疑以傳疑。著者於一日一夜之中，分定時刻；疑者則合數十日爲一晝，詳略疑著，各有所欲。中之幾也，日中則昃，中之爲時俄頃耳。而曰「夜中」，著焉爾。何用見其中也？失變失當爲天字之誤。而録其時，則夜中矣。其不曰恒星之隕何也？疑流星即恒星。恒星不隕，但云不見。我知恒星之不見，而不知其隕也。隕者乃雜質受光似星耳，非果恒星之隕。我見其隕著於上。而接於地者，見於下。則是雨説也。雨字本義。著於上見於下謂之雨，如雨雪雨螽。著於下不見於上謂之隕。如隕石、隕霜。豈雨説哉？

評曰：按《春秋》記時之詳，惟此爲最，時、日、月之外，一夜之中，又分時刻。此記事之體應如此也。外不援此爲例。惟《經》書「星隕如雨」句，杜氏讀如爲而，謂星隕時實有雨，遂與二《傳》立異。不知《穀梁》云：「著於上見於下謂之雨，著於下不見於上謂之隕。」此書者非星也，謂空中雜質飛行，欲書雨則只見於上，欲書隕則又不著於下，故書曰「星隕如雨」，謂其似隕而又如雨也。《左傳》「與雨偕」者，謂此雖如星隕之隕，而又同於雨雪之雨，與《穀梁》同。《公羊》「如雨者，非雨也」，謂不盡如雨雪之雨，亦與《穀梁》同。舊説謂三《傳》互異，皆杜氏誤解《傳》文之所致。

[經]冬，王姬歸於齊。莊十一年。〇此齊桓娶爲夫人。《春秋》見者不再見，此何以再見？非仇讎，非在喪。元年爲變，此乃爲正者，過我也，過我即主昏之義。

[左]冬，齊侯此使人，其曰齊侯，從使命言之。　來逆共姬。言歸，有逆可知，此無所避。不書來逆者，譏。不使卿，不親迎，故王姬有專行之辭。

[公]何以書？過我也。天王嫁女娶后皆我主之，乃書。〇《檀弓》：「齊穀（即告借字）王姬之喪，魯莊公爲之服①大功，或曰：由魯嫁②，故爲之服姊妹之服③。或曰：外祖母也。」

[穀]其志，過我也。

---

① 服：《禮記·檀弓》無此字。
② 由魯嫁：原作「爲之主」，據《禮記·檀弓》改。
③ 姊妹之服：原作「大功」，據《禮記·檀弓》改。

評曰：按《經》不書字者，內女稱伯、仲、叔、季，有字。以王姬尊，不能以伯仲見，與內女不同。《公》、《穀》皆云志者，過我也。《春秋》過我不志者多矣，此言因過而可志，不謂不過則不志。過我者，實送女於我，使我主婚也。考春秋前時局，如今外人，男女無別，同姓爲婚，齊桓姑姊妹不嫁者七人，與日本男親王必配女親王事同。孔子發明種學，使人以禮，別於禽獸，于是制同姓不婚之禮，然又與舊行之典相妨，不能兩通，於是定公主之制，使既仍貴賤不相爲禮，又爲同姓不婚。此《春秋》撥亂反正之一端，而亦可因新禮之文明，以考見舊俗之蠻野者也。

經 冬，公會齊侯盟於柯。莊十三年。

左 冬，盟於柯，始及齊平也。《傳》但言「始及齊平」而不詳言其事，二《傳》詳曹沬刼盟事，《公羊》最詳，與《管子》及諸子、《史記·刺客傳》同。

公 何以不日？易也。易，與難反。其易奈何？桓之盟不日，別盟例日，渝盟乃不日，桓獨不日。其會不致，他會致，公危之也。桓會以不致爲常。信之也。桓得大信，辭故有特別之例。其不日何以始乎此？與《左傳》始平之始同。莊公將會乎桓，曹子進曰：「君之意何如？」莊公曰：「寡人之生則不若死矣。」曹子曰：「然則君請當其君，臣請當其臣。」莊公曰：「諾。」於是會乎桓，莊公升壇，曹子手劍而從之。管子進曰：「君何求乎？」曹子曰：「城壞壓境，君不圖與？」管子曰：「然則君將何求？」曹子曰：「願請汶陽之田。」管子顧曰：「君許諾。」桓公曰：「諾。」曹子請盟，桓公下與之盟。已盟，曹子摽劍而去之。要盟可犯，孔子曰：要盟，神弗信也。而桓公不欺，從管子。曹子可仇，與刺客無異。而桓公不怨；以德報怨。桓公之信著乎天下，自柯之盟始焉。柯盟示信，如晉文之伐原。霸主皆以信爲首務。

[穀]曹劌之盟也，信齊侯也。故不日。桓盟，雖内與不日，信也。與《公羊》同。

評曰：按曹劌刼盟事，見於子、史無慮數十百見，不應虛僞。而《左》獨無其文者，亦如《公羊》但言《經》例，不及事實之《傳》，其實已包於「始及齊平」之内。前此齊魯兵争，以後和好，非有要盟事，而何以云「始及齊平」乎？是《傳》不言者，略之也。後儒謂《左氏》專詳事，《公》、《穀》專詳例，不知二《傳》所有之事，多爲《左氏》所無，而此即其一端也。三《傳》同出一源，本無異例，不過記事各有詳略而已。

[經]冬①，十有二月，會齊侯、宋公、陳侯、衛侯、鄭伯、許男②、曹伯、滑伯、滕子同盟於幽。

---

① 冬：原無，據《春秋》莊公十六年補。
② 許男：原作「許伯」，據《春秋》莊公十六年改。

莊十六年。○許、曹、滕皆卒正，何以異稱？《春秋》伯、子、男一也。滑不敘，敘者一見例。滑伯，豫州卒正也。敘者，起外卒正皆在，而《春秋》不書也。○《左氏》、《公羊》作「公會」。

【左】同盟於幽，鄭成也。時楚爭鄭，鄭服伯成也。

【公】同盟者何？齊桓書同盟者四，晉書同盟者十二。同欲也。同爲伯辭，皆有所指。同者兼以制中外，桓盟爲一匡，故曰尊周。晉之同盟皆中國①，蔡在不言同。文以後同盟無陳，此何以有陳？晉同盟外楚，文以後晉、楚中分天下，楚爲二伯，則陳攝荊州牧，在南服。

【穀】同者何？有同也。《尚書》「十有三載乃同」。《周禮》「大會同」。同尊周也。尊周外楚，爲《春秋》二大例。桓一匡天下，不分南北，故以尊周言之。晉、楚中分天下，晉處北海，楚在南海。冀、豫、兗、青四州屬中國，徐、揚、荊、梁四州爲夷狄。凡晉主盟，北方諸侯同在，南四州之國不與焉。晉、楚夾輔周室，故晉同以外楚爲說。不言公，外內寮一疑之也。外，宋；內，公也。公與齊盟，而後柯要盟，是伐同盟，故內不言公，疑之也。

評曰：按《春秋》書同盟者十六，而此爲其始。凡齊同盟皆爲尊周，晉同盟皆爲外楚。此會大國言宋、齊，小國言滑、滕，則天下諸侯皆至之辭也。《春秋》自青州卒正而外惟敘許，而天下卒正皆在，何以此會言滑？滑者，豫州卒正也。《左傳》言三帥襲滑，晉敗之於殽②。是

---

① 「中國」下原衍「國」字，據文意刪。

② 殽：原作「淆」，據《左傳》僖公三十三年改。

滑當爲晉之屬國，不在常敘之十八國内，又不書會盟，不記卒葬，何以此會敘之？蓋敘者，起晉在也。晉於周爲同姓，《左傳》云：「周之宗盟，異姓爲後。」使敘晉則當先齊，《春秋》以桓主盟，不能在他國下，嫌於見晉，又嫌於無晉，故敘一滑伯以起之，此《春秋》微而顯、隱而見義之説也。

經 冬，戎侵曹，戎者，内也。不言内者，内與曹同姓，辟侵伐，故詭其名也。曹羈出奔陳，赤歸於曹。

郭公。莊二十四年。

公 曹羈者何？曹大夫也。曹無大夫，此何以書？賢也。會盟正辭大夫稱曹人，今因賢見。大夫羈例不得見，因賢乃見也。何賢乎曹羈？戎將侵曹，曹羈諫曰：「戎衆以無義，君請勿自敵也。」曹伯曰：「不可。」三諫不從，遂去之。故君子以爲得君臣之義也。諫諍之道以羈爲正，與洩冶不同。赤者何？曹無赤者，據譜牒，曹君無赤名。蓋郭公也。蓋疑詞。郭公者何？失地之君也。與州公同。郭即齊桓公所見亡國之墟。此蓋齊滅郭也。「赤歸於曹」如申侯仕鄭。

穀 赤蓋郭公也。何爲名也？禮，諸侯無外歸之義，外歸，非正也。赤本外歸，外歸非正，故名言歸，使如内歸者然，以正其義，故與内歸同文也。

評曰：按《經》書「赤歸於曹」下，接書「郭公」二字，杜解《左傳》，以赤爲曹僖公，「郭公」下有闕文，其説最誤。考《世本》、《世家》，曹君無名赤者，此赤蓋郭公也。郭即齊桓公所見亡國之墟，書「郭公」與州公同，書「赤歸於曹」如申侯仕於鄭，蓋謂齊滅郭，郭公出寓於曹也。湘潭王氏謂「郭公」二字爲先師記識之文，後混入《經》文，其説最當。

經 曹殺其大夫。莊二十六年。

公 何以不名？衆也。衆謂八十一元士，以三輔一，多於二十七大夫。曷謂衆殺之？不死於曹君者也。即上「戎①侵曹」，戰不力，敗後殺之。君死乎位曰滅，諸侯生曰獲，死曰滅。曷爲不言其滅？爲曹羈諱也。此蓋戰也，何以不言戰？爲曹羈諱也。曹羈本先諫輕戰，今君戰而死，故不言戰以觸之。

穀 言大夫而不稱名姓，無命大夫也。方伯之卿比於天子大夫，如命大夫。○曹無大夫（即謂非大夫，此先師之説），謂大夫盟會不出名氏，以見小國無大夫之例也。無命大夫而曰大夫，賢也。此後師之説。爲曹羈崇也。此句誤，與《公羊》賢祭仲同。○莒、邾紀録大夫皆不氏，以名目之。曹爲卒正首，猶以大夫見，因其賢也。賢故崇之，可見皆羈徒黨也。

---

① 戎：原作「公」，據《左傳》莊公二十四年改。

評曰：按《經》書宋、曹殺大夫不名，杜氏以無罪解之，其説最誤，今考《春秋》之制，宋稱公，爲王後，爲大國，與二伯平行；曹稱伯，爲卒正，爲小國，降於大國二等。宋大夫比天子卿，曹大夫比天子元士。宋殺不名者，以其尊也；曹殺不名者，以其卑也。至若方伯殺卿，《經》稱大夫者，以方伯之卿適比於天子大夫也。此《經》借公、卿、大夫、士尊卑之不同而以之明二伯、方伯、卒正之制，故於曹殺不名，當與宋殺不名者相比而解。《公》、《穀》不用此例，但就曹事立説，以爲實有戰死曹君之事。此爲因事見義，而與言例之條當並行不悖。

宋曹殺大夫不名表

天子	公	卿	二十七 大夫	八十一 元士	
	二伯	卿	大夫		
	王後	卿	大夫		
	宋	方伯	卿	大夫	
		魯	卒正	卿	大夫
			曹		

《左傳》之卿，《經》皆稱爲大夫，蓋方伯之卿，比於天子大夫，此從天子稱之，所以明一統之例。

經 公子友如陳，葬原仲。莊二十七年。○大夫如陳爲常，如下繫葬外大夫爲變。諸侯記卒葬外，惟王臣葬劉文公，原仲亦劉文公之匹，故得葬，若諸侯大夫則絶無葬者。

左 非禮也。即《公羊》「避内難」，《穀梁》「諱出奔」之意。原仲，《傳》有原公、原伯，爲王臣，此爲監可知。季友之舊也。如今朋友臨喪，故曰：「通乎季子之私行也。」

公 原仲者何？與祭伯、祭仲、祭叔同。陳大夫也。天子大夫爲監於陳者。大夫不書葬，外諸侯絶無之，此何以書？非諸侯大夫。通通其意。乎季子之私行也。非朝廷使命爲私行。《傳》以言如爲公行，言葬爲私事，今《經》於「如」下記葬，是通其私行之義。何通乎季子之私行？果私行，則非公命不書。避内難也。託於葬原仲，其實非葬。君子避内難而不避外難。内則親親，外則不畏强禦。内難者何？問其事。公子慶父、公子牙、公子友，友非陳女所生。皆莊公之①母弟也。公子慶父、公子牙通乎夫人哀姜以脅公，季子起而治之，則不得與於國政，莊公初不用友。坐而視之，則親親，因不忍見也。故於是復請至於陳，二十五年已如陳。而葬原仲②也。辟内亂託於葬原仲，以明監大夫死，則葬於方伯之國。董子云：凡《經》所書皆在可以然之域。監貴，故在可葬之例。○《史記》季友爲陳女所生。《左氏》、《公羊》以爲文姜子。文姜雙生，而使陳女母之，《傳》故曰「私行」（如歸舅家）。

穀 言葬不言卒，凡葬皆先言卒。不葬者也。王臣言葬，大夫不言葬。言葬者起季子之私行也。不葬不常葬。而曰葬，一見例。諱出奔也。如爲使詞，如下不當繫葬；不繫葬又不足以起奔，明言奔則又不忍，故於如下言葬，以見其行之實非葬原仲也。○季子前二十五年已如陳，歸不書，今又言如。以前之不言歸者起下之言歸爲喜。自如陳至閔元年已八年，乃書來歸，《傳》故曰：「嘉③之也。」（來歸如女子已嫁反室之辭，常文當言至。）私不敵公，臣不如君。臣出而不言如則爲私行，如臧孫辰乞糴④於齊。

---

① 之：原脱，據《公羊傳》莊公二十七年補。
② 原仲：原作「仲原」，據《公羊傳》莊公二十七年改。
③ 嘉：原作「喜」，據《左傳》閔公元年改。
④ 糴：原作「耀」，據《左傳》莊公二十八年改。

評曰：按《春秋》諸侯大夫無書葬者，此何以書「葬原仲」？蓋季友賢公子也，《春秋》避其出奔，故託之於「如陳葬原仲」，以爲魯諱，以原仲之不當葬而葬，明季友不當出而出。此爲外大夫書葬之一見例，而又因之以明監大夫死則葬於外國之禮。《公羊傳》曰「通乎季子之私行」，通之云者，通其意也，謂本爲出奔，特《春秋》通其意，以爲私行，而爲魯諱，是與《左氏》「非禮」，《穀梁》「内諱」之意實同，據此而觀，三《傳》無異辭矣。